Toni Netzle
MEIN
Alter Simpl

HIRSCHKÄFER
verlag

Bildnachweis

Die meisten Bilder stammen aus dem privaten Fotorchiv von Toni Netzle. Daher war es leider nicht möglich, in allen Fällen die Urheber zu recherchieren. Rechteinhaber setzen sich bitte mit dem Verlag in Verbindung. Berechtigte Ansprüche werden nach den üblichen Honorarsätzen vergütet.

Abendzeitung: S. 50 li.
August Arnold: S. 64
Michael Erber: S. 49
Dieter Hanitzsch: S. 131
Interfoto: S. 87, 96, 119, 141
Heinz Gebhardt: S. 94
Privatsammlungen: S. 6, 142

Impressum

Toni Netzle: Mein Alter SImpl

Gestaltung: Martin Arz

Printed in Germany

© Hirschkäfer Verlag, München 2010
Alle Rechte vorbehalten. Das Werk einschließlich seiner Teile ist urheberrechtlich geschützt. Jede Verwendung außerhalb der engen Grenzen des Urheberrechts ist ohne Zustimmung des Verlags unzulässig und strafbar. Das gilt insbesondere für Vervielfältigungen, Übersetzungen, Mikroverfilmungen und die Verarbeitung in elektronischen Systemen.

ISBN 978-3-940839-10-7

Besuchen Sie uns im Internet:
www.hirschkaefer-verlag.de

Woher kommt der Name »ALTER SIMPL«? — S. 5
Von Grimmelshausen bis Frank Wedekind

Was haben »Thannhäuser« und »Bunter Hund« gemeinsam? — S. 8
Eine kurze Geschichte einer sehr alten Kneipe

Von der Kathi bis zur Toni — S. 15
Eine junge Schauspielerin will in die Rolle einer Wirtin schlüpfen

Aller Anfang ist schwer — S. 19
Die Mitarbeiter kehren fast alle zurück und Toni hat ihre Rolle noch nicht richtig gelernt

Die Herren und die Dame am Klavier — S. 34
Ein uraltes Piano und ein großes, sehr persönliches Geschenk

Für Weltstars ist Platz in der kleinsten Hütte — S. 40
Clemens, Ella und Oscar, der Duke und eine Nacht mit Elvis

Die Schwabinger Krawalle 1962 — S. 47
Viele fanden es lustig, sich mit der Polizei zu prügeln

Endlich gibt es wieder ein »Brettl« — S. 51
Von Gert Fröbe, Evelyn Künnecke und Eugen Cicero zu Fiffi Brix

Ein Highlight ganz besonderer Art — S. 70
Im SIMPL treten Abi und Esther Ofarim zum ersten Mal in Deutschland auf

Die heimlichen Helfer der Kleinkunst — S. 77
Sammy Drechsel, Dr. Rolf Didczuhn und Annie Cordy

Die aufregende Zeit bis Ostern 1968 — S. 81
Die kleine Bar mit Edith, den Jungfilmern, der APO und einer Wandzeitung

Zwei Freunde und die Jungfilmer killen das »Brettl« — S. 89
Die Einen brauchen Platz zum trinken, die Anderen zum denken

Ein Schmollmund schiebt den SIMPL an — S. 94
Brigitte Bardot bringt fast unsere ganze Stadt durcheinander

Früh übt sich, was ein SIMPL werden will — S. 99
Kinderfaschingsfeste mit Rudi Carrell, Fürstin Gloria und meinem Triumvirat

Tatort SIMPL — S. 107
Wer weiß schon die Nummern auf seinen Geldscheinen

Ohne Worte Unser Fußballverein …	S. 114
Meine Uniform-Allergie Von großen, kleinen und zivilen Uniformträgern	S. 118
Was ist ein Nasenball? Die Schönste mit der Clownsnase: Gina Lollbrigida	S. 122
Die Spiele mit der Macht Ausgerechnet Franz Josef Strauß lehrt mich den Umgang mit den Medien	S. 130
Zwei Penner erobern den SIMPL Robert de Niro und Harvey Keitel standen kurz vor dem Rauswurf	S. 140
Ein Stammtisch ist ein Stammtisch ist überall Und da gelten eiserne Regeln, jeder darf sitzen, wo er möchte	S. 144

- Vorrede
- Curd Jürgens
- Willy Brandt, Horst Ehmke, Hans Jürgen Wischnewski
- Zwei Journalisten mit Begleitung
- Hans Dietrich Genscher
- Annemarie Renger und Helmut Qualtinger
- Horst Ehmke und Maria
- Sterneköche
- Luggi Waldleitner
- Rudi Carrell
- Gerd Müller
- Eva Renzi, Franz Marischka
- Liv Ullmann
- Bernd Eichinger
- Leonard Bernstein
- Helga Anders
- Udo Lindenberg
- Eine prüde Wirtin
- Dr. Michael und Christl Otto, Erika Berger und Richard Mahkorn, Christian und Marina Wolff, Lena Valaitis und Horst Jüssen
- Dr. Axel Meyer-Wölden und Antonella
- Klausjürgen und Yvonne Wussow
- Dan Blocker und der dicke Hoss von der Bonanza-Ranch
- Mildred Scheel
- Antonio Gades
- Artur Brauner
- Karl Spiehs
- Christian Wolff und Michael Douglas
- Kentucky im SIMPL
- Donna Summer, Ron Williams und Reiner Schöne
- Barbara Valentin, Dora Carras und Alfred Schacht
- Rock Hudson und der Franz Deubl

Zum Schluss ein jahrelanger SIMPL-Witz	S. 186
Wunderbar, wie schön der Abend war Abschied	S. 188
Danke	S. 192

Woher kommt der Name ALTER SIMPL?
Von Grimmelshausen bis Frank Wedekind

Mit Erstaunen wird Hans Jacob Christoffel von Grimmelshausen genau 230 Jahre nach seinem Ableben im Jahre 1676 auf seiner Wolke im Himmel auf Manna wartend und Halleluja singend eine ernste Runde beobachtet haben, die eifrig über seinen Roman »Der abenteuerliche Simplicissimus Teutsch« diskutierte, der 1669 das Licht der Welt erblickte.

Die Herren, die sich in einem verrauchten Schwabinger Hinterzimmer so intensiv mit seinem berühmtesten Werk beschäftigten, waren niemand anderes als Albert Langen, Herausgeber und designierter Chefredakteur des neuen Blattes, Thomas Theodor Heine, der geniale Zeichner, heute würde man ihn als Cartoonisten bezeichnen, Frank Wedekind, auf dem besten Wege sich als Dramatiker durchzusetzen, ebenso August Strindberg, der berühmte schwedische Dichter, der schon erfolgreiche Zeichner und Maler aus Norwegen Olaf Gulbransson und sicher noch einige mehr. Sie planten mit einer satirischen Zeitung die deutschsprachige Welt zu erobern, im Sprachgebrauch damals ein »Witzblatt« genannt. Es sollte frech und respektlos sein, aufmüpfig Missstände anprangern, in Texten und Zeichnungen auf höchstem künstlerischen Niveau das politische und gesellschaftliche Leben in Deutschland widerspiegeln.

Von wem der Titelvorschlag »Simplicissimus« kam, lässt sich nicht mehr genau recherchieren. Alle Diskutanten kannten natürlich den Roman, der wahrscheinlich das eigene Leben des Autors, wenn auch mutatis mutandis, beschrieb und damit das beste Bild des Zeitalters des Dreißigjährigen Krieges und zugleich die erste moderne Entwicklungsgeschichte der Menschen in Kriegszeiten gegeben hat.

Nur Thomas Theodor Heine war vehement dagegen. Das Wort »Simplicissimus« sei doch als Titel einer Zeitung völlig indiskutabel, weil es ein Zungenbrecher und damit unaussprechlich sei. Genau das aber wollten die Mitarbeiter von Albert Langen – einen Titel, der aus dem Rahmen fällt, der sich zurückführen lässt auf ein Schlitzohr, das allen Widrigkeiten trotzte und immer lebend aus den für ihn bedrohlichen Situationen hervorgegangen ist.

Heine fügte sich der demokratischen Mehrheit. Mit dem gezeichneten Schriftkopf und dem Signum, der roten Bulldogge mit einer zerrissenen Kette um den Hals, ist ihm ein zeitloses grafisches Meisterwerk gelungen.

Der Größenwahn dieser »Witzblatt«-Redaktion war schon bei der ersten Ausgabe am 1. April 1896 zu verspüren. Mit einer Auflage von 480.000 Stück überschütteten sie die Verkaufsstellen. Es war natürlich ein Reinfall, so um die 1.000 Blätter wurden verkauft, bei einem Preis von zehn Pfennig kann nicht viel hängen geblieben sein!

Trotzdem blieb ihnen der Erfolg nicht versagt. Durch ihre provokante Art, den hervorragenden Zeichnungen und den Texten, die alle aus der Feder schon fast berühmter Dichter stammten, bekamen sie sogar jede Menge Inserate, die auch damals schon zum Überleben notwendig waren. Der große Durchbruch kam zwei Jahre später, als sich die Zeitung einer Majestätsbeleidigung schuldig machte. Das Titelbild spielt auf die Reise Kaiser Wilhelms II. an, die ihn nach Jerusalem führte. Es zeigt Gottfried von Bouillon, der dem lachenden Kaiser Barbarossa, der eine preußische Pickelhaube in der Hand hält, zuruft: »Lach' nicht so dreckig, Barbarossa. Unsere Kreuzzüge hatten doch eigentlich auch keinen Zweck!«

Ein paar Seiten weiter hinten konnte der verehrte Leser sich noch an dem Gedicht »Im heiligen Land« erfreuen, das ein gewisser Hieronymus gedichtet und natürlich auch seine Majestät auf den Arm genommen hatte.

Das gesamte kaisertreue Reich schrie auf. Endlich hatte man eine Handhabe gegen dieses »unsittliche, pornographische, sozialistische, revolutionäre« und mit welchen schrecklichen Attributen auch immer belegte Blatt.

Die Folgen dieser Majestätsbeleidigung waren in jeder Hinsicht gravierend. Zum ersten musste der Herausgeber Albert Langen bei Nacht und Nebel das Land verlassen, um einer Gefängnisstrafe zu entgehen, der Haftbefehl war schon ausgestellt. Sein Aufenthalt im Exil dauerte fünf Jahre. Während dieser Zeit führte er die Geschäfte von Paris aus, bestellte aber den Schriftsteller Korfiz Holm zu seinem Statthalter.

Der zweite Betroffene, der Autor des Spottgedichtes, fiel einer ungeheuren Schlamperei des Verlages zum Opfer. Irgendjemand hatte vergessen, das Original der Ballade mit Namen und Adresse des Autors verschwinden zu lassen. Bei einer Durchsuchung der Verlagsräume lag es offen da. Ein übereifriger Kriminaler aus Leipzig ordnete die sofortige Verhaftung Frank Wedekinds an, der sich hinter dem Pseudonym Hieronymus verbarg. Der ihm zugeteilte Schwabinger Polizeibeamte ließ sich aber viel Zeit. Er wusste, dass am Abend die Uraufführung von Wedekinds neuem Stück »Erdgeist« in den Kammerspielen stattfand. Die wollte ihn der kunstverständige Schwabinger Kommissar noch miterleben lassen. Korrekterweise machte er dem Verlag Mitteilung, dass er erst am nächsten Morgen seines Amtes walten würde. Ein Hoch auf den Kommissar! Frank Wedekind

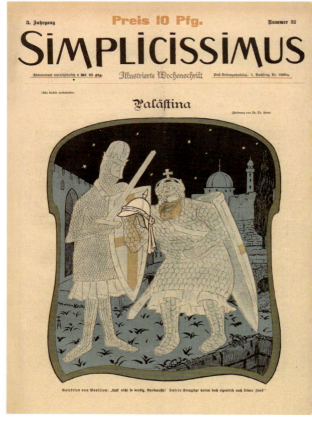

Majestätsbeleidigung: Dieses Titelmotiv des »Simplicissimus« brachte den Verleger Albert Langen, den Dichter Frank Wedekind und den Zeichner Th. Th. Heine in ernste Schwierigkeiten – es brachte aber auch explodierende Verkaufszahlen.

nahm nach Beendigung der Vorstellung den Nachtzug nach Paris zu seinem Freund und Gönner Albert Langen. Nicht ohne sich vorher im Hotel Vier Jahreszeiten an der Bar volllaufen zu lassen. »Erdgeist« war beim Publikum durchgefallen, dadurch erschien ihm der Gedanke an die Flucht auch in einem besseren Licht.

Der Zeichner des Titelblattes Th. Th. Heine stellte sich freiwillig, bekam sechs Monate Gefängnis, die gnadenweise in Festungshaft auf dem Königstein in der Nähe Leipzigs umgewandelt wurden. Dort konnte er sich wenigstens innerhalb der Festung frei bewegen und galt nach seiner Entlassung als nicht vorbestraft. Festungshaft galt als Ehrenhaft.

Paris war nicht der Boden, auf dem sich Frank Wedekind, der auf die deutsche Sprache angewiesen war wie ein Maler auf Licht, wohlfühlen konnte. Er hielt diese Stadt nicht aus und stellte sich dem Leipziger Gericht freiwillig. Wider Erwarten wurde auch er verurteilt und leistete seinem Kollegen Heine auf der Feste Königstein Gesellschaft.

Die Majestätsbeleidigung aber war dem »Simplicissimus« glänzend bekommen. Seine Auflage stieg sofort von 15.000, was schon sehr beachtlich war, auf bis über 85.000 verkaufte Exemplare! Endlich war Geld in der Kasse!

Erwähnenswert ist noch eine Entscheidung der führenden Köpfe der Redaktion. Sie nahmen ein Modell vorweg, das in unserem Land erst Mitte der 1970er Jahre, als Folge der 68er Revolution, auf dem Tisch der Verleger landete. Sie streikten einfach für eine Beteiligung am Blatt und für Mitspracherecht. Um sich der Tragweite dieses Entschlusses genüsslich bewusst zu werden, muss man sich vor Augen halten, dass damals das Jahr 1906 geschrieben wurde. Was für eine fortschrittliche Redaktion! Gezwungenermaßen willigte Albert Langen ein.

Die Mitarbeiter um den Herausgeber Albert Langen hingen Tag und Nacht zusammen. Dabei dürfte es unausbleiblich gewesen sein, dass sie auch ihre irdischen Begierden wie Essen und vor allem Trinken gemeinsam befriedigen wollten. Bald hatten sie ein Stammlokal, das gleich um die Ecke lag, die »Dichtelei«. Dort stand ihnen ein fester Tisch zur Verfügung. Sie verbrachten debattierend die halben Nächte, bis sie voll neuer Ideen endlich den Heimweg antraten.

Eigentlich waren sie mehr wegen der feschen Kellnerin in dieser Kneipe gelandet. Kathi Kobus hatte ihre »spinnerten Schwabinger«, von denen nicht einer aus München stammte, fest im Griff. Sie muss wirklich eine bemerkenswerte Person gewesen sein. Ohne jede Schulbildung, des Hochdeutschen auch nicht annähernd mächtig, zog sie mit ihrem Mutterwitz selbst die damalige Schickeria Münchens, die Intellektuellen in ihren Bann. Auch eine sogenannte Schönheit war sie sicher nicht, wie sich leicht auf alten Fotos feststellen lässt. Aber – und das verband sie wahrscheinlich mit den Simplicissimus-Leuten – sie hatte null Respekt vor niemandem.

Mit dieser Wesens- und Lebensart konnte ihr Bleiben unter einem Hausbesitzer und einem Wirt, der sich fast täglich neue Schikanen für seine Kellnerin ausdachte, nicht von langer Dauer sein. Ihren wahren Charakter erkennend, überredeten die Gäste Kathi Kobus, sich doch eine andere Lokalität zu suchen. Um die Ecke in der Türkenstraße sei gerade eine Gastwirtschaft ohne Wirt, die könne sie sicher zu günstigen Bedingungen anpachten.

Kathi fackelte nicht lange. Gesagt, getan.

Was haben »Thannhäuser« und »Bunter Hund« gemeinsam?
Eine kurze Geschichte einer sehr alten Kneipe

Seit vielen Jahren schon war Türkenstraße 57 in München die Adresse der Firma Georg Hemmeter, Schnapsfabrikation. Streng im Familienbesitz, wie es sich damals gehörte. Und seit September 1894 gibt es in dieser Türkenstraße 57 im vorderen Teil des Hauses eine Gastwirtschaft mit einer kleinen Wohnung darüber.

Ursprünglich war die Gaststätte, die so unglücklich in zwei Räume geteilt ist, die nur durch einen langen Gang, genannt der »Schlauch«, verbunden werden, anders bestimmt. Nur der hintere, etwas größere Raum sollte für die Gäste sein. Der kleinere Raum, vorne zur Türkenstraße, war als Schwemme gedacht. Dieser Raum hatte eine eigene Eingangstüre und war dem einfachen Volk von der Straße und den Chauffeuren und Kutschern der Herrschaften, die sich im großen, hinteren Raum vergnügten, vorbehalten.

Der erste Wirt in diesem Lokal war ein gewisser Josef Gehr, der merkwürdigerweise seiner Gaststätte den Namen »Thannhäuser« gab. Da er den Namen mit h nach dem T schrieb, ist anzunehmen, dass vielleicht ein Familienmitglied diesen bayerischen Namen getragen hat. Vielleicht war er aber doch ein Wagnerianer und wollte mit dem »Venusberg« den Stil seines Lokals andeuten – dies ist aber nicht glaubwürdig überliefert.

Im März 1895 schon übergab er seine Wirtschaft an einen Anton Schober, der sein Wirtsdasein schon nach vier Wochen wieder beendete und an einen Alois Krischke weitergab. Dieser hielt in der Tat 13 Monate seinen Betrieb geöffnet, um ihn am 2. Mai 1896 an einen Georg Behringer abzugeben. Nach fast eineinhalb Jahren ging auch er. Die nächsten Wirte, Josef Pinegger, Margareta Schnitzler, Johann Hesele, Anton Schneider, Katharina Huberle, Karl Fischer und Karl Langmeier, versuchten immer nur für ein paar Wochen ihr Glück im Geschäft mit den Schönen der Nacht und dem Alkohol, war doch die berühmte Schnapsbrennerei Hemmeter schon im Haus! Seit damals befand sich im Keller, genau unter den Räumen der Gaststätte, das Zolllager für Alkohol.

Selbst bis zu meiner Zeit hatte sich daran nichts geändert. Erfahren habe ich diese Geschichte durch einen Zufall. Ein Holländer, der zuvor an unserer Theke etwas gegessen und getrunken hatte, stürzte zurück in die Kneipe, rief nach der Polizei, er hätte genau vor unserer Haustüre

Kathis Kobus (in der Kutsche stehend, 2. v. r.) an Fasching 1905 vor ihrem Lokal.

seinen Tanklastzug mit Hänger, einen 40-Tonner beladen mit reinem Alkohol, in zweiter Reihe abgestellt und jetzt sei er geklaut. Er käme direkt aus Rotterdam, sei zu früh angekommen und müsse jetzt bis sechs Uhr in der Frühe warten, weil da erst der Zollinspektor für ihn das Alkohollager aufsperren würde.

»Wo liegt das Zolllager?«

Der Holländer klopfte ein paar Mal mit seinem Schuh auf den Boden und meinte: »Direkt da drunter. Wenn Sie ein Loch bohren, könnten Sie sich frei bedienen!«

»Und wie viel Alkohol ist da gelagert?«

»Wenn ich mich richtig erinnere, liegen da ungefähr 200.000 Liter.«

Dieses Zolllager gab es nicht mehr lange. Dafür habe ich schnell gesorgt!

Zurück aus dem Jahr 1960 zum Jahreswechsel 1899/1900. Zumindest ist anzunehmen, dass der damalige Besitzer Langmeier die Jahrhundertwende in seinem Lokal erleben durfte.

Franz Lorenz, der erste Wirt im neuen Jahrhundert, musste ein österreichischer Monarchist gewesen sein. Er taufte das Lokal in »Kronprinz Rudolf« um. Es ist fast mit Sicherheit anzunehmen, dass es ein Akt der Verehrung des österreichischen Kaiserhauses war, denn die eigentlichen Gründe des Selbstmords des Kronprinzen waren dem einfachen Volk um diese Zeit noch nicht bekannt. Dass der Thronfolger ein liberaler, aufgeklärter, der Kunst und Literatur zugetaner Prinz war, der gegen Antisemitismus und für ein geeintes Europa kämpfte, wusste damals noch niemand.

Nach knapp einem Jahr war auch Herr Lorenz als Wirt müde und gab seinen »Kronprinzen« an Johann Körber ab. Aber der warf wenig über ein Jahr später das Handtuch in den Hof der Schnapsfabrik Hemmeter und machte damit den Weg frei für Kathi Kobus, eine Kellnerin aus der nahe gelegenen Kneipe »Dichtelei«.

Die Kobus handelte mit dem Senior der Familie Hemmeter einen für sie günstigen Vertrag aus. Den Namen »Kronprinz Rudolf« wollte sie auf keinen Fall übernehmen, sie wählte die einfallsloseste, dafür aber naheliegendste Möglichkeit und nannte ab sofort ihr Domizil »Neue Dichtelei«. Der richtige Name des Lokals wurde aber erst im Dezember 1903 gebührend begossen: »Simplicissimus« (siehe Kapitel »Von der Kathi bis zur Toni«, S. 15).

Als sich zum Jahresende 1911 Kathi Kobus auf ihre »Latifundien« nach Wolfratshausen zurückzog, übergab sie die Regentschaft im »Simplicissimus« an einen Ernst Schultes. Angeblich hat er ihr sehr viel Geld bezahlt. Vielleicht war es sogar ein Vorfahr der berühmten Volksschauspieler-Brüder Bertl und Max Schultes, deren Vater sehr viel später in einem Hinterhof in der Occamstraße ein kleines Theaterchen baute.

Zum 1. Mai 1914 verkaufte jener Schultes an eine Frau, Emilie Christof. Über ihre etwas sehr »lockere« Führung der Gastwirtschaft hörten wir nur gerüchteweise. Es könnte doch sein, dass sich während der Kriegsjahre tatsächlich das »werthe Publikum« sehr verändert hatte. Alle Jungen waren an der Front, um ihr Leben für das Vaterland auf das Spiel zu setzen – wer außer dubiosen Personen hatte schon Zeit, Geld und Muße sich diesen dort angeblich stattgefundenen »Zechorgien« hinzugeben? Dass aber, wie die Gerüchteküche kolportierte, die Kneipe von Amtswegen von der zuständigen Behörde geschlossen wurde, dafür gibt es keine schriftlichen Unterlagen. Zumindest ist im Archiv der Stadt München über diesen Vorfall nichts zu finden. Aber eines ist

Biermarke aus dem Jahr 1914

sicher, dass die Löwenbrauerei als verantwortlicher Bierlieferant die Kathi Kobus ab 1. Februar 1917 in ihr altes Domizil zurückgeholt hat, um das Weiterbestehen des »Simplicissimus« zu garantieren.

Kathi stabilisierte die heruntergekommene Kneipe in ihrer so bewährten Art und präsentierte zum 1. Januar 1923 dem Hausbesitzer Hemmeter einen Nachfolger, Carl Brandl, so dass ein Inserat in der Zeitung über die Vermietung des »Simplicissimus« als Büroräume gegenstandslos wurde. Brandl gab zum Jahresende 1925 den Betrieb weiter an Johanna Dienstknecht und Otto Heusinger.

Für die nächsten zehn Jahre sollte der Bestand des SIMPL durch dieses Wirtepaar gesichert sein. Sie stellten Kathi Kobus als »Maître de plaisir« fest an. Kathi war wieder verantwortlich für das Programm, umsorgte die Gäste, eigentlich war alles wie früher – nur spielte sie ab jetzt die Wirtin.

Der Schauspieler, Conférencier und Kabarettist Adolf Gondrell, erwarb im Juli 1935 den SIMPL von Hanna Dienstknecht und Otto Heusinger. Gondrell wollte den SIMPL nicht für sich haben. Er verpachtete ihn an seinen permanent mittellosen Freund Theo Prosel, ein gebürtiger Wiener, der aber wie viele seiner Landsleute Wien nicht mochte. Er war Kabarettist, Sänger und Autor – heute würde man ihn als Entertainer bezeichnen. Mit seiner Frau, der Sängerin Julia Dietrich, trat er schon bei Kathi Kobus auf und wiederholte seine Gastspiele natürlich auch unter den nachfolgenden Wirten. Bei seinem Antritt als Wirt war ihm also der SIMPL nicht unbekannt. Er liebte ihn und empfand es als großes Glück, einen Gönner wie Adolf Gondrell zu haben, der ihm gleich ein ganzes Lokal kaufte.

So sah der »Simplicissimus« unter Theo Prosel vor dem Krieg aus.

Am 30. Juni 1944 verließ Theo Prosel seinen SIMPL, sammelte alle Schlüssel ein und schickte seine ganze Mannschaft in Urlaub. 14 Tage später trafen leider bei einem schweren Luftangriff einige Bomben auch den SIMPL. Hatte Theo Prosel eine Vorahnung?

Dann gab es eine lange Pause.

Nach dem Krieg wollte Theo Prosel wieder in seine alten Räume in der Türkenstraße einziehen. Georg Hemmeter, der Schnapsfabrikant und Hausbesitzer, erzählte mir, dass er den Prosel gerne alleine wieder als Wirt gesehen hätte. Aber leider hätte Prosel als Partner und Finanzier einen Herrn an seiner Seite gehabt, mit dem er nie mehr in seinem Leben etwas zu tun haben wollte. Es sei ein sehr persönliches Erlebnis in der Nazizeit gewesen, auf das er nicht weiter eingehen wollte.

Zwei Kellnerinnen eröffneten am 21. September 1946 den wieder hergestellten SIMPL in der Türkenstraße unter dem Namen »Kathi Kobus«. Anna Schinkinger, »schwarze Anni« genannt, war wieder an ihrem altem Arbeitsplatz gelandet. Ihre Karriere begann sie 1920 schon bei Kathi Kobus und überstand auch alle nachfolgenden Wirte. Sie kannte die Gäste und hatte Erfahrung mit den Künstlern und Interpreten. Charlotte Verhoven arbeitete mit Unterbrechungen auch schon im SIMPL, besaß ein wenig mehr Geld als die schwarze Anni und wurde somit Konzessionsträgerin. Sie wurde nur die »blonde Lotte« gerufen.

Das Beste am Wiederaufbau des SIMPL war die Vergrößerung. Ein findiger Architekt hatte die Idee und baute bei allen vier Fenstern, die in den Hof hinausgingen, einen Erker nach außen. Vom Hof aus sah es komisch aus, aber innen wurden dadurch fast 40 Plätze dazugewonnen. Eine große Bereicherung für den SIMPL.

Silvester 1950 gaben die beiden Damen, die schwarze Anni und die blonde Lotte, auf.

Vier Wochen wurden anscheinend benötigt, um endgültig das Flair des SIMPL aus dem Haus zu jagen. Am 31. Januar 1951 wurde das Lokal wiedereröffnet, unter neuer Leitung und mit neuem Namen. »Paprika« hieß es jetzt, den ungarischen Wirten gemäß. Der

Dampfloks zogen 1945 Schutträumzüge durch die Türkenstraße. Auch das Lokal hatte im Krieg einige Bombenschäden erlitten.

Die Visitenkarte von Heinz Krauss.

Wirt hieß zwar recht deutsch, nämlich Anton Reiber, das sagt aber nicht viel. Schon damals sei eine gewisse Dame mit Namen Maria Vamos an seiner Seite gewesen, sagte ein Gerücht. So war es nicht verwunderlich, dass das »Paprika« zum Jahresende 1951 seine Pforten für wenige Stunden schloss, um nahtlos an eben jene Dame Maria Vamos überzugehen. Bis Mitte Dezember 1956 war aber auch rein gar nichts über das Lokal herauszubringen. Keine Zeitung, keine Nachbarn, niemand hatte irgendetwas zu berichten. Außer, dass das Publikum mit dem des SIMPL nichts mehr gemein hatte. Von Schiebern war die Rede und von dunklen Geschäften, aber etwas Konkretes wusste niemand. Wie war immer der Schlusssatz bei den Befragten? »Nix g'wiß weiß ma net!« Keiner war dabei. Bis – bis es zum Eklat kam. In einer der Nächte Mitte Dezember 1956 entfernten sich die Wirte heimlich vom Tatort und waren nie mehr gesehen. Die Gerüchteküche sprach von einer Hinterlassenschaft von 200.000 Mark Schulden, in heutiger Währung gut und gerne eine halbe Million Euro!

Den nächsten Wirt kannte ich persönlich. Bei ihm war ich des Öfteren zu Gast. Eduard Marwitz kam aus Düsseldorf und war für einige Zeit Mitglied des Kabaretts »Kom(m)ödchen«, also einer, der eigentlich prädestiniert für den SIMPL war! Als erste Tat änderte er den nicht sehr passenden Namen »Paprika« in »Bunter Hund« um. Inzwischen waren die Besitzverhältnisse geklärt. Der Bayerische Staat kam, als offizieller Erbe des Dritten Reichs, in den zweifelhaften Genuss der Rechte an allen Namen, die im Zusammenhang mit dem »Simplicissimus« standen. Also auch die Abkürzungen wie SIMPL, ALTER SIMPL oder sonstiges. Der ehemalige Besitzer Albert Langen war nicht nur, weil er Jude war, des Landes verwiesen, sondern auch total enteignet worden. Der Name war nicht mehr verfügbar. In Anlehnung an den roten Hund mit der Sektflasche, das Signum, das Th. Th. Heine für das Lokal gezeichnet hatte, nannte Eduard Marwitz seinen SIMPL, der nicht mehr so heißen durfte, »Bunter Hund«.

Eduard Marwitz, kurz Edi genannt, verstand es, die alten SIMPL-Gäste zu aktivieren und bis auf wenige Ausnahmen fast alle ehemaligen und sogar ein paar neue Brettl-Künstler wieder auftreten zu lassen. Man fühlte sich wieder wohl im SIMPL. Edi sah aber bald ein, dass er zum Wirt doch nicht besonders geeignet sei. Als er ein Angebot für eine hochdotierte Stelle in der Industrie bekam, verkaufte er das Lokal.

Am 9. Februar 1958 verabschiedete sich Edi Marwitz mit einem riesigen Fest von seinem ungeliebten Wirtedasein. Und Heinz Krauss eröffnete seinen Laden am nächsten Tag. Es blieb beim Namen »Bunter Hund«.

Dieser Heinz Krauss hatte einen Partner namens Peter Fischer. Die beiden kannten sich von der Hotelfachschule her. Der Krauss hatte das große Mundwerk und der Fischer, gerade mal 21 Jahre jung, das Geld. Der Krauss verschaffte sich die Konzession und auch den Mietvertrag, der Fischer zahlte alles und hatte keinerlei Sicherheiten oder Rechte. Aber der Heinz Krauss war ja sein bester Freund. Und der Peter Fischer mein jüngerer Bruder!

Was macht in so einem Fall die ältere Schwester, wenn sie der absoluten Meinung ist, dass der jüngere Bruder von einem vermeintlichen Freund über das Ohr gehauen wird? Sie mischt sich ein, beziehungsweise erfreut die beiden Wirte sehr oft mit ihrer Anwesenheit. Sie wollte den

Herrschaften Heinz Krauss und seiner blonden, sehr eleganten und teuer aussehenden Freundin auf die Finger gucken. Dass das nicht lange gut gehen konnte, lag auf der Hand. Als sie dann noch hörte, dass Bruder Peter nochmal eine große Summe Geldes nachschießen musste, machte sie Ärger. Mit dem Resultat, dass sie des Hauses verwiesen wurde. War klar aus der Sicht des Heinz Krauss und seiner Freundin, sie hatten ihren angeblichen Freund Peter noch nicht ganz ausgenommen, es gab immer noch etwas zu holen!

Mein Bruder Peter war einfach noch zu jung, um die Machenschaften der beiden zu überreißen. Nach einem Jahr hatte auch er es verstanden und den SIMPL wieder verlassen, gegen Krauss geklagt, den Prozess auch gewonnen, aber nie mehr auch nur einen Pfennig gesehen. Peter hatte ein wunderschönes Papier in der Hand, einen sogenannten Titel, der nutzte nur wenig, weil Krauss seine teure Freundin heiratete und jetzt alles seiner Frau gehörte und er zu einem Minimum an Gehalt bei ihr angestellt war. Soviel zu einer Geschichte aus der Abteilung Lehrgeld! Acht Jahre danach wurde mein Bruder Peter mein wichtigster Mitarbeiter im SIMPL, von ihm habe ich ungeheuer viel gelernt.

Tradition verpflichtet: Ich mit einem Foto meiner Vorgängerin Kathi Kobus und einem Kneipen-Plakat.

Von der Kathi bis zur Toni
Eine junge Schauspielerin will in die Rolle einer Wirtin schlüpfen

In der Adalbertstraße befand sich das Lokal »Dichtelei«. Dort arbeitete die Kellnerin Kathi Kobus aus Traunstein. Nicht sehr lange, denn sie überwarf sich mit dem Wirt. Auf Anraten ihrer Stammgäste, die dort auch nicht mehr verbleiben wollten, pachtete sie kurz entschlossen von der Familie Hemmeter das gerade leerstehende Lokal »Kronprinz Rudolf« in der Türkenstraße 57.

Am 1. Mai 1903 eröffnete sie dort ein Künstlerlokal, das sie einfach in »Neue Dichtelei« umbenannte, mit einem ganz besonderen Fest. Um Mitternacht sammelten sich jede Menge dunkler Gestalten vor dem richtigen Lokal »Dichtelei«, formierten sich zu einem Fackelzug, nahmen alles mit was nicht niet- und nagelfest war. Allen voran ging der Dichter Frank Wedekind mit seiner Laute. Der Zug schwenkte einmal um die Ecke und zog mit lautem Gesang in seine neue Behausung, die »Neue Dichtelei«, ein. Da es auch schon um diese Jahrhundertwende so etwas wie eine einstweilige Verfügung gab, musste Kathi Kobus diesen Namen ganz schnell wieder entfernen. Da fast alle ihre Stammgäste, die sie aus dem Lokal »Dichtelei« mitbrachte, bei der satirischen Zeitschrift »Simplicissimus« unter dem Herausgeber Albert Langen arbeiteten, wollte sie das Lokal natürlich genauso nennen. Den alten Namen »Kronprinz Rudolf«, nein, den wollte sie auf gar keinen Fall weiterführen.

Einer Legende zufolge ging die trinkfeste Kathi mit Albert Langen eine Wette ein: Wenn es ihr gelänge, ihn unter den Tisch zu trinken, dürfe sie den Namen seiner Zeitung über ihr Lokal schreiben. Es ist nicht schwer zu erraten, wer gewonnen hat. Die nicht ganz so vulgäre Variante dieser Legende ist, dass Kathi vor ihm einen Kniefall machte, und ihn, am Boden lang hingestreckt wie eine Novizin bei der Aufnahme in ihren Orden, in ihrem Traunsteiner Dialekt um die Verleihung des Namens gebeten haben soll.

Das Resultat ist bekannt.

Sie durfte ihr Lokal »Simplicissimus« nennen. Immer war das Lokal ein Inbegriff für »Schwabing«. Immer war es ein Aushängeschild für »Schwabing«. Doch noch nie befand sich das Lokal »Simplicissimus« in Schwabing. Ganz offiziell gehört es noch immer zum Stadtteil Maxvorstadt. Schon in dem schönen Lied »Gleich hinterm Siegestor fängt Schwabing an« lässt sich das leicht geographisch feststellen, der SIMPL liegt vor dem Siegestor!

Kathi führte ihre Kneipe zu ungeahnten Höhen. Die Liste ihrer berühmten Gäste würde Seiten füllen, außerdem gibt es eine Unmenge von Literatur darüber. Aber einige möchte ich doch erwähnen: Die Dichter Frank Wedekind und Ludwig Thoma, die Zeichner Olaf Gulbransson und Th. Th. Heine, von dem auch das Signum der Zeitung, die rote Bulldogge mit der zerrissenen Kette stammt, das er für das Lokal in eine rote Bulldogge mit einer Sektflasche in den Pfoten abänderte, und die Revoluzzer und Dichter Walter Mehring, Erich Mühsam und Klabund. Von den Gästen, die selbst bei einem Kurzbesuch in München sofort dort einkehrten, auch Lenin soll den SIMPL bei seinem Aufenthalt in München des Öfteren frequentiert haben, verkehrte dort alles, was in der intellektuellen Szene eine Rolle spielte.

Es war die Zeit, Anfang des letzten Jahrhunderts, als sich in Berlin das literarische Kabarett »Überbrettl« installierte. Fast zeitgleich ließ auch Kathi Künstler auftreten, ob singend, erzählend oder malend, alle waren gerne gesehen. Eine Bühne gab es nicht, der jeweils Vortragende stellte sich einfach auf einen Stuhl, und bei Gefallen bekam er oder sie von Kathi ein Glas des billigsten Weins und eine dünne Gulaschsuppe. Für manchen Interpreten lebenserhaltend!

Joachim Ringelnatz ist mit seinen Gedichten bei Kathi groß geworden und soll auch mit ihr ein schlampiges Verhältnis gehabt haben. Er sei im Übrigen der einzige gewesen, der für sich eine feste Gage ausgehandelt haben soll, stolze 5 Reichsmark am Abend. Für ihn ein Vermögen und für die geizige Wirtin jedes Mal ein Akt der Überwindung.

Thomas Mann soll die Ursache für den ersten großen Gesellschaftsskandal in der Stadt gewesen sein, als er seine Novelle »Wälsungenblut« (die Geschichte einer Geschwisterliebe), auf einem Stuhl stehend in der Kneipe vorlas. Jeder wusste welche Familie gemeint war. Thomas Mann war da bereits mit einer Tochter dieser großbürgerlichen Familie Pringsheim verheiratet!

Noch ehe Kathi Kobus ihr neues Lokal eröffnete, empfahl der Bezirksinspektor: »Dem Kobusschen Wirtschaftsbetriebe ein besonderes Augenmerk zuzuwenden, da die Gesuchstellerin – eine frühere Kellnerin – keine genügende Gewähr dafür zu geben vermag, dass die fragliche Wirtschaft nicht etwa als Animierkneipe eingerichtet wird.« Am 3. Dezember 1903 fand die offizielle Taufe des Lokals »Simplicissimus« statt.

Abgekürzt hieß jetzt das Lokal SIMPL. Nicht zu verwechseln – was leider sehr oft geschah – mit dem schwäbischen Ausdruck für einen minderbegabten Menschen »Simpel«, soviel wie Tölpel. Wird ja auch ganz anders geschrieben.

Aber von Anfang an hagelte es Beschwerden wegen Ruhestörung. Schon nach kurzer Zeit häuften sich die Anzeigen derart, dass Kathi Kobus mit Entzug ihrer Konzession gedroht und gefordert wurde »… seitens des Gerichtes gegen die Kobus mit Freiheitsstrafen« vorzugehen.

In einem Schreiben an die Bezirksinspektion des 5. Münchner Stadtbezirks erklärte Kathi Kobus »gehorsamst« und »ergebenst«: »In dem ganzen Vorgehen meiner Feinde gegen mich scheint ein System zu liegen. Dass in meinem Lokal ein An-

Dichter Joachim Ringelnatz gehörte im »Simplicissimus« praktisch schon zum Inventar.

Kathi Kobus (Bildmitte stehend) in ihrem »Simplicissimus«. Links die Eröffnungsanzeige zur »intim-offiziellen« Lokaltaufe.

archist verkehrt hätte, ist möglich. Das wird wahrscheinlich Herr Mühsam sein. Ich habe aber davon nie etwas gemerkt, denn er hat sich stets ruhig und anständig betragen. Hatte ich also kein Recht ihm die Türe zu weisen. Zudem kann ich hundert und aberhundert Unterschriften vorlegen, aus den besten Kreisen, wodurch bezeugt wird, dass mein Geschäftsbetrieb ein tadelloser ist. Und ich bin der festen Hoffnung, der königliche Magistrat wird die Überzeugung gewinnen, dass alles größtenteils unverdienter Neid und Schikane ist.«

Privates über Kathi zu erfahren war ein bisschen schwierig, hat mich aber doch sehr interessiert. Woher war sie? Wo war sie aufgewachsen?

Am 7. Oktober 1854 brachte Theresia Kobus in der Nähe von Traunstein ein Mädchen auf die Welt, das auf den Namen Katharina getauft wurde. Der Vater war der als leichtfertig bekannte

Joseph Kobus, der es aber später in Traunstein sogar zu Hausbesitz brachte. Kathi musste ein wildes junges Mädchen gewesen sein, man hat sie, auch ihrer roten Haare wegen, »Kobusfüchsin« gerufen. Sie verliebte sich in Ferdinand, den Nachbarsjungen, dessen adelige Mutter bei Androhung der Enterbung die Heirat verbot. Als der Vater Kobus von der Schwangerschaft seiner Tochter von diesem adeligen Herrn erfuhr, enterbte wiederum er seine Tochter und wies sie aus dem Haus. Kathi ging nach München, aber leider starb nach ein paar Monaten ihr kleiner Sohn.

Sie arbeitete wie viele junge Mädchen in dieser Zeit vorwiegend als Maler-Modell, kellnerte und lebte von Gelegenheitsarbeiten. Nach dem Tod ihres Vaters zog die Mutter zu ihr, sie versuchten in verschiedenen Branchen ein Geschäft zu betreiben, war aber alles nicht von großem Erfolg beschieden.

Als sie 1903 das Lokal in der Türkenstraße übernahm, war sie schon 54 Jahre (sie machte sich aber zeitlebens um 10 Jahre jünger!) – für mich eigentlich uralt. Sie musste jedoch eine unglaublich tolle Person gewesen sein, sonst hätte sie nie diesen riesigen Erfolg haben können!

Am Mittwoch, dem 7. August 1929 starb Kathi Kobus. Ihre Urne wurde am 14. August auf dem Nordfriedhof im Grab des Malers Anton Ažbe beigesetzt.

Das Wirtepaar Hanna Dienstknecht und Otto Heusinger, die den SIMPL bis 1935 führten, gaben wegen der Nazis auf. Die Auflagen waren derart streng – jeder Auftritt musste von irgendeinem Amt genehmigt werden, Juden durften sie nicht mehr beschäftigen und selbst für Joachim Ringelnatz gab es keine Arbeitsgenehmigung mehr. Er galt als »volkszersetzend«. Jeder, der weiß, was es heißt, keine Arbeitsgenehmigung mehr zu bekommen, wusste, dass dies einem Berufsverbot gleichkam. Ringelnatz stand auf der schwarzen Liste der Nazis. Er starb völlig verarmt 1934 in Berlin.

Theo Prosel, der nächste Wirt, veränderte die Programmstruktur grundlegend. Er baute eine winzige Bühne und spielte mit einem kleinen Ensemble durchgehende Stücke mit einzelnen solistischen Elementen. Damit konnte er sich so durchschwindeln. Theo Prosel war ein total unpolitischer Mensch. Er wollte seinen Gästen lediglich ein paar Stunden Lachen schenken. Trotz seines geschlossenen Programms gab es aber hin und wieder Einzelauftritte. Zum Beispiel Adolf Gondrell mit seinem mittlerweile weltberühmten »Münchner im Himmel«, der der Bayrischen Regierung die göttliche Eingebung hätte bringen sollen, aber leider im Hofbräuhaus für immer hängen geblieben ist. Sodass unsere Regierung bis heute auf die göttliche Eingebung wartet! Walter Hillbring, der Ostpreuße, und Hellmuth Krüger waren genehmigt, auch Loni Häuser und eine junge Sängerin, die damals noch als Lale Wilke auftrat: Lale Andersen, über die ich später erzählen möchte.

1944 wurde das Lokal durch Brandbomben beschädigt und blieb bis über das Kriegsende hinaus geschlossen.

Dies alles und noch viel mehr schwirrte in meinem Kopf als ich 1960 das Lokal übernahm. Ich konnte nur noch Stoßgebete zu meinen übermächtigen Vorgängern, vor allem natürlich an die von mir sehr verehrte Kathi Kobus schicken!

Bei all meiner Angst, die ich sowieso schon hatte, in einen Beruf zu wechseln, von dem ich keine Ahnung hatte, überfielen mich bei diesen tollen Vorgängern natürlich jetzt noch mehr Skrupel, ob ich diese Aufgabe überhaupt meistern könne.

Aller Anfang ist schwer
*Die ehemaligen Mitarbeiter kehren fast alle zurück und
Toni hat ihre neue Rolle noch nicht richtig gelernt*

Unsere Getränke- und Speisekarte

Ein Telegramm mit dem Text: »Bitte sofort in der Kanzlei Holzherr anrufen«, zugestellt in ein winziges Bauerndorf mit dem Namen California im Süden Italiens, veränderte mein Leben von Grund auf.

Der SIMPL (damals noch »Bunter Hund«) sei geschlossen und pleite, meinte unser langjähriger Freund und Anwalt Dr. Erich Holzherr. Der Hausbesitzer Georg Hemmeter, ebenfalls ein Mandant von ihm, möchte eigentlich keine Kneipe mehr haben, scheue sich aber davor dem SIMPL, der in seinem Haus in der Türkenstraße war, den Todesstoß zu versetzen. Es gäbe eine einzige Möglichkeit das Lokal weiter zu führen, das wäre mit mir als Wirtin. Er kenne mich aus der Zeit meines Bruders im SIMPL. Das war mit wenigen Worten der Inhalt des Telefonats.

Tausend Dinge gingen mir nach einem überstürzten Aufbruch, während der Heimfahrt durch den Kopf. Ich sei ein begabtes Mädchen, redete ich mir ein, bin eine gute Schauspielerin, mache meine Musikproduktionen ausgesprochen witzig und ordentlich, nur Wirtin – nein, das bin ich wirklich nicht! Andererseits wäre es aber schon von Vorteil einen Job zu haben, der sich innerhalb der Stadtmauern befände und ich nicht mehr dauernd auf Achse sein müsste. Meine Kinder hätten eine »anwesende« Mutter verdient. Aber ausgerechnet Wirtin? Da war ich in großem Zweifel mit mir, ob ich das könnte.

Das Gespräch mit dem Hausbesitzer und Schnapsfabrikanten Georg Hemmeter verlief sehr merkwürdig. Ich hatte den Eindruck, dass er mich fast inständig darum bat, den SIMPL zu

Erkennen Sie mich? Mein Beruf als Schauspielerin brachte es auch mit sich, dass ich (mit dem Schnurrbart in der Mitte) einer der sieben Zwerge bei der TV-Produktion von »Schneewittchen« wurde; v. l. Hans Geiling, Karsten Peters, Helmut Fischer, ich, Rainer Basedow, Gustl Augustin und Lukas Ammann. Das Schneewittchen spielte die junge Irina Wanka.

übernehmen. Vielleicht ist ihm tatsächlich immer klarer geworden, wie absurd seine Idee, aus dem SIMPL einen Supermarkt oder einen Wienerwald zu machen, im Endeffekt war. Auf alle meine Einschränkungen hatte er eine Antwort.

»Ich bin Schauspielerin!«

»Wunderbar! Da haben Sie die Möglichkeit, Ihr eigenes kleines Theater zu machen! Außerdem muss ein guter Wirt sowieso ein guter Schauspieler sein! Ich lasse Ihnen ein kleines Podium einbauen. Dann sind Sie Ihr eigener Intendant.«

»Von Gastronomie habe ich keinen blassen Dunst! Ich trinke keinen Alkohol und habe auch nicht vor dies zu tun. Was soll ich mit einer eigenen Kneipe?«

»Eine phänomenale Voraussetzung für eine Wirtin«, meinte Georg Hemmeter, »da ist wenigstens das Gespenst der Trinkerheilanstalt aus der Welt! Außerdem, das Technische kann man schnell lernen. Aber Sie haben etwas, was für so ein Lokal viel wichtiger ist – Sie können mit Menschen umgehen, Sie können zuhören, das macht einen guten Wirt aus!«

Er hat mich überredet. Ein guter Mietvertrag war das nächste Zuckerl, obwohl mir die 800 Mark Miete wahnwitzig hoch vorkamen. Später, als sie auf über 10.000 Mark stieg, wusste ich wie niedrig meine erste Miete war.

Nachdem ich zu mir überhaupt kein Zutrauen hatte, musste ich mir eine Brücke bauen und erklärte mein neues Domizil zu meinem »Wohnzimmer«, mit der einzigen Einschränkung, dass meine Gäste bezahlen müssten, was sie verzehren. Ansonsten aber würden die Spielregeln Gültigkeit haben, die auch für einen privaten Besuch in meinem Haus zuträfen. Was immer man darunter verstehen wollte, ich wusste genau, wie ich mir den Ablauf vorstellte. Dass diese Idee wirklich nicht so umzusetzen war, wie ich mir das dachte, wusste ich damals noch nicht.

Als ich zu meiner ersten Besichtigung der Räumlichkeiten mit Hemmeters Schlüssel das Lokal betrat, saßen in einer Ecke zwei junge Herren. Artig standen sie auf und stellten sich vor. Sie seien die

Mieter der sogenannten Wirte-Wohnung über der Kneipe, ob ich denn die Wohnung überhaupt brauchen würde? Auf meine erstaunte Frage, wie sie denn in das Lokal gekommen seien, erfuhr ich, dass sie die Schlüsselgewalt hatten und von Hemmeter als Bewacher engagiert worden seien. Es sei doch schon über drei Monate geschlossen. Im übrigen könnten sie mir auch sehr zur Seite stehen, sie wüssten alles, was jetzt so läuft und hätten auch schon Verbindung mit dem alten Personal aufgenommen, die würden alle gerne wieder an ihren Arbeitsplatz zurückkehren.

Didi Häußler, Student der Pharmazie, später wohlbestallter Apothekenbesitzer und hochrenommierter Maler in der Nähe Stuttgarts, und Ulrich Wildermuth, der Germanistik, Journalistik, Theaterwissenschaften und Philosophie belegt hatte, er wurde Chefredakteur der »Süd-West-Presse« in Ulm, malten mir in den schillernsten Farben aus, wie grässlich diese Wohnung sei und überhaupt unzumutbar für normale Menschen, da der Lärmpegel aus der Kneipe unerträglich sei. Es gäbe kein Bad und kein Wasser in der Wohnung, die Toilette im Zwischenstock – wie das in so uralten Häusern üblich war. Ich habe es unterlassen, die beiden darüber aufzuklären, dass es keinen »Lärmpegel aus der Kneipe« mehr geben könnte, wenn ich mein müdes Haupt zur Ruhe betten würde. Sie durften gerne bleiben. Beide standen mir in meiner zu kurzen »Lehrzeit« als treue Freunde, große Helfer und Beschützer zur Seite.

Freunde hatte ich wirklich bitter nötig. Nicht mal einen winzigen Schimmer von Wissen konnte ich bei mir entdecken. Außer Kochen, das konnte ich sogar sehr gut. Irgendjemand sagte mir, dass ich jetzt auch eine Buchhaltung machen müsse. Was ist das? Wo kaufe ich ein und vor allen Dingen was? Fragen über Fragen für die ich keine Lösung wusste.

Otto Robl war damals noch Angestellter im Delikatessengeschäft Dallmayr, einige Jahre später war er schon ein großer Wirt und Besitzer des Forsthauses am Starnberger See. Wir kannten uns aus dem Sandkasten, er war der erste, der sich für mich ins Zeug legte und mir einen Schnellkurs in den grundlegendsten Dingen gab. Er fuhr mit mir als erstes in einen Großmarkt, dass es so etwas gibt, habe ich auch nicht gewusst. Ich kam aus dem Staunen überhaupt nicht mehr raus!

Wenn ich heute darüber nachdenke, war mein Unternehmen SIMPL einfach unverantwortlich. Ich kannte keine Spirituosen, nicht eine Weinsorte, wusste nicht mal, was ein Tonic-Wasser oder ein Club-Soda ist – ich kannte und trank nur Tee! Damit käme ich nicht sehr weit, meinten meine Berater!

Das Ableben einer Großmutter bescherte mir wenigstens etwas Geld, sodass ich keine täglichen Sorgen hatte und mich mit großer Fröhlichkeit und dem Elan einer Wahnsinnigen in die neue Arbeit stürzen konnte.

Der Stamm des Personals kehrte tatsächlich zurück: Paveline, Olga, Trudl, Frau Pickl und Hansi. Alle fünf kannte ich aus der Zeit, als mein Bruder noch das Sagen hatte.

Anna Pavel, genannt »Paveline«, so groß wie breit, eine wunderbare Köchin aus Böhmen, die darauf bestand, dass außer ihr kein Mensch in der Küche mitarbeiten dürfe. Was konnte mir besseres passieren? Eine Alleinköchin – die auch selber abwäscht und sauber macht. Ich lernte wieder einen neuen Terminus.

Olga, aus dem tiefsten Niederbayern stammend, mit beiden Beinen fest auf der Erde stehend, die immer mit großen Erfolg die Geschichte erzählte, wie ihre Mutter in einer Feldfurche zur Welt kam, weil die Großmutter sich nicht leisten konnte, wegen so etwas natürlichem wie einer Geburt, die Arbeit zu versäumen. Sie war eine gelernte Bedienung, war schnell, umsichtig und witzig. Sie hatte ein Bratkartoffelverhältnis mit einem unserer Studenten, leider hatte sie sich nicht genau erkundigt und den Sohn eines sehr hohen Politikers auserkoren. Dieser Vater bat mich inständig während eines Telefonates, das er aus seinem Auto führte, das vor der Haustüre des SIMPL stand, ihm doch seinen Sohn, »der sich gegen seinen Willen in den Fängen einer Kellnerin befände« herauszugeben. Meine Antwort, dass sein Sohn seit einigen Jahren schon volljährig sei und für sein Tun oder Lassen eigenverantwortlich, ließ dieser »hochgestellte Vater« nicht gelten, warf mir schwarze Magie vor, drohte mir ganz kalt mit Konzessionsentzug und meinte, dass meine Herrentoilette ein »toter Briefkasten« sei! Ich wusste überhaupt nicht, wovon er redet. Während dieses Gesprächs stand der »ungeratene Sohn« neben mir, hörte sowohl seinen Vater, als auch mich. Er schämte sich seiner Familie und wechselte für uns leider, denn wir mochten ihn alle sehr gerne, für ihn aber examenshalber sicher lebensnotwendig, sehr bald die Universität.

Trudl, von vielen auch Gertrud genannt, war mit einem Polizisten von der Kripo verheiratet. Ich weiß nicht, wieso mich das damals sehr beruhigte – denn als ich ihn eines morgens mal wirklich brauchte, war er nur mit Mühe aus seinem Bereitschaftsdienst vom Skatspiel wegzulocken. Entsetzlicherweise hatte sich auf unserer Toilette jemand erhängt. Irgendein Kollege fragte mich zweimal, ob denn der Tod schon eingetreten sei und gab mir auf mein völlig verzweifeltes »… das weiß ich doch nicht!« den Rat, den vermutlich Toten abzuschneiden und auf den Boden zu legen, er käme dann gleich, müsse aber erst mal seinen Grand Hand fertigspielen! Gott sei Dank waren die Sanitäter nach ein paar Minuten da und kümmerten sich um den Toten. Nach einiger Zeit, als alles zu spät war, kam ein Aufgebot an Polizei, als ob ein Massenmörder unterwegs gewesen wäre. Ab da habe ich von unserem privaten Kripomann keinen dienstlichen Gebrauch mehr gemacht.

Frau Pickl war unsere Reinigungsdame, erledigte kleinere Reparaturen und überwachte die Heizung. Es dauerte einige Zeit, bis ich dahinter kam, dass das Wort »überwachen« in der Tat zutraf. Sie war der Boss ihres Mannes. Unsere Heizung bestand aus einem kohlenfressenden Monster im Keller. Herr Pickl sorgte dafür, dass der Heizungskessel im Winter nie ausging, was für ihn einer Tag- und Nachtbeschäftigung gleich kam. Wir hatten Koksheizung, wie damals üblich. Für eine Gaststätte, die nachts geöffnet hatte, normalerweise etwas schwierig, weil ja der Kessel immer weiter mit Koks gefüttert werden musste. Unser alter Herr Pickl saß seine Pfeife schmauchend vor dem Kessel, schaute durch ein Sichtglas in die Flammen und war glücklich über die wunderbare Ruhe an seinem Arbeitsplatz. Währenddessen wirbelte seine Frau, die auch nicht mehr die Jüngste war, durch die Räumlichkeiten im Erdgeschoss. Frau Pickl war vor der Naziherrschaft Gemeinderätin für die Kommunistische Partei, der auch ihr Mann angehörte. Beide überlebten die Diktatur Hitlers sehr schwierig. Aber darüber durfte nie gesprochen werden.

Und dann war da noch Hansi. Sie war etwas ganz besonderes. Schon bei ihrem Nachnamen hätte ich stutzig werden müssen: Chorherr, in ihren Papieren mal mit C mal mit K geschrieben. Erst nach einiger Zeit habe ich Hansis Lebensweg erfahren. Ein Studium an der Kunstakademie, das nie ein Ende nahm, denn Schwabing lockte und als hübsches, junges Mädchen wurde man fast aufgesogen. Eine Liaison mit dem Dichter X hier, eine Muse des Malers Y dort, und jede Nacht bis zum Sonnenaufgang im SIMPL. Dieses Leben nahm schnell ein Ende. Hansi wurde, weil sie Jüdin war, von einem der vielen willigen Hausmeister denunziert und für viele Jahre in das Konzentrationslager Dachau verbracht. Freunde von ihr erzählten mir, dass Hansi, sicherlich nur durch einen bürokratischen Irrtum, Ende 1943 ganz offiziell aus dem KZ Dachau entlassen wurde. Vernünftigerweise sei sie sofort untergetaucht. Hätte aber ab diesem Zeitpunkt mindestens zweimal in der Woche durch einen nur ihr bekannten Schlupfwinkel, Essen und Medikamente in das Lager

Blick vom Tal zum Alten Rathaus im Jahr 1880. Im vorstehenden Gebäude rechts das Geschäft von Joseph Gautsch, meinem Großvaters mütterlicherseits. Mit seiner Wachszieherei und Metfabrikation war er »Königlich Bayerischer Hoflieferant«.

geschmuggelt. Durch die vielen Jahre, die sie in dem Lager verbracht hatte, kannte sie sich dort so aus wie sonst niemand.

Die langen, schrecklichen Jahre waren an Hansi nicht spurlos vorübergegangen. Sie schottete sich der Außenwelt gegenüber total ab, Tagesereignisse oder gar Politik interessierten sie nicht mehr, sie wurde zu einer skurrilen Person, von allen geliebt.

Meine Mannschaft, über die ich mir vorher gar keine Gedanken gemacht hatte, war sicher nicht komplett, aber es war ein Anfang. Lauter Leute, die sich hier im Gegensatz zu mir auskannten. Ob ich mich auf sie auch verlassen konnte, musste sich erst erweisen.

Ich hatte das wunderbare Gefühl, irgendwie großes Glück zu haben. Warum arbeiten eigentlich alle so gerne im SIMPL? Das musste einen Grund haben. Das Lokal war wirklich nicht schön, es war auch nicht besonders gemütlich. Bei genauer Betrachtung war es sogar eine eher unglücklich gebaute Kneipe, mit den so weit auseinander liegenden, und nur durch einen schmalen, langen Durchgang erreichbaren zwei Gaststuben. Vielleicht schwebte aber doch noch der Geist von Kathi Kobus und Ringelnatz hoch über uns an der Decke, und sie beschützen mich? Ich freute mich auf meine neue Arbeit, erledigte sie mit aller Kraft und verließ mich nur auf mein Gefühl, das Gefühl einer Ahnungslosen.

Als meine erste und allerwichtigste Aufgabe sah ich es an, den richtigen Namen »Simplicissimus« wiederzubekommen. Das war ein sehr mühsamer Weg. Jede mir genannte Behörde erwies sich nach einigen Briefwechseln als nicht zuständig. Wie der berühmte Buchbinder Wanninger aus Karl Valentins köstlichem Sketch wurde ich von einer Stelle zur anderen verwiesen. Letztendlich war dann die Gebrauchsmusterschutzabteilung im deutschen Patentamt meine Anlaufstelle. Meine Briefe wurden zuerst gar nicht beantwortet. Dann nach langer, langer Zeit abschlägig beschieden. Nachdem aber dieser Brief wunderbarer Weise mit vollem Absender, laufender Aktennummer und dem Namen des Beamten versehen war, ging ich einfach in das Büro. Nach langem Fußmarsch fand ich endlich die richtige Türe und den richtigen Menschen, der diesen so »unendlich komplizierten Fall« zu bearbeiten hatte.

Ich sah einen Beamten auf einem hohen Hocker an einem Stehpult sitzen, vor riesigen Folianten, einem übergroßem Tintenfass und mit einem Federkiel schreibend. Sein Anzug war abgewetzt, er spiegelte an den entscheidenden Stellen und seine Ärmelschoner waren an den Ellbogen geflickt. Die Brille saß ihm unten auf der Nase. Die Haare wirr, sein Gesicht zierte ein langer, grauer Bart. Außen auf der Türe stand »Comptoir«.

Diese Geschichte spielte sich natürlich nur in meinem Kopf ab. Die Realität sah so aus, dass ein alter Herr vor einem fast leeren, uralten Schreibtisch saß, neben sich eine Schreibmaschine, die dem Deutschen Museum entliehen sein musste, und einem Telefon aus der Vorkriegszeit. Das Büro war finster, ohne Vorhänge und total vergammelt. Ich war mir sicher, dass es auch auf den Toiletten noch keine Wasserspülung gab. Meine Fantasie hatte wohl die Realität nur etwas erhöht. So falsch lag ich gar nicht.

Ich stellte mich vor und sagte mein Anliegen.

»Sie hätten sich gar nicht her bemühen müssen, gnä' Frau! Auch Sie werden diese Kostbarkeit von mir nicht bekommen! Den Weg hätten Sie sich sparen können. Sie stehlen mir nur meine Zeit!«

Ich nahm mich ungeheuer zusammen und versuchte diesem Herrn, der mir unbedingt seine große Macht demonstrieren wollte, zu erklären, warum und weshalb ich unbedingt den alten Lokalnamen wieder haben möchte. Mein Wissen über die Geschichte des Lokals erstaunte ihn sehr und auf einmal redete er mit mir wie ein normaler Mensch. Darauf hatte ich gewartet. Das war mein Stichwort. Unter Tränen erklärte ich ihm, dass ich aus einer der ältesten Familien dieser Stadt stamme, mein einer Großvater »Königlich Bayerischer Hoflieferant« war, und mein anderer die Technische Hochschule gebaut hätte (ich zählte auch noch viele andere öffentliche Bauten auf) und dass auch der Bäcker Karl (damals die berühmteste Bäckerei in München, es gab viermal am Tag frische Brezn!) zu meinen Verwandten gehören würde. Ich saß da wie ein Häufchen Elend.

Gerührt stand der alte Herr auf, reichte mir ein schneeweißes, sauberes Taschentuch, das er aus der Innentasche seines Anzugs hervorholte, und versuchte, mich zu trösten. Das ließ ich aber nicht zu. Auf einmal muss ihm eine erleuchtende Idee gekommen sein:

»Wieso tragen Sie einen so schrecklichen schwäbischen Namen?«

»Weil der Vater meiner Kinder so heißt«, – kurzer Heulausbruch –, »dafür kann ich doch nichts? Oder wäre Ihnen lieber, ich hätte meine Kinder unehelich zur Welt gebracht?«

Das verneinte er natürlich streng – ein Lächeln ging über sein Gesicht: »Ich sage Ihnen jetzt die Wahrheit. Ich habe die Akte genau studiert. Bis 1935 zurück waren alle Wirte Ausländer oder Preußen, und die haben einen solchen Namen nicht verdient. Ich habe mir geschworen, dass nur mehr ein richtiger Münchner diesen Namen für das Lokal erhalten darf. Verzeihen Sie mir bitte, aber ich war überzeugt, Sie seien eine Schwäbin und da gibt es den Namen schon zweimal nicht – ein Simpl ist bei denen doch ein Depp!«

Beim Hinausgehen bedankte ich mich artig bei diesem menschlich gewordenen Beamten und schickte auch dem Dienstmann im Himmel, der immer noch die Bayerische Staatsregierung erleuchten soll, ein Dankgebet, dass er wenigstens diesen kleinen Untertan erleuchtet hat.

Ich hatte den Namen wieder!

Schilder, Briefpapier, Stempel, alles was so dazugehört, habe ich in Auftrag gegeben. Nur »Simplicissimus« nannte ich meinen kleinen Laden nicht. Mir schien ALTER SIMPL besser, er sollte einen Bezug zu früher herstellen. Und das ist mir, glaube ich, auch gelungen.

Der erste Abend verlief bis nach Mitternacht sehr ruhig. War mir auch klar, ich hatte noch keinerlei Werbung gemacht, es konnte eigentlich noch gar niemand wissen, dass es mich gab. Dann passierte es. Fünf sehr betrunkene Männer stürmten herein mit dem Ruf: »Wir wollen die Neue sehen! Mal schaun, ob die uns passt!« Einer tat sich besonders hervor und knallte die elektrifizierten Öllampen, die über den Tischen von der Decke herunterhingen, aneinander, sodass sie alle in Scherben davonflogen. Die erste Brüllerei entstand. Ich ließ mir das wirklich nicht gefallen, stellte mich auf meine nicht sehr hohen Hinterbeine und wies das ganze besoffene Gesindel aus dem Haus. Das waren meine ersten Hausverbote, die ich ausgesprochen hatte.

Meine Mitarbeiter kannten den Übeltäter: Dieter O. Klama, seines Zeichens Karikaturist. Das hat mich nicht interessiert, ich wollte nur von ihm den angerichteten Schaden ersetzt haben. Im Grunde genommen hatte er recht, die Lampen waren abscheulich – ich wollte sie sowieso austauschen, wenn auch nicht so schnell. Ich musste mir erst überlegen, was ich haben wollte. Am nächsten Tag habe ich diesen Rowdy Klama angerufen und ihm mitgeteilt, dass er bezahlen müsse, wenn nicht, ginge ich zur Polizei, um Anzeige zu erstatten. Dieter Klama war das sehr peinlich. Er entschuldigte sich ungeheuer – er sei volltrunken gewesen und die entsetzlichen Lampen hätten ihn schon immer gestört. Außerdem wollten sie wirklich wissen, wer die Neue wäre, seine Freunde und er hätten einen sehr guten Eindruck von mir gewonnen, weil ich mir nicht den Schneid habe abkaufen lassen! Ich hätte gewonnen. Er sei nämlich gerne und viel im SIMPL gewesen, ob er denn

Wetzle-Karikatur von Dieter O. Klama aus den 1960er Jahren.

abends mal vorbei kommen dürfe, um die Sache zu bereinigen? Er durfte, brachte auch alles in Ordnung und wurde einer meiner liebsten, wenn auch schwierigsten Gäste.

Dieter Klama ist nicht nur ein hochbegabter Zeichner und Cartoonist, er ist blitzgescheit, hoch gebildet und politisch sehr engagiert. Trotzdem war er 30 Jahre lang derjenige, den ich am meisten hinauswerfen musste. Immer ohne Folgen. Wir mochten ihn alle besonders gern, er war auch eine Bereicherung unseres Stammtisches. Aber manchmal ging es nicht anders, wenn er fremde Gäste angriff, musste ich »Action« machen. Der Alkohol hat auch von ihm seinen Tribut verlangt. Wir sind immer Freunde geblieben, auch wenn er mich öfter in Situationen gebracht hat, die unsere Freundschaft fast ins Wanken bringen sollte. Dieter war einer meiner Paradiesvögel!

In den ersten Wochen hatte ich schon viel gelernt. Natürlich bei weitem nicht alles, aber ich versuchte, jede Arbeit, die ich noch nicht kannte, auszuführen. Als einmal die Bedienung der kleinen Bar erkrankt war, übernahm ich diesen Job. Konnte ja nicht so schwierig sein, einem Gast ein Getränk oder ein Essen zu bringen.

Vier Personen bestellten je einen »Red Label« auf Eis mit Soda. Ich war sicher diesen Whisky zu kennen, nahm die »Red Label«-Flasche, goss vier doppelte Whisky in die Gläser, servierte sie mit vier kleinen Sodafläschchen.

»Zum Wohl!«

»Danke. – Halt! – Fräulein! – Das ist kein Whisky!«

»Aber natürlich«, sagte ich etwas hochnäsig.

»Nein, Fräulein, Sie müssen die Flasche verwechselt haben!«

»Ich, die Flasche verwechseln? Aber wirklich nicht!«

»Bitte, schauen Sie doch selbst – das ist Danziger Goldwasser!«

»Mein Herr, ich kenne kein Danziger Goldwasser. Was immer das sein mag – so etwas führen wir nicht!«

Der Herr verlangte nach dem Chef. Arrogant sagte ich ihm, dass er da schon an der richtigen Adresse sei. Ein Wort gab das andere, ich zeigte ihm auch noch die »Red Label«-Flasche, es nützte gar nichts. Dieser schreckliche Mensch beharrte darauf, dass in den Gläsern Danziger Goldwasser sei. Er zeigte mir sogar die goldenen Blättchen die herumschwammen, für jedermann deutlich sichtbar. Das war für mich das Allerletzte und ich sagte sehr unfreundlich: »Wissen Sie was, wenn Sie keine Ahnung von Whisky haben, dann bestellen Sie sich auch keinen! Im Übrigen bitte ich Sie, sofort mein Lokal zu verlassen! Angeber kann ich nämlich auf den Tod nicht leiden!«

Die Gäste gingen sehr vergrämt und ich war froh, sie draußen zu haben. Am nächsten Tag kam das Barmädchen wieder und machte höllischen Lärm: »Wer hat aus der Flasche mit dem Danziger Goldwasser etwas ausgeschenkt, es ist kein Bon dafür da?«

Ich verneinte diese Frage und sagte ihr, dass wir doch so ein blödes Getränk, von dem ich nicht einmal wüsste, was das sei, gar nicht hätten. Ich habe vier »Red Label« aus der Flasche genommen und bonniert. Olga sagte erschrocken, sie habe am Vortag bei der Danziger-Goldwasser-Flasche den Hals ein bisschen angebrochen, eine leere »Red Label«-Flasche ausgespült und den Likör da hinein gegossen. Die richtige Whiskyflasche stand an der anderen Ecke!

Wochenlang habe ich versucht herauszubringen, wer die Gäste waren. Leider ohne Erfolg! Ich wollte mich zutiefst entschuldigen, es war mir ungeheuer peinlich.
Aber so geht das, wenn man glaubt, in so kurzer Zeit schon alles zu können. Die Hybris hatte mich überfallen. In Zukunft wollte und sollte ich bei alkoholischen Streitfragen immer ganz, ganz vorsichtig sein!

Aber verlassen hat sie mich nicht – diese Hybris – leider nicht!

Eine aufgeregte Bedienung flüsterte mir in meinem kleinen Büro zu: »Die Kaiserin ist da!«

»Wer ist diese Frau Kaiser?«

»Ja, sie halt – die Soraya!«

Da war er wieder dieser furchtbar überhebliche Besserwisserton: »Schaun Sie, Trudl, Ihre Kaiserliche Hoheit, die keine Kaiserliche Hoheit mehr ist, geht sicher in München irgendwohin – aber nicht zu uns!«

»Aber sie sitzt doch mit ihrer Mutter und ihrem Bruder in der Mittelnische! Ich habe die Karte schon hingelegt.«

»Also gut, bitteschön, dann gehe ich halt raus …«, sagte ich gnädig.

Der Herzschlag setze kurzfristig aus. Freundlich stellte ich mich als die Wirtin vor, begrüßte zuerst die Prinzessin (laut der einschlägigen Presse nach der Scheidung vom Schah die korrekte Anrede), dann die Fürstin (die Frau Mutter wurde schon immer so angesprochen), und zuletzt »darf ich annehmen, dass Sie der Herr Bruder sind?«

Sie bestellten eine Flasche Champagner.

Trudl wienerte die Gläser, machte den Sektkühler fertig, holte die Flasche Taittinger aus der Kühlung und ging zum Tisch. Auf diesem Weg ritt mich der Teufel. An ihr vorbeigehend, nahm ich ihr die Flasche aus der Hand, und sagte ganz locker: »Das mache ich selbst.« Noch nie in meinem Leben hatte ich eine Flasche Champagner geöffnet.

Und so kam es dann auch. Ich versuchte mit Gewalt den Draht wegzubringen, das dauerte länger, darüber weg parlierte ich mit Mutter und Tochter lächelnd Belanglosigkeiten und auf einmal machte es laut »blubb«. Die Hälfte der Flasche landete im Ausschnitt der Prinzessin – ich erstarrte zu einer Salzsäule, meine Mitarbeiterin Trudl rannte nach Handtüchern, um die Kaiserliche Hoheit, die keine Kaiserliche Hoheit mehr war, trocken zu legen, und in dieser Sekunde fing die Fürstin zu lachen an. Soraya und ihr Bruder fielen mit ein, ich lachte mit und versuchte mit großen bunten Küchentüchern das wunderschöne Dekolletee der Prinzessin zu trocknen. Die Fürstin bat mich am Tisch Platz zu nehmen und meinte, immer noch laut schallend lachend: »Das war wohl das erste Mal? Aber es spricht für Sie, dass Sie uns selber bedienen wollten, das klingt so nach zuhause!« Ein größeres Kompliment hätte sie mir nicht machen können und, um mit Humphrey Bogart zu sprechen: Dieser Abend war der Beginn einer wunderbaren Freundschaft.

Den Satz »Die gehen irgendwohin, aber sicher nicht zu uns ...« musste ich noch oft korrigieren. Aber gleich ein paar Wochen später habe ich diesen blöden Satz schon wiederholt.

Hansi war an ihrer Garderobe hoch zufrieden, sie bekam so viel Trinkgeld, dass sie von den Bedienungen beneidet wurde. Von ihr bekam ich viele Informationen, nicht nur über die Un- oder Zufriedenheit unserer Gäste, sie erfuhr auch viel nebenher, was für uns von Bedeutung war.

Hansi Chorherr war überhaupt eine ganz außergewöhnliche Person. Nie gab es mit ihr Ärger. Im Gegenteil. Sie hätte sich für mich aufgeopfert. Natürlich war sie keine richtige Garderobenfrau. Sie war viel mehr. Nicht nur, dass sie an ihrer Garderobe der erste Ansprechpartner für die Gäste war. Mit einer von Herzen kommenden Freundlichkeit begrüßte sie alle, die hereinkamen, nahm ihnen in den kalten Jahreszeiten die Mäntel ab, nähte fehlende Knöpfe und Aufhänger an, ohne ein Wort darüber zu verlieren, bekam dann vielleicht ein Extratrinkgeld, was aber nicht so unbedingt wichtig war. Sie mochte die Menschen auf Distanz. Der breite Garderobentresen war ihr Schutzschild. Trotz allem bemutterte sie unsere Studenten und wenn ich es im Nachhinein betrachte, auch mich. Aber in einer vollkommen unaufdringlichen Art. Ich gewann die alte Dame richtig lieb.

Sie war die einzige, die nicht in unmittelbarer Nähe des Lokals wohnte. Nachdem sie immer mit mir in den Morgenstunden das Haus verließ (»Einer muss doch auf Sie aufpassen!«), gewöhnte ich mir an, sie nachhause zu fahren. Anfangs saß sie neben mir im Auto und sprach kein Wort, beantwortete meine Fragen merkwürdig ausweichend, ich brachte sie nie so richtig zum Erzählen.

Eines Morgens spielte sich während der Fahrt zu ihr nachhause folgender Dialog ab. Hansi ganz langsam und zögernd: »Morgen kommt der Eli.«

»Wer ist der Eli, Hansi?«

»Ja, ja. Morgen kommt der Eli.«

»Hansi, bitte sagen Sie mir, wer ist der Eli?«

Die SIMPL-Crews aus verschiedenen Jahrzehnten. Linkes Bild: v. l. Susi, Hubert (der Koch), mein Bruder Peter, Frau Pavel (die Köchin), Bruni, Edith, ich, Sabine, Karin, James, Achmed (Garderobier) und Singh (Zapfer) Mittleres Bild: v. l. Frau Seehofer (Köchin), ich, Susi, Petra, Thomas, Jutta und Petra

»Ja, ja. Morgen kommt er.« Lange Pause. »Aus Amerika.«
Ich konnte meine Ungeduld kaum mehr im Zaum halten.
»Bitte, liebe Hansi, sagen Sie mir doch, wer morgen kommt!«
»Der Eli – der kommt morgen.«
Sie modulierte ihre Sätze sehr eigenartig. Manchmal ging ihre Stimme von unten nach oben, manchmal umgekehrt.
Mir riss der Geduldsfaden. »Wer ist Eli?«, schrie ich sie fast an.
»Eli Kazan.«
Sie hätte auch Paul Lehmann sagen können, so normal war ihr Tonfall. Sie sagte nicht den vollen Vornamen, sondern die Koseform Eli und sie betonte die erste Silbe des Nachnamens und sprach das Z auch als Zett. Elia Kazan war für uns ein Megastar, dass sie seinen Nachnamen falsch betonte, seinen Vornamen verkleinerte, sah ich ihr nach. Sie wusste es halt nicht anders. Nur, dass Elia Kazan zu uns in die Kneipe kommen sollte, sich außerdem bei unserer Hansi richtiggehend »angemeldet« hätte – nein, das glaubte ich wirklich nicht.
»Hansi, meinen Sie Elia Kazan, den amerikanischen Filmregisseur?«
»Ja, ja, morgen kommt er mich besuchen«, sagte sie mit großer Bestimmtheit und Freude.
»Hansi, das haben Sie sicher verwechselt – vielleicht ist er tatsächlich morgen in München. Aber Elia Kazan kommt doch nicht zu uns in die Kneipe!«
»Ja, ja, ich kenne ihn gut. Kannte noch seine Eltern. Habe bei ihm gedreht – im ›Mann auf dem Drahtseil‹.«
Die Geschichte wurde für mich immer verworrener. Ich setzte Hansi an ihrer Haustüre ab, wartete wie immer, bis sie innen das Licht anmachte, und fuhr nachhause. Ich dachte noch über unser Gespräch nach, sagte mir, dass Hansi eine hinreißende alte Dame sei, und dass ich mit ihren Schrullen eben leben müsste. Ich vergaß die Geschichte – bis zum nächsten frühen Abend.
Am Garderobentresen stand ein Mann, ganz in schwarz gekleidet, der meine Hansi in seinen Armen hielt, lang und mit dem Ausdruck großer Innigkeit. So wie ein Sohn seine Mutter in die Arme schließt, die er seit Jahren nicht mehr gesehen hat. Die Zärtlichkeit rührte mich ungeheuerlich.

rechtes Bild: v. l. Wolfgang, Alma, Birgit, Iriana, ich, Petra, Frau ehofer

Langsam ging ich nach vorne, wartend, bis sich die Beiden voneinander gelöst hatten. Der Mann hatte Tränen in den Augen, bei Hansi liefen sie wie Sturzbäche. Als sie mich bemerkte, sagte sie mit kaum wahrnehmbarem Stolz: »Das ist er, Frau Netzle.«

Ich reagierte selten blöd, weil ich an die Geschichte der letzten Nacht gar nicht mehr dachte: »Hansi, wer?«

»Mein Eli!«

Ein Blitz durchfuhr mich, ich kannte nur Fotos von ihm, da stand er vor mir – der Weltstar – Elia Kazan!

Kazan konnte gar nicht so schnell antworten, wie ich fragte. Nachdem er bemerkte, dass mein Englisch nicht so das allerbeste war, sprach er – nicht sehr gut, aber doch – deutsch.

Ich erfuhr, mit wenigen Worten und ohne jedes Aufheben, eine Geschichte die mich erschütterte. Hansi war Jüdin und schon lange vor Kriegsbeginn in Dachau inhaftiert. Sie galt damals schon fast als ein Engel im Lager, weil sie half und sich aufopferte, um anderen das entsetzliche Leben etwas zu erleichtern. Ich habe keine Details erfahren. Beide wollten darüber nicht sprechen. Verständlich.

Ich wollte Hansi für die Dauer des Aufenthalts von Kazan in München sofort frei geben, das lehnte sie kategorisch ab. Auch mein Vorschlag, sich doch wenigstens in das Lokal, an einen Tisch oder an die Bar zu setzten, wurde nicht angenommen. Elia Kazan erklärte mir, dass er sich am liebsten mit Hansi hinter ihren Garderobentresen setzen möchte, ob ich das ausnahmsweise erlauben würde.

Welch eine schöne Erinnerung – eine ganze Nacht lang wurden unsere Gäste von Elia Kazan am Eingang begrüßt und verabschiedet, es machte ihm sichtlich auch noch viel Spaß.

Meine morgendliche Fuhre bestand diesmal aus drei Personen. Hinten saßen Elia Kazan und meine alte Hansi – wie ein Liebespaar! Er brachte Hansi in ihre Wohnung, kam nach einiger Zeit zurück und ich brachte ihn in sein Hotel. Leider haben wir ihn nie wieder gesehen.

Meine vielen Versuche Hansi später eine Antwort auf meine vielen Fragen zu entlocken, schlugen kläglich fehl. »Wieso kannten Sie seine Eltern?«

»Wie haben Sie Kazan kennengelernt?«

»Wieso waren Sie auf einmal Schauspielerin und wie kamen Sie zu dem Engagement in dem Film ›Ein Mann auf dem Drahtseil?‹«

Immer bekam ich die gleiche Antwort: »Freunde.« Und dieses Wort »Freunde« sagte sie mit einem abwesend wirkenden Lächeln auf ihrem Gesicht und mit einer sehr merkwürdigen Betonung, sie zog die letzte Silbe »de« lauttechnisch so nach oben, dass es mit einem Fragezeichen, einem Punkt oder überhaupt mit alles offen lassenden Pünktchen enden konnte. Hansi verwirrte mich. Manchmal machte sie auf mich den Eindruck, als ob sie in einer anderen Welt leben würde.

An ihrer Garderobe saßen noch viele. Ein Großteil des bayrischen Adels, viele Amerikaner und Israelis, die durch Hansis Hilfe überlebt hatten und inzwischen große, kleine oder gar keine Karriere gemacht hatten. Alle äußerten immer den gleichen Wunsch. Sie wollten Hansi, wo immer und in welchem Land dieser Erde sie eine neue Heimat gefunden hatten, mitnehmen, für sie da sein, für sie sorgen, ihr einen schönen und ruhigen Lebensabend bereiten. Nie nahm sie so ein ernst und lieb gemeintes Angebot an. »Ich gehöre hier her.« Womit sie den SIMPL meinte. Und immer wieder hörte ich von ihren Freunden den gleichen Satz: »Ohne Hansi hätten wir nicht überlebt.«

Weit über ein Jahr hat es gedauert, bis ich einen ganz kleinen Ausschnitt ihres Lebens kennen gelernt hatte. Nie hatte ich auch nur ein einziges Wort über diese Zeit von ihr gehört. Keine meiner Fragen hat sie je beantwortet, jede abgetan mit dem Satz: »Das ist vorbei. Alte Geschichten interessieren keinen Menschen.« Ihre Bescheidenheit war nicht zu übertreffen.

Hansi stammte aus einer alten Münchner Familie. Sie muss als junges Mädchen wunderschön gewesen sein, sie war ein gesuchtes Modell für Maler. Die 20er Jahre erlebte sie wohl so, wie man sich Schwabing damals vorstellte. Mit allen Dichtern und Denkern, Revoluzzern und Umstürzlern. Und ihr bevorzugtes Zuhause war immer der »Simplicissimus«. Jetzt wusste ich wenigstens, warum sie nie von dem Lokal weggehen wollte. In dieser Kneipe hat sich der glückliche und freie Teil ihres Lebens abgespielt.

Zu einer Zeit, als ich das alles noch nicht wusste, bat mich Hansi bei einer der obligaten Nachhausefahrten, ob sie denn am kommenden Samstag pünktlich das Lokal verlassen dürfe, sie hätte Sonntag frühmorgens einen Termin. Mühsam zog ich ihr aus der Nase, dass sie sich um sechs Uhr Morgens am Flughafen mit Freunden treffen wolle. Ich schlug ihr vor, dass sie auch frei haben könnte – nein, um Gottes Willen, nein – sie hätte alles schon geregelt, Freunde würden sich um sie kümmern. Ach ja, und Montag, es könnte unter Umständen sein, dass sie nicht um sechs Uhr schon an ihrem Arbeitsplatz wäre. Es könnte ein bisschen später werden (Hansi war jeden Tag ab sechs Uhr Abend schon im leeren Lokal – was sollte sie denn daheim tun –, geöffnet wurde erst um 20 Uhr!).

Auch das mit Montag war geregelt. Ob sie sich am Flughafen mit jemand treffen, oder vielleicht nach Frankfurt fliegen würde, um dort das Wochenende zu verbringen, fragte ich sie.

»Wir fliegen nach Tel Aviv.«

»Wohin?«

»Nach Tel Aviv.«

»Haben Sie ein Visum?«

»Nein.«

»Hansi, es geht doch gar kein Flieger von München nach Tel Aviv!«

»Doch.«

Mit dem belehrenden Ton einer Oberlehrerin, antwortete ich: »Hansi, kein Mensch kann so einfach über das Wochenende nach Israel fliegen! Und wir Deutsche schon überhaupt nicht.«

Von der wunderbaren Hansi gibt es leider nur dieses eine Foto von einer Nikolausfeier: v. l. Bobby Kamp, unser Mann am Klavier, Traudl, Hansi, der Nikolaus, gespielt vom begnadeten Ringelnatz-Interpreten Selmer Liechtenberg, ich und Olga.

»Ich schon«, war die lapidare Antwort.

Dabei beließ ich es auch. Ein längeres Gespräch über die Unmöglichkeit, 15 Jahre nach Beendigung der Nazi-Katastrophe so einfach ruck zuck nach Israel zu fliegen, wollte ich nicht mehr führen. Ich war zu müde. Eine von Hansis Schrullen.

Montagabend. Hansi war tatsächlich nicht in der Kneipe. Kurz nach acht Uhr abends kam sie mit vielen Entschuldigungen wegen ihrer Verspätung. Eigentlich wollte ich sie ärgern und fragte: »Na, wie war es denn in Israel?«

»Wunderschön! Wir haben die Kinder besucht.«

»Welche Kinder?«

»Die zwei Buben. Sie leisten ihren Wehrdienst. Sie sind in der Nähe von Haifa stationiert. Ich habe Ihnen was mitgebracht. Weil Sie immer so gut sind zu mir.«

Das war der längste zusammenhängende Satz, den ich von ihr bis dahin gehört hatte. Sie überreichte mir feierlich ein winziges Päckchen, einen kleinen, goldenen Judenstern an einem dünnen, ebenfalls goldenen Kettchen. Ich war vor Rührung den Tränen nahe. Sie sagte mir noch, dass dies eigentlich kein Geschenk von ihr sei, es sei von den … und jetzt nannte sie den Namen eines Schweizer Industriellen, der mir nur aus der Zeitung ein Begriff war.

Durch einen Bekannten, der am Flughafen arbeitete, war es mir gelungen, am nächsten Tag Aufklärung in die für mich so dubiose Angelegenheit zu bringen. Alles, was Hansi erzählt hatte, stimmte. Diese Schweizer Familie landete am Sonntagmorgen mit ihrer Privatmaschine in München zwischen, nahm Hansi an Bord und flog sofort weiter nach Tel Aviv. Auf dem gleichen Weg lieferten sie unsere Hansi am Montagabend wieder in München ab.

Einige Monate später lernte ich diese Familie kennen. Auch Überlebende aus Dachau.

Über unsere Hansi könnte ich ein ganzes Buch schreiben. Nur eine Geschichte möchte ich noch erzählen. Sie versäumte nicht, Gästen die sie besonders mochte, ganz genau zu zeigen wo denn der von ihr so hochverehrte »Papa Heuß«, unser erster Bundespräsident, als Student immer gesessen habe, und dass sie ihn aus dieser Zeit noch kenne.

Als Hansi einmal nicht wie gewöhnlich schon zwei Stunden vor ihrem Dienstbeginn da war, überfiel mich große Angst. In ihrer Wohnung fand ich sie, niedergestürzt und unfähig sich zu bewegen. Sie hatte sich den Oberschenkel gebrochen. Auf ihre Bitte hin verständigte ich ihre Schweizer Freunde, die sie, nachdem sie transportfähig war, zu sich nachhause holten. Eines hatten sie erreicht, Hansi an ihrem Lebensende wenigstens noch liebevoll zu versorgen. Aber ohne ihren SIMPL? Leider verstarb sie viel zu schnell.

Für ihre jüdischen Freunde war sie eine »Gerechte«, für ihre christlichen ein »Engel«.

Ein paar Wochen ohne gravierende Zwischenfälle waren vergangen. Es läutete und vor meiner Wohnungstüre standen meine zwei Perlen, Olga und Trudl. Sie redeten nicht lange um den heißen Brei und erklärten mir, dass sie beide kündigen wollten. Ich war wie vom Blitz getroffen. Was sollte ich ohne diese zwei tüchtigen Mädchen anfangen, die mit großer Geduld versuchten, mir wenigstens die Grundregeln des Nachtgeschäftes beizubringen. Außerdem konnte ich mich hundertprozentig auf sie verlassen, sie waren ehrlich und loyal. Ich hauchte nur ein leises »Warum?« und erfuhr im Schnelldurchgang meinen größten Fehler: Ich würde mich weigern Alkohol zu trinken! »Sie haben so viele Freunde, die glücklich sind, dass Sie jetzt die SIMPL-Wirtin sind, die wollen Champagner mit Ihnen trinken und Sie sagen immer nur, dass Sie lieber einen Tee hätten! So können wir nicht arbeiten, wenn Sie nichts trinken, trinken die anderen auch nur ein kleines Bier oder ein Wasser. Von diesem wenigen Umsatz können wir nicht leben!«

Um meine fabelhaften Mitarbeiterinnen nicht zu verlieren, ließ ich mich breitschlagen. Die Mädchen empfahlen mir »Tom Collins« zu trinken, damals ein großes Modegetränk, bestehend aus einem doppelten Wodka, Läuterzucker, Zitronensaft und mit Sodawasser aufgegossen. Beim Wodka nahmen sie immer nur einen kleinen, dafür mehr Soda. Trotzdem – es war ein entsetzliches Getränk. Aber Olga und Trudl waren zufrieden – es war auch teuer!

Für mich war es eine Qual. Überall standen diese grässlichen Longdrinkgläser mit meinem für mich so schauerlichen Getränk herum – ich konnte dieses Zeug einfach nicht mehr trinken. Glücklicherweise bekam ich von dem vielen Zitronensaft eine wunderbare Gastritis, die mir Dispens von jedwedem »Tom Collins« erteilte. Ich durfte wieder meinen Tee trinken.

Zumindest an den Stammtischen hatten die Gäste mittlerweile akzeptiert, dass ich keinen Alkohol trank. Vielleicht war ich vom lieben Gott mit diesem reichen Geschenk bedacht – ich brauche den Alkohol als Stimulanz nicht. Das sahen inzwischen auch Olga und Trudl ein. Das Problem des Nichtmittrinkens blieb über dreißig Jahre! In späteren Jahren versuchte man mich mit Whisky, der in einem halben Liter Bierglas mit einem Eisberg verdünnt wurde, zu bekehren – es nützte nichts. Ich landete wieder glücklich bei meinem Tee.

Dass eine Kneipenwirtin nur Tee trinkt, war der Bild-Zeitung eine Schlagzeile wert.

Ein ganz anderes Problem hatten wir noch zu bewältigen: Werbung. Woher sollten die Leute denn wissen, dass es uns gibt? Die ersten drei Jahre veranstaltete ich während der Faschingsmonate jede Woche einen Faschingsball. Dafür gab ich sogar richtig Geld aus für Dekoration und Musik und Porto für Briefe. Bis zu 500 lustige Einladungen verschickte ich wöchentlich, immer ein anderer Vordruck, den ich je nach Bekanntheitsgrad noch handschriftlich ergänzte. Auch die Kuverts schrieb ich mit der Hand, das sollte doch bei einer normalen Post auffallen. Jemand wollte mir gedruckte Aufkleber machen. Lieb gemeint, bringt aber nichts. Solche unpersönliche Post landet bei mir eigentlich bis heute im Papierkorb. Natürlich kamen nie alle zu unseren Festen, aber sie waren informiert und das sprach sich rum. »Da kannst du doch gleich ein Inserat in der Zeitung aufgeben«, war eine andere Meinung. Aber genau das wollte ich nicht. Fällt auch in die Schublade »Unpersönlich«. Die Feste zu organisieren war viel Arbeit und sehr anstrengend. Für mich waren sie aber eine große Freude und sie haben mir die Publicity gebracht, die ich wollte. Eine individuelle. So wollte ich es auch in der Zukunft halten. Alle meine Einladungen, bis zum Abschiedsfest 1992, habe ich mit der Hand geschrieben!

Spätestens da fiel mir auf, dass doch noch einer in unserem Team fehlte: Ein Fotograf, der diese wichtigsten aller Ereignisse im Bild festhalten sollte, um vielleicht sogar einen Abzug an die verehrte Gästeschar zu verschenken. Avisiert durch einen Freund gab es schon einen Fototermin im SIMPL. Zur angegebenen Zeit betrat ein Junge das Lokal. Bestellt sei eigentlich sein Bruder, aber der müsse einen anderen Termin wahrnehmen, er aber sei auch Fotograf, sein Name sei Heinz Gebhardt und er würde gerne für uns arbeiten. Ich konnte nicht genau schätzen, wie alt dieser Junge war – vielleicht zwischen 14 und 16 Jahren? Sicher nicht älter. Ein untrügliches Gefühl sagte mir, dass dieser Junge gut zu uns passte. Fast 50 Jahre verbinden uns bis heute. Längst ist er nicht nur der beste Fotograf, er schreibt auch wunderbare Bücher über unsere Stadt.

An Fasching hatten wir bei unseren Nachthemdenbällen in den 1960ern immer volles Haus.: v. l. Dr. Wolfgang Weeg, ich, Dagmar Weeg und Dieter »Didi« Häußler.

Die Herren und eine Dame am Klavier
Ein uraltes Piano und ein großes, sehr persönliches Geschenk

Das Klavier im SIMPL gehörte zum Inventar. Es war alt, abgespielt und musste wöchentlich gestimmt werden. Aber es verströmte solch ein Flair, dass man den Eindruck haben konnte, dass schon die »Vier Nachrichter« in den 30er Jahren daran gesessen haben könnten. Als Pianisten holte ich mir Studenten aus der Musikhochschule, die froh über den kleinen Nebenerwerb waren. Die Vorträge waren nicht besonders künstlerisch, aber von großem Charme und wenn ich mal einen erwischt hatte, der überhaupt nur klassische Musik kannte, war das auch nicht so schlimm. Die »Tischmusiken« von Georg Friedrich Händel werten eine Kneipe eigentlich auf. Dachte ich!

An Allerheiligen, dem 1. November, einem katholischem Feiertag, herrschte in Bayern absolutes Musikverbot in allen Kneipen. Nachdem aber Konzerte mit klassischer Musik erlaubt waren, gab es auch in meiner Kneipe ein Konzert: Ein junger Student, Wolfgang Müller, später ein wohlbestallter Journalist, spielte die »Tischmusiken« von Georg Friedrich Händel. Meine Gäste fanden das fabelhaft, eine wunderbare ernste Variante, die sie gerne ein Jahr später wiederholt haben mochten! Das ging leider gar nicht. Ein »Mithörer« dieser etwas ungewöhnlichen Darbietung im SIMPL zeigte mich bei der dafür zuständigen Behörde an. Ein sehr hoher Strafbefehl mit Androhung des Konzessionsentzugs flatterte mir ins Haus. Die Begründung, dass ich das absolute Musikverbot umgangen habe, ging nicht gegen den Komponisten – nein, es erging gegen das falsche Umfeld. In einer »Kneipe mit Bierausschank« sei es ein Sakrileg alte deutsche Meister aufzuführen!

Viele Freunde und Bekannte die in der Schlagerbranche zuhause waren, baten mich inständig, mir doch endlich ein ordentliches Klavier zu kaufen und es mit einem entsprechenden Pianisten zu besetzen. Dieser Vorschlag war absolut richtig, aber leider eine Frage des Geldes. Hatte ich noch nicht. Die Aufbauphase war noch lange nicht vorbei!

Als ob er das Gejammere seiner Kollegen gehört hätte, bekam ich von einem Freund ein ungeheures Einstandsgeschenk. Er freute sich so sehr, dass ich den SIMPL vor dem Untergang gerettet hatte, dass er meinte, da müsse man nicht nur mit Rat, sondern auch mit Tat dabei sein.

Der überaus erfolgreiche Musikverleger und Textdichter Ralph Maria Siegel, Vater des Erfolgskomponisten Ralph Siegel, kam gerade von einer Amerikareise zurück. Er war so begeistert von

Kuscheln mit dem Sponsor: Ralph Maria Siegel, hier mit seiner Frau, die er zärtlich »Sternchen« nannte (l.), und mir, spendierte dem SIMPL einen Flügel.

einer neuen Kneipenentwicklung in USA, in ein ganz normales Lokal einen Flügel zu stellen, an dem die Gäste rundum sitzen können, dass er mir sofort einen riesigen Flügel schenkte. Er ließ extra einen Überzug aus Holz anfertigen, der einfach über den geschlossenen Flügel übergestülpt wurde und auch die genaue Form des Instruments hatte. Rundum war die Verkleidung fachartig heruntergezogen, sodass man sogar eine Ablage hatte. Der Holzüberzug verhinderte den sofortigen Ruin des Instruments, es war völlig egal, ob jemand sein Glas umschüttete, es wurde einfach sauber gemacht, ohne dass dem Flügel irgendetwas geschah. Außen herum neun herrliche Barhocker aus weinrotem Leder, die fest in den Boden verankert waren.

Ich war begeistert. Der Flügel war jetzt der Mittelpunkt des Lokals, also musste er auch hochwertig besetzt sein. Meine Studenten waren nicht mehr gut genug. Leider. Ich suchte einen Profi.

Die Pianisten, die ich engagiert hatte, waren begeistert. Noch nie hatten sie so dominant ihre Kunst zum Besten geben können. Normalerweise standen in den Hotelbars oder teuren Restaurants die Klaviere in irgendeiner Ecke, nur zu dem Zweck eine leichte, leise Musik zu verbreiten. Aber so, mit den Gästen direkt Kontakt zu haben, fanden sie alle toll. Zuerst war eigentlich nur an die Unterhaltung für die rundum Sitzenden gedacht, nachdem sich aber auch alle anderen Gäste, die nicht in unmittelbarer Nähe des Pianisten saßen, sehr für diese Art Musik interessierten, spendierte mein so großzügiger Mäzen Ralph Maria Siegel auch noch eine Mikroanlage. Jetzt waren wir perfekt ausgestattet. Nach so vielen Jahren möchte ich ihm nochmals ein ganz riesiges Dankeschön in den Himmel schicken. Ralph hatte uns durch sein herrliches Geschenk wunderbare Abende und Nächte ermöglicht, vor allem aber den Grundstein für unser späteres »Brettl« gelegt.

Meine Pianisten hatten alle einen Beruf, den es heute nicht mehr gibt. Sie waren Alleinunterhalter. Das heißt, sie konnten nicht nur spielen, sie konnten auch singen, wobei ich bei ihrem

Repertoire großen Wert auf Chansons aus den 20er und 30er Jahren Wert legte. Auch mussten Wünsche der Gäste erfüllbar sein.

Die Qualität der Pianisten, war natürlich nicht immer gleich. Das große Verhängnis war der Alkohol. Die klavierspielenden Chansoniers wurden von Gästen reichlich mit Getränken verwöhnt. Wenn ich mir manchmal die Reihe von Gläsern betrachtete, die sich vor ihnen aufbauten, wurde mir schlecht. Ein Cognac, ein Glas Champagner, ein Bier, die Stamperl Schnaps gingen quer durch alle Sorten, es fehlten auch nicht die Magenbitter, Whiskeys und sonstige diverse Longdrinks. Mit jedem edlen Spender musste angestoßen werden, da auch alle anderen Gäste um die Großzügigkeit des einen wissen sollten. Spätestens nach drei Stunden war der Pianist schlicht und einfach besoffen und gar nicht mehr in der Lage, sein Arbeitspensum bis zur Sperrstunde durchzuführen.

Einer von ihnen, Gustl, schlug spätestens um Mitternacht, mit großem Getöse den Klavierdeckel zu, schrie ein lautes »Heil Hitler! Bitte noch drei Liter!« durch das Lokal. Er war sicher kein Nazi, fand aber es reime sich so schön. Dann verließ er seinen Arbeitsplatz, um nachhause zu wanken.

So konnte das nicht weitergehen. Es half kein Reden, kein Drohen. Es blieb mir gar nichts anderes übrig, als ein »Mittrink-Verbot« zu erteilen. Da hatte ich aber nicht mit der Reaktion meiner Gäste gerechnet. Ihnen wurde ihr einmaliges Schauspiel genommen, zuzuschauen bis Gustl betrunken war, um am Ende völlig auszurasten. Das war immer ein großer Erfolg!

Eines Nachts bin dann ich ausgerastet und habe den Gustl, nach einem abermaligen »Heil Hitler«-Geschrei, fristlos entlassen und musste in den für mich finanziell sehr sauren Apfel beißen und den Radeke, der gerade zwischen zwei Engagements ein paar Monate Zeit hatte, engagieren. Ein Star unter den Alleinunterhaltern, der nicht nur grandios in seinem Vortrag war, sondern vor allem während seiner Dienstzeit keinen Tropfen Alkohol trank.

Es hatte sich rentiert. Die Flügelbar brachte genauso viel Umsatz, wenn nicht sogar mehr, die Gäste hatten sich verändert. Radeke spielte und sang mit einer solchen Hingabe, dass er auch ohne betrunken zu sein, die Gäste zu Begeisterungsstürmen hingerissen hat. Leider war diese Zeit bemessen, ich brauchte einen neuen Mann am Klavier.

Der Nächste war sehr gut, solange er nüchtern war. Doch dieser Behling brachte einen Touch in meine Kneipe, den ich nun überhaupt nicht mochte. Er verbrachte seine freie Zeit, nach Beendigung seines Dienstes im SIMPL, in einschlägigen Etablissements. Mit dem Erfolg, dass die Damen, die er die Nacht davor beglückte, am nächsten Abend bei ihm an meiner Flügelbar saßen. Ich hatte nie etwas gegen Nutten, aber gegen ihre Zuhälter alles und die waren nicht auszuschließen. Logische Folgerung: auch dieser Pianist musste wieder aus dem Haus.

Aus Frankfurt holte ich mir Bobby Kamp. Ein anerkannter Musiker mit einem noch größeren Repertoire. Bobby war mit Leib und Seele Berliner, er hatte auch für die Schlagerbranche mit einigem Erfolg Lieder komponiert. Sein Song »Ich hab' so Heimweh nach dem Kurfürstendamm« wurde ein richtiger Hit. Bobby war wirklich eine Bereicherung für unseren SIMPL. Natürlich kannte er alle alten Berliner Chansons und trug sie mit großem schauspielerischem Talent vor. Wenn er das Chanson »Lied von der krummen Lanke« sang, tobten die Gäste wie bei einem Popkonzert. Auch sein Getränkekonsum hielt sich in Grenzen. Wir waren begeistert.

Er liierte sich mit einer wesentlich jüngeren Dame, die ihn immer öfter davon abhielt, seinen Dienst anzutreten. In einem ernsten Gespräch mit ihm meinte ich, dass sich das unbedingt ändern

Unser Piano als Bar, das Bild hinter dem Flügel malten Margit Rein-Forchheimer und ihr Mann Günther Rein.

müsse, andernfalls wäre eine Trennung unvermeidbar. Die Trennung kam tatsächlich nach drei Jahren – aber von seiner Seite. Er hatte, mit seiner inzwischen zur Lebensgefährtin avancierten jungen Dame, eine Pension in Traunstein gepachtet. Dafür hatte er bei der GEMA einen größeren Kredit beantragt, der ihm auch gewährt wurde. Seine Tantiemen waren nicht so hoch, dafür aber laufend und immerhin so, dass sie die Raten für den Kredit abdeckten. Die letzten Wochen vor seinem Abschied war er sehr mit seiner Pension in Traunstein beschäftigt, fuhr immer hin und her. War aber bei der Arbeit bei mir gut und zuverlässig. Auf meine Bitte, doch mal mit nach Traunstein fahren zu dürfen, es würde mich brennend interessieren, was er da erworben habe, bekam ich immer abschlägigen Bescheid. Nein, erst wenn alles fertig sei, dürften wir sein Schmuckkästchen begutachten. Voller Stolz erzählte er fast täglich von größeren Einkäufen und von kleineren, hübschen Möbelstücken, die er als Schnäppchen irgendwo erstanden hatte. Wir waren über den Zustand seiner Pension immer voll auf dem Laufenden.

 Zu seinem Abschied gab es ein rauschendes Fest und unter die Freude für ihn, seinen Lebensabend nicht hinter einem alten Klavier in einer drittklassigen Bar verbringen zu müssen, mischten sich die berechtigten Tränen über den Verlust von ihm an unserem wunderbaren Flügel. Bobby drückte jedem von uns noch einen Zettel in die Hand, die Einladung zur Eröffnung seiner Pension. Wir sollten aber nicht eher kommen, weil sie beide am nächsten Tag nach Frankfurt fahren würden, um noch restliche, private Dinge nach Traunstein zu holen.

Am angegebenen Eröffnungstag packten wir unsere Autos voll mit Geschenken und fuhren im Konvoi nach Traunstein. Nicht ein Mitarbeiter fehlte und viele Gäste folgten uns. Alle wollten ihre Glückwünsche persönlich anbringen, und neugierig waren natürlich auch alle. Bald stellten wir fest, dass wir uns in der Stadt verfahren hatten, wir fanden diese Pension einfach nicht. Bis wir endlich in einem Geschäft nach Pension und Straße fragten. Einer kalten Dusche kam es gleich, was wir dort erfahren haben. Weder die Pension, noch so eine Straße gab es in Traunstein. Um ganz sicher zu gehen, fuhr ich noch auf die Gemeindeverwaltung und bekam die gleiche Auskunft.

Bobby hatte uns alle angelogen. Seine Lügereien waren hollywoodreif. Absolut oscarverdächtig! Wie man so etwas über Monate spielen konnte, blieb mir ein Rätsel. Keiner von den Beiden hatte sich je versprochen. Auch wenn Bobby mal wirklich zu viel getrunken hatte, immer schwärmte er von seiner Pension in Traunstein. Außerdem flossen auch noch ganz schön große Beträge von den Gästen als Aufbauprämien in seine Taschen!

Noch in der Nacht war ein Herr von der GEMA bei mir. Ob denn mit Bobby etwas passiert sei? Er wäre zur Eröffnung seiner Pension in Traunstein eingeladen gewesen, hätte aber das Haus und die Straße nicht gefunden. Ob er im falschen Ort gewesen sei? Leider musste ich ihm sagen, was ich herausgefunden hatte. Drei Tage später war die Kripo bei mir. Die GEMA hatte Anzeige erstattet. Sie wollten alle Unterlagen über Bobby. Leider konnte ich nicht viel weiterhelfen, weil ich seine Papiere zum Abschiedsabend fertig gemacht und ihm mitgegeben hatte.

Erst Jahre später haben wir von dem traurigen Ende erfahren. Ein Gast von uns traf ihn zufällig in einer ganz kleinen miesen Kneipe in Südfrankreich. Bobby verjubelte das ganze Geld mit seiner Dulcinea an der Côte d'Azur. Als keine Kohle mehr da war, hat sie ihn verlassen. Er stellte sich nicht der Polizei, sondern den Leuten bei der GEMA, blieb soweit unbestraft, bekam aber über Jahre hinweg keine Auszahlungen und verstarb in Frankfurt in nicht erfreulichen Verhältnissen. Diese Frau hatte ihn ruiniert.

Sein Nachfolger war eine S I E! Lilo hatte mir wahnsinnig gut gefallen, als sie sich vorstellte. Sehr zurückhaltend, mit exzellenten Manieren, eine Lady am Piano. Mit großem Repertoire, für mich ein Glücksfall. Auch die finanziellen Forderungen waren unserem Rahmen angepasst – mit ihr wollte ich alt werden, so glücklich war ich über meine Entscheidung. Außerdem ist eine Frau ein größerer Anziehungspunkt als all die versoffenen Männer, dachte ich mir.

ilo Meinhardt (l.) mit em Journalisten und »Kabarett-Historiker« Klaus Budzinski sowie obby Kamp (r.) – hier mit er Diseuse Michaela – estritten am Piano das Unterhaltungsprogramm.

Einige Zeit ging auch alles gut. Ich hatte mit meinen Bedienungen ausgemacht, dass jeder Gast, der für sie einen Drink bestellen wollte, darauf aufmerksam gemacht werden sollte, dass ich das nicht gerne sähe, doch gegen einen kleinen finanziellen Zuschuss für Lilo, wenn es sich diskret ermöglichen ließe, nichts einzuwenden hätte. Ich dachte mir, das wäre eine gute Lösung – auch die Frau am Klavier arbeitet in einem Dienstleistungsbetrieb, also steht ihr auch ein Trinkgeld zu, so wie jeder Bedienung. Da hatte ich mich aber getäuscht! Lilo meinte, sie sei eine Künstlerin und mit Sicherheit keine Kellnerin. Sie beschwerte sich ungeheuer bei mir über meine Maßnahme. Ich würde doch auch nicht einer Opernsängerin, die mir in »Aida« besonders gefallen hätte, einen Zehnmarkschein in die Garderobe schicken. Sie nahm wieder Getränke von den Gästen an, aber in Maßen. Und trotzdem kam sie mir manchmal komisch vor, eben so, als sei sie angetrunken. Ich konnte mir das nicht erklären, ich wusste mittlerweile, was sie vertrug, und dass auch eine kleine Zwischenmahlzeit Wunder bewirken konnte. Bis ich durch Zufall entdeckte, dass sie, wenn sie öfter am Abend zur Toilette ging, immer auch an der Garderobe Station machte und in ihrer dort deponierten Handtasche etwas suchte. Ein Flachmann war der Grund der vielen Spaziergänge! Darauf kam ich aber sehr spät. Lilo litt ungeheuer unter Depressionen. Den ganzen Umfang ihrer Krankheit erfasste ich erst, als sie uns schon längst verlassen hatte, um in Paris in einem Bistro zu spielen. Ihre Kinder klärten mich auf, um gleichzeitig zu fragen, ob ich sie nicht wieder engagieren könnte, die Zeit bei uns sei eine ihrer besten und glücklichsten gewesen. Diese Verantwortung konnte und wollte ich nicht übernehmen. Leider nahm Lilos Geschichte ein schreckliches Ende. Sie verliebte sich in Paris unsterblich in einen jungen Mann, der es aber nicht Ernst mit ihr meinte. Sie nahm sich in einer ihrer tiefen Depressionen das Leben. Uns alle erschütterte ihr tragisches Ende sehr. Ich machte mir schreckliche Vorwürfe, mich nicht mehr um sie gekümmert zu haben – aber ich bin ganz sicher, ich hätte ihr bei ihrer schweren Krankheit auch nicht helfen können. Sie hätte in ärztliche Behandlung gehört, keiner von uns wäre in der Lage gewesen, sie aus ihrem Dilemma zu befreien.

Die Klaviergeschichte endet fast so, wie sie begonnen hat, mit einem wunderschönen Geschenk. Nach dem Umbau des SIMPL 1968 gab es kein Klavier mehr. Die Zeit des Brettls war vorbei.

Meine Freundin Mildred Scheel musste nach dem Tod ihrer Mutter, Ende der 1970er Jahre ihr Elternhaus ausräumen. Natürlich trennte sie sich von allen liebgewonnenen Dingen in diesem Haus sehr schwer. Wer immer schon einmal mit solch schrecklichen Aufgaben befasst war, weiß, dass es vielleicht wie ein endgültiger Abschied von Kindheit und Jungmädchenleben bedeutet. Ein Möbelstück wollte Mildred auf keinen Fall in ganz fremde Hände geben: ihr Klavier! Die vielen Stunden, die sie mit Sturzbächen von Tränen oder manchmal sogar mit großer Freude, wenn ihr etwas gut gelungen war, daran verbracht hatte – nein, sie wollte es in guten Händen wissen. Sie beschloss, es dem SIMPL zu schenken. Das Komische daran war, dass ich schon eine geraume Zeit mit dem Gedanken spielte, wieder eine kleine Bühne zu bauen, um wenigstens für einzelne Gastspiele ein Forum zu haben. Mildreds Klavier gab dann letztendlich den Anstoß dazu. Ein künstlerisch sehr interessierter Schreiner entwarf mir eine transportable Bühne, die fast in der Mitte des Lokals aufgebaut werden konnte. Ich verlor nur eine Nische, die aber nach dem Abbau der Bühne wieder eingebaut wurde. Die Idee war genial. Das Geschenk von Mildred hatte Platz und die Akteure auch. Der Kreis hatte sich geschlossen.

Für Weltstars ist Platz in der kleinsten Hütte
Clemens, Ella und Oscar, der Duke und eine Nacht mit Elvis

Nicht gerne hat man ein Genie zum Freund. Es ist schwer mit ihm zu leben. Clemens war so ein Genie und mit uns befreundet. Seine Familie war sehr vermögend, die Frau Mutter fand seinen Beruf Tonmeister, Toningenieur und Philosoph degoutant, ließ ihn aber trotzdem nicht verkommen. Geld war also, wenn auch im Rahmen, immer da. Er hatte Frau und Tochter, was ihn nicht hinderte, frei zu leben, mitnichten wegen etwaiger Bettgeschichten, nein, er brauchte Raum, Zeit, andere Menschen, andere Umgebungen, um nachzudenken über dies und das. Diejenigen, die er gerade für würdig erachtete, sich seine neuesten Phantastereien anzuhören, wählte er sorgsam aus, zog bei ihnen ein und blieb zumindest für einen kürzeren Zeitraum. Manchmal wurde es auch ein längerer.

Des Öfteren wurde meiner Familie die Ehre zuteil. Völlig wortlos bezog er das Gästezimmer, mühsam konnte man ihm erklären, dass wir die Mahlzeiten gemeinsam einnehmen und dass er, wenn er Hunger hätte, gerne daran teilnehmen könnte. Nur für Extrawürste müsste er in ein Restaurant gehen. Machte er natürlich nie. Er war unfähig, die Kleinigkeiten des Lebens zu meistern. Er schloss prinzipiell nicht die Duschkabine, »das widerstrebt meinem Sinn von Freiheit«. Als logische Folgerung stand immer das Bad unter Wasser. Wenn ihm dann noch die neue Rasierklinge auf den Boden fiel, und er versuchte, sie mit blanken Hände aus dem Wasser zu fischen, endete das nicht nur einmal mit einem Besuch im Krankenhaus, weil er sich beide Hände zerschnitten hatte. Dann war Heulen groß, weil er mit den dick verbundenen Händen seine sensiblen Maschinen nicht mehr bedienen konnte. Sein goldenes Feuerzeug hing an einer über einen Meter langen Goldkette, damit er es, was leider früher viele Male vorgekommen war, nicht irgendwo liegen ließ. Die Kette war nur deshalb so lang, damit er einer Dame formvollendet Feuer reichen konnte. Dass das Feuerzeug öfters zwischen seinen Beinen baumelte, wenn er vergessen hatte, es einzustecken, störte ihn nicht. Kurz gesagt, Clemens war ein Full-time-Job für jede Familie, der er die große Ehre seiner Anwesenheit erwies.

Als ob er seine Verrücktheit auch noch unter sichtbaren Beweis stellen müsste, kaufte er sich eines Tages zwei, in Farbe, Ausstattung und technischer Ausrüstung völlig identische Autos. Das beste und teuerste Auto, das damals auf dem Markt war, den Opel Admiral. Warum zwei? Wir haben es lange nicht erfahren, bis er mir einmal sagte, angeben sei nicht seine Sache, aber wenn

Ella Fitzgerald bei einem ihrer improvisierten Auftritte im SIMPL.

er Lust hätte ein anderes Auto zu fahren, nähme er den anderen Admiral. Niemand käme auf die Idee, dass er zwei sein eigen nennen würde! Das sei der eine Grund. Der andere wäre, dass er des Öfteren einfach sein Auto nicht mehr fände, nicht mehr wisse, wo er es geparkt hätte. Dann stünde ihm ja das andere Auto immer noch zur Verfügung. Eines würde er immer finden.

Um diesem Problem des Nichtwiederfindens aus dem Wege zu gehen, erfand er für sich eine fabelhafte Lösung. Er befestigte das Ende einer Schnur an der Autotüre, behielt den Knäuel in der Hosentasche, ließ die Schnur hinter sich her abwickeln, ging zu Fuß in einem Haus die Treppen hinauf, immer die Schnur hinter sich herziehend, erledigte seine Termine und ging, immer der Schnur nach, wieder zu seinem Auto. Clemens fand seine Erfindung genial. Er spielte schon mit dem Gedanken, sie sich patentieren zu lassen! Das Märchen von Hänsel und Gretel lässt grüßen!

Unser Clemens war Philosoph im Leben und von Beruf ein wirklich begnadeter und gesuchter Tonmeister und Toningenieur. Nicht jeder durfte ihn zu Aufnahmen engagieren, er sah sich sehr genau die Künstler und Kunden an und wenn er von der Glaubhaftigkeit und künstlerischen Qualität nicht überzeugt war, lehnte er ab, für sie zu arbeiten. Auch nicht gegen viel Geld. Geld war sowieso nie ein Kriterium in seinem Leben. »Was ist schon das blöde Geld?« Damit hat er auch seine Familie fast ruiniert.

Schon bald nach dem Krieg erkannten amerikanische Musiker die Begabung von Clemens. Er baute für ihre Bands in den miesesten Schuppen Mikrophonanlagen, die sensationell gewesen sein müssen. Bald hatte er auch seinen Spitznamen weg: »Der Soundmaker«. Da konnte es nicht ausbleiben, dass die großen amerikanischen Stars bei ihren Europatourneen Clemens an ihrer Seite wissen wollten.

Dank der engen Freundschaft mit ihm kamen wir, und damit auch meine Gäste, zu einem Genuss ganz besonderer Art. Als er das erste Mal anrief und bat, ich sollte doch bitte einen Tisch freihalten, er käme so um 23 Uhr mit Duke Ellington und einigen seiner Musiker, sagte ich nur »Ja, ja.« und hängte ein. Ich kannte ihn lange genug, um zu wissen, zu was für Träumen mein Clemens fähig war.

Mein blödes Gesicht möchte ich nicht gesehen haben, als pünktlich zur angegeben Zeit Duke Ellington in meine Kneipe marschierte! Er kam herein wie ein König – vielleicht haben wir das auch nur so empfunden. Duke – war für uns zu wenig. Er war der King! In seinem Gefolge befand sich als einziger Nichtmusiker Al Hoosman, schwarzer Ex-Profiboxer im Schwergewicht aus den USA, der als GI nach Deutschland gekommen war, sich in unser Land verliebt hatte und hier geblieben war. Al ist ein lieber Freund von uns geworden. Und natürlich, strahlend wie die Sonne, unser Clemens. Ich hatte keinen Tisch freigemacht, aber ehe ich mich umsehen konnte, waren beinahe alle Tische fast leer, jeder wollte den Duke an seinem Tisch begrüßen dürfen.

Ohne dass auch nur ein Wort der Aufforderung gefallen wäre, fragte Duke Ellington, ob er auf dem Flügel spielen dürfe? Freudigst bejahte ich, nicht im Traum wäre ich auf die Idee gekommen, dass der Duke sich an mein Klavier setzen würde. Lustig war, dass er mir erzählte, er kenne diese Art von Flügelbar aus Amerika, durfte sich aber nie daran setzen, um zu spielen, weil die Gewerkschaften damit nicht einverstanden wären, es würde den engagierten Pianisten ins Abseits stellen. Mein Pianist fühlte sich selig, neben ihm auf der Bank sitzen zu dürfen!

»Duke Ellington spielt im SIMPL!« Wie ein Lauffeuer ging der Ruf durch Schwabing und auf einmal war unser Laden von Jazz-Musikern besetzt. Eine Jam-Session begann. Auch Musiker aus

Duke Ellington (r.) nach einer Jam-Session im ALTEN SIMPL mit mir und Al Hoosman vor dem fantastischen Bild, das meine Freunde Margit Rein-Forchheimer und Günther Rein an die SIMPL-Wand gemalt hatten.

der Ellington-Band packten so nach und nach ihre Instrumente aus – es wurde eine lange und aufregende Nacht.

Meine wunderbare Hansi an der Garderobe wollte den Musikern liebevoll ihre Instrumente abnehmen, in dem Glauben, sie würden doch an einem Tisch nur stören. Es gäbe keinen Platz für diese riesigen Instrumentenkoffer. Ich war der gleichen Ansicht und machte den Vorschlag, die teuren Instrumente doch zu mir in mein Büro zu stellen. Einer der Musiker erklärte mir, dass das sehr nett von mir gemeint sei, aber ich würde auf der ganzen Welt keinen ordentlichen Musiker finden, der sein Instrument, wie billig oder wertvoll es auch sein möge, irgendwo abgeben würde. Eigentlich würde ein Musiker sein Instrument am liebsten mit ins Bett nehmen! Das allerdings würde manchmal von den Damen als störend empfunden!

Die nächsten Stars, die Clemens brachte waren nicht minder: Ella Fitzgerald und Oscar Peterson! Es fehlen mir die Worte, um zu beschreiben, was Ella für eine hinreißende Person war. Bei ihren Besuchen bei uns sang Ella immer zuerst alleine mit Oscar Peterson am Klavier, dann stiegen allmählich unsere Schwabinger Jazzer mit ein, es wurde wieder eine rauschende Nacht.
Auch Count Basie war bei uns, später Lionel Hampton und Gene Krupa, die ihre Instrumente natürlich nicht mitbrachten und denen wir leider auch keine zur Verfügung stellen konnten. Welche kleine Kneipe verfügt schon über ein Vibraphon oder eine Schlagzeugbatterie? Später kamen sie alle, selbst wenn Clemens nicht dabei war. Den Führungspart hatte inzwischen unser Ex-Box-Champion Al Hoosman übernommen, wissend, dass die »Auskling-Nächte« im SIMPL nach den Konzerten, die immer im Deutschen Museum stattfanden, ein voller Erfolg waren.
Mein SIMPL war auf dem besten Wege eine Musikerkneipe zu werden. Leider oder Gott sei Dank, hat sich das Problem von selbst gelöst, die Konzerte wurden weniger, die Big Bands waren nicht mehr so gefragt, der Rock'n'Roll begann seinen Siegeszug um die Welt.

Elvis Presley war jetzt in. Den aber kannte ich schon! Das klingt jetzt schauerlich nach Aufschneiden. Deswegen möchte ich schnell die Geschichte erzählen. Ich war noch keine Wirtin, sondern eine junge Schauspielerin und lose mit der Film- und Theateragentur von Ada Tschechowa, der Tochter von Olga Tschechowa und Mutter von Vera Tschechowa, verbandelt. Die berühmte Story, dass damals Vera eine Liaison mit Elvis hatte, die in Wirklichkeit nur ein PR-Gag für Elvis war, möchte ich nicht erzählen, sie ist allgemein bekannt. Aber über die eine Nacht 1959, in der wir alle zusammen ausgingen, möchte ich schon reden.

Wir trafen uns ganz heimlich in der Münzgasse neben der Maximilianstraße. Elvis, seine beiden Bodyguards, die auch mit ihm im gleichen Zug bei der Armee waren, Vera und der Tschechowa-Clan mit Freunden. Dazu zählte auch ich. Elvis wurde gefragt, wo er denn hingehen möchte. Sehr verschämt gestand er, dass er ungeheuer gerne »naked women« sehen möchte, das gäbe es für ihn in Amerika nicht, er hätte so etwas noch nie gesehen. Wir entschieden uns für das »Moulin Rouge« in der Herzogspitalstraße. Ich plädierte besonders dafür, das sei seriös und ausgezeichnet, eine tolle Striptease-Bar. Ich wollte unbedingt vermeiden, dass jemand gegen diesen Vorschlag stimmte, weil ich darauf brannte, so ein Lokal besuchen zu dürfen. Ich hatte keine Ahnung, war noch nie in so einem Etablissement, stellte es mir wahnsinnig verrucht vor, noch dazu in der aufregendsten Begleitung der Welt: mit Elvis!

Im »Moulin Rouge« saßen wir an einem langen Tisch, Elvis am Kopfende mit dem Rücken zur Bühne. Champagner und Kaviar satt kamen auf den Tisch, nur Elvis musste sein Glas unangetastet weggeben. »Du weißt ganz genau, dass du keinen Alkohol trinken darfst«, war das Argument eines seiner Begleiter. Elvis bekam ein Glas Tomatensaft.

Ich nehme an, dass die Gäste vor unserem Besuch informiert wurden, was sie dürfen und was nicht, denn außer, dass bei Eintreten von Presley geklatscht wurde, passierte gar nichts.

Natürlich spielte die Band sofort seine Lieder. In der Sekunde sprang dieser Junge, den ich als äußerst schüchtern und zurückhaltend kennen gelernt hatte, von seinem Platz auf und fing an mitzusingen und mitzutanzen. Wie zwei Blitze standen die beiden Bodyguards neben ihm, drückten ihn auf seinen Stuhl, und brüllten ihn an. Alles konnte ich gar nicht verstehen, weil sie irrsinnig schnell sprachen, nur so viel, dass er doch wüsste, dass er solange er bei der Army sei, keinen Ton singen dürfe! Wie diese beiden Amis mit meinem geliebten Elvis umgingen, fand ich einfach nicht gut. Als die Show der »naked women« begann, drehte Elvis seinen Stuhl um, damit er auf die Bühne sehen konnte. Sofort versetzte der eine der Aufpasser seinen Stuhl so, dass er Elvis von vorne sehen konnte. Der andere hatte ihn im Rücken im Auge. Ganz langsam wurde mir klar, was der arme Kerl für ein Leben führen musste. Die Show machte ihm Spaß, aber viel lieber wäre er wohl auf der Bühne mit herumgetanzt. Mittlerweile hatte ich auch erfahren, dass der Inhabers des Lokals hinter uns die Türe zugesperrt hatte, damit ja niemand mehr hinein kommen konnte, wir waren also mit den wenigen Gästen unter uns. Und nicht ein einziger Journalist in der Nähe. Was wäre so schrecklich gewesen, wenn er sich ein bisschen ausgetobt hätte, dachte ich mir, naiv und null Ahnung von diesem harten Business.

Auf einmal flog an meiner Nasenspitze ein Kamm vorbei zu Elvis: »Frisiere dich sofort!« Toll, am Tisch! Na ja, über Manieren wollte ich mit Amerikanern nicht streiten.

Elvis war immer nett und freundlich, unterhielt sich auch über dieses und jenes, er fragte viel. Manchmal hatte ich den Eindruck, als ob er nicht nur von einem anderen Kontinent sei, sondern von einem anderen Stern. Wir kannten ihn, seine Songs, und vor allem so weit man Zeitungen glauben schenken darf, auch seinen Background. Er wusste von uns gar nichts – nicht mal viel über Europa. Ich hatte den Eindruck, dass das absolutes Neuland für ihn war. Trotz allem – ich hatte eine Frage an ihn, die ich unbedingt loswerden musste:

»Stimmt das, dass Colonel Parker 75 Prozent deiner Gagen bekommt?«

»Ja.«

»Wieso denn das? Das ist doch verboten! Das ist widerlichste Ausbeutung eines Menschen! Gegen alle guten Sitten!«, empörte ich mich und spielte mich, umgeben von fast nackten Mädchen, ganz schön als Moralapostel auf.

»Du musst das verstehen«, sagte Elvis ganz ruhig und lieb, »ich glaube in Europa gibt es so eine Art von Management gar nicht. Schau, es arbeiten außer dem Colonel 64 Leute für mich. Ich will jetzt gar nicht alle aufzählen, aber die beiden hier gehören auch dazu. Was meinst du, was die verdienen? Die sind freiwillig mit mir zur Army gegangen! Das muss doch alles bezahlt werden. Im Übrigen mach dir bitte nicht so viele Gedanken, weil die Rechnung sehr einfach ist. Ich bin mit meinen 25 Prozent zum vielfachen Millionär geworden. Wenn ich diesen Vertrag nicht unterschrieben hätte, würde ich wahrscheinlich heute noch Lastwagen fahren!«

Und damit war das Thema für ihn erledigt, für mich auch. Ich hoffe nur es war die Wahrheit.

»Action« der Guards war angesagt. Elvis hob wie ein Schuljunge den Finger und bat auf die Toilette gehen zu dürfen. Ich war schon wieder kurz davor auszurasten. »Das gibts es doch gar nicht! Das ist doch nicht möglich! Ein Weltstar muss fragen, ob er zum Pinkeln gehen darf?« Sofort sprangen die Begleiter auf und gingen mit ihm zur Toilette.

Nach der Rückkehr der Pinkeltruppe hielt ich es nicht mehr aus und krallte mir den in meinen Augen netteren Guard. Voller Wut sagte ich: »Wieso kann der Elvis nicht alleine zur Toilette gehen? Warum müssen da zwei Bewacher mitgehen? Müsst ihr ihm auch noch sein Schnippelchen halten? Ist denn Elvis ein Vollidiot oder ist er entmündigt?«

Mein Gesprächspartner fiel fast vom Stuhl vor Lachen. Er amüsierte sich köstlich über meine Anwürfe, sagte dann aber sehr ernst: »Ich glaube, ich muss dir was erklären. Tatsächlich ist Elvis ein Kindskopf, das ist richtig und mit dem Entmündigen hast du fast recht. Aber – jetzt kommt das große ABER – wir haben für viele Millionen Dollar Verträge für die Zeit nach der Army. Mein Freund und ich sind absolut dafür verantwortlich, dass ihm nichts passiert. Kein Mensch wäre in der Lage die Konventionalstrafen zu bezahlen, wenn Elvis auch nur einen dieser Verträge nicht einhalten könnte. Aber nun zur Toilette. Wir wussten nicht, wo die ist, nicht wie einsehbar und wie leicht man da hinkommt. Lass doch irgendeinen Verrückten, der eifersüchtig auf sein Mädchen ist, weil sie sich in Elvis verliebt hat oder sogar ein Mädchen selbst, weil sie sich nicht erhört vorkommt, ihm irgendein gefährliches Putzmittel ins Gesicht schütten, dann ist seine Karriere beendet. Dieses Risiko können wir nicht eingehen. Deshalb die dauernde Bewachung.«

In dieser Nacht habe ich nicht nur viel gelernt, sondern den Weltstar Elvis von einer sehr liebenswerten Seite kennengelernt.

Nachtrag 1: Es gab ein wunderschönes Foto von Elvis und mir, mit einer ganz persönlichen Widmung von ihm, das ich selbstverständlich im SIMPL hängen hatte. In der Nacht, als die Meldung von seinem Tod kam, hat es einen vielleicht verzweifelten Fan gefunden. Es wurde mir schlichtweg von der Wand geklaut. Möge es dem Dieb über den schweren Verlust hinweg geholfen haben. Ich war und bin immer noch sehr traurig.

Nachtrag 2: Das Kleid, das ich in jener Nacht trug und das Elvis oft berührt hat, besitze ich noch heute. Manchmal zeige ich es interessierten Freunden, dann sehe ich wie abenteuerlich hässlich dieses Kleid heute ist, aber damals 1959 war es der letzte Schrei: ein grünkariertes Sackkleid mit einem Bubikragen!

Die Schwabinger Krawalle 1962
Viele fanden es lustig, sich mit der Polizei zu prügeln

Es war unglaublich heiß in diesen Tagen. Die Menschen bewegten sich nur langsam – nur nichts schnell machen, sonst war man schon wieder schweißgebadet. Am Mittwoch, dem 20. Juni 1962, hat alles angefangen. Der SIMPL war nicht gerade übervoll, die Gäste hielten Abstand – schon der Hitze wegen. Nach dem wenigen Alkohol, den wir ausschenkten, durften unsere Gäste eigentlich nicht so arg angetrunken sein. Das »Ach so«-Gefühl setzte ein. Weil es so unerträglich heiß war, wollten die Leute auch nicht richtig essen, also waren sie relativ schnell angeschickert. Eine schwierige lange Nacht stand uns bevor. Der nächste Tag war ein katholischer Feiertag: Fronleichnam mit großer Prozession und einem Gottesdienst am Marienplatz. Für die, die nicht daran teilhaben wollten, galt die Devise: Ausschlafen und in irgendeinem See schwimmen gehen.

Kurz nach Mitternacht rannte an diesem Mittwoch einer unserer Studenten ins Lokal und rief ganz laut, damit es auch alle hören konnten: »Die Spießer wollen Krieg!«

Am Wedekindplatz mitten in Schwabing machten drei Studenten mit ihren Gitarren zur Freude einiger Gleichgesinnter Musik – natürlich ohne jede Verstärkung. Sie sangen ein bisschen mit und die ganz mutigen Zuhörer nahmen ihre Mädchen und versuchten langsam tänzerische Bewegungen zu machen. Punkt 22 Uhr sprangen einige Fenster auf, die Rufe nach Ruhe und der Polizei waren lauter als die Musik. Die Polizei war schnell zur Stelle, wollten die kleine Veranstaltung sofort auflösen – es gab Platzverbot. Die drei Musiker wurden zur Vernehmung wegen Rebellion und Widerstand gegen die Staatsgewalt mitgenommen. Das ganze Unternehmen geriet außer Kontrolle. Die jungen Leute wurden immer mehr. Es dauerte sehr lange, bis der Platz geräumt war.

Ein Medizinstudent richtete ohne zu fragen (wegen Notstand!) bei uns in der vorderen Bar eine kleine Sanitätsstation ein. Für alle Fälle. Für ein paar Kratzer wurde sie auch gebraucht. »Kann ich meine Erste-Hilfe-Ausrüstung bitte da lassen – wir machen morgen weiter!«

Der Donnerstag war fast noch heißer. Die Langsamkeit war wieder die Devise. Die Leopoldstraße, Hauptverkehrsader in München, mit ihren breiten Trottoirs die beliebteste Flaniermeile in München. Maler, Kunstgewerbler bieten dort im Sommer ihre Werke an. An diesem Abend waren viele Leute unterwegs.

»Die Leo ist besetzt!«

»Was heißt das?«

»In der Leopoldstraße sitzen Hunderte auf der Straße. Kein Auto kann mehr durchfahren.«

So haben wir es erfahren. Einer unserer Gäste erzählte das mit hechelnder Stimme. Wieder machten drei junge Leute Musik, Leopold-/Ecke Martiusstraße. Die Zuhörer wurden immer mehr, man rückte nach hinten, war inzwischen schon auf der Straße, da rief wieder irgendjemand nach der Polizei. Aber als sie kam, nahm sie kein Mensch ernst. Die Musiker wurden in den Funkstreifenwagen gequetscht. Das Fahrzeug, ein BMW V8, wurde ins Schaukeln gebracht, die Ventile der Reifen geöffnet – so wollte man die drei Musiker vor der Polizei retten. Sie sollten weiterspielen – die Musik störe hier doch wirklich niemanden. Der Großeinsatz der Polizei ließ nicht lange auf sich warten.

Überall brach jetzt das Chaos aus. Auch bei uns in der Kneipe. Zahlen und losrennen war das Motto unserer Gäste. Endlich tat sich wenigstens irgendetwas. Sie hatten Angst etwas Wichtiges zu versäumen und von uns aus waren es nur wenige Minuten zum Siegestor, von dort konnte man alles gut überblicken. War ja klar, dass auch ich diesen Inspektionsgang mitmachte. Tatsächlich war die ganze Straße voll mit jungen Leuten, die sangen, Gedichte vortrugen, tanzten, herumalberten und ihren Spaß haben wollten. Der Tag war ein Feiertag, keiner musste arbeiten, es war sowieso langweilig, also warum nicht mal eine große Straße besetzen!

Um das Siegestor herum sah es wie in einem anarchischen Film aus, die Autos standen eingekeilt zwischen Menschen, jeder Fahrer versuchte irgendwie aus diesem Chaos herauszukommen. Stadtauswärts war schon kein Verkehr mehr möglich, die Autos stauten sich bis zur Münchner Freiheit. Und mittendrin unser Oberbürgermeister Hans-Jochen Vogel und Kriminaldirektor Schreiber. In ihren Gesichtern konnte ich nur Ratlosigkeit sehen.

Es war eine ungeheuer heiße Nacht. Schon seit Tagen wehte kein einziges Lüftchen mehr, für viele war die Hitze unerträglich. Die Menschen in ihren Autos waren nervös, gereizt und wurden aggressiv. Es herrschte schlechte Stimmung. Wir fanden es komisch und amüsierten uns. Ich habe die ganze Aktion auf die Hitze geschoben, irgendwelche Grüppchen würden durchgedreht und einfach die Straße okkupiert haben. Es konnte sowieso niemand schlafen bei dieser Hitze. So konnte ich mir die ursprüngliche Entwicklung vorstellen. Inzwischen war auch schon jede Menge Polizei da, forderte ohne jeden Erfolg die Menge auf, die Straße zu verlassen. Ich verdrückte mich wieder in meinen SIMPL, muss ja nicht bei jedem Eklat dabei sein. Als ich das Siegestor verließ, war die Situation schon ein bisschen bedrohlich. Von meinen Studenten erfuhr ich immer wieder einen Lagebericht, dass die Polizei bereits Gewalt anwenden würde, um die Leopoldstraße freizuräumen, die ersten Verletzten seien weggebracht worden. Die Lage wurde immer unerfreulicher und hatte ganz schnell mit Schwabinger Charme nichts mehr zu tun.

Normalerweise fuhr ich auf meinem Nachhauseweg immer über die Leopoldstraße. Diesmal nahm ich eine Parallelstraße, und sah, dass die Leo weiterhin besetzt war. Nicht mehr so viele, aber doch genug um zu blockieren. Inzwischen war es fünf Uhr morgens, also schon Freitag, der 22. Juni. Heute würde sich der Spuk sicher erledigen. Mit diesen Gedanken ging ich zu Bett.

Als ich am nächsten Tag abends in meine Kneipe fahren wollte, dachte ich nicht mehr an die Besetzung. Meinen üblichen Weg konnte ich schon nicht mehr fahren. Leider bog ich in die Leopoldstraße ein, merkte aber Gott sei Dank, dass ich hier sofort wieder raus musste und suchte meinen Fluchtweg über eine Trambahninsel. Panische Angst überfiel mich. Nun waren wirklich Zigtausende auf der Leopoldstraße. Eine wahnsinnige Demo und keiner wusste, warum oder für was. Ich sah wilde Schlägereien zwischen Passanten und Polizisten. Als ich endlich zu meiner Kneipe kam, war meine Türkenstraße auch zur Hälfte gesperrt, nicht von Demonstranten, sondern

Für einen Dokumentarfilm stellten die »Krawall«-Musiker Sitka Wunderlich, Wolfram Kunkel und Michael Erber (1., 3. u. 4. v. l.) am Ort des Geschehens die Ausgangssituation der Schwabinger Krawalle nach.

von der Polizei. Mannschaftswagen stand an Mannschaftswagen die ganze Straße entlang. Drinnen saßen blutjunge Männer in Polizeiuniformen, es waren Polizeischüler, die man auf die aufgebrachte Menge los ließ. Sie hatten keinerlei Ausbildung für so einen Fall und als der Schlagstock freigegeben wurde, war meine Sanizentrum im SIMPL sehr gefragt. Und trotzdem war bei meinen jungen Leuten immer noch die Gaudi im Vordergrund. Sie fanden es einfach toll und spielten das »Heute-dürfen-wir-uns-mit-Polizisten-prügeln«-Spiel mit Begeisterung. Ein ungewohntes Freiheitsgefühl kam plötzlich auf. Noch fanden sie es lustig.

Leider musste ich mit ansehen, wie aus dem im Kern immer noch schwabingerischen Aufbegehrens gegen die unbeliebte Obrigkeit Ernst wurde. Durch die vielen Reportagen im Radio fühlten sich viele von weit außerhalb auch befugt, bei diesen Schlägereien mitzumischen. Am Straßenrand parkten wild Autos und Motorräder mit fast allen bayrischen Kennzeichen – von Passau bis Augsburg war alles dabei. Bei einem meiner Inspektionsgänge traf ich mitten im Gewühle zwei alte Frauen. Ich wollte wissen, was sie so spät noch auf der Leopoldstraße machten und ob ich sie nachhause bringen sollte. Das wurde aber vehement verneint – sie seien aus einem ganz anderen Stadtteil, wollten aber auch einmal wieder was Richtiges erleben, sie könnten bei der Hitze sowieso nicht schlafen.

Nacht für Nacht ging es weiter, das Wochenende war lang und immer noch heiß! Der Polizeieinsatz mit Gewalt eskalierte. Berittene Polizei räumte die Terrassen der Cafés frei. In den Nebenstraßen kesselten sie die Menschen ein und verprügelten sie mit ihren Gummiknüppeln.

Für Dienstag war eine Großkundgebung im Englischen Garten angesagt. Der Himmel hatte endlich ein Einsehen – es regnete, nein, es schüttete! Der Spuk war zu Ende.

Nachtrag 1: Ein paar Wochen später war die Gründungsversammlung der »Interessengemeinschaft zur Wahrung der Bürgerrechte« im SIMPL. Auf unserem kleinen Podium wurden statt

Gedichten von Ringelnatz kleine Polizeigeschichten erzählt. Jeder, der Mitglied werden wollte, berichtete über seine Erlebisse während dieser aufregenden sechs Tage.

Nachtrag 2: Die drei Musiker, die auf dem breiten Gehweg der Leopoldstraße spielten und aus dem Funkstreifenwagen befreit werden sollten, wurden später zu insgesamt 150 DM verurteilt wegen »ungebührlicher Nutzung des Gehsteiges«.

Nachtrag 3: Der damalige Kriminaldirektor Schreiber wurde schnell Polizeipräsident und beschäftigte als erster in Deutschland hauptamtlich Psychologen nur für die Polizei. Schreiber gilt als der Erfinder der »Münchner Polizeilinie«.

Rechts: Die Solidaritätserklärung für die »Münchner Interessengemeinschaft zur Wahrung der Bürgerrechte«.

Unten: 20 Jahre nach den Schwabinger Krawallen veröffentlichte die Abendzeitung am 19./20. Juni 1982 diese Karikatur von Dieter Hanitzsch.

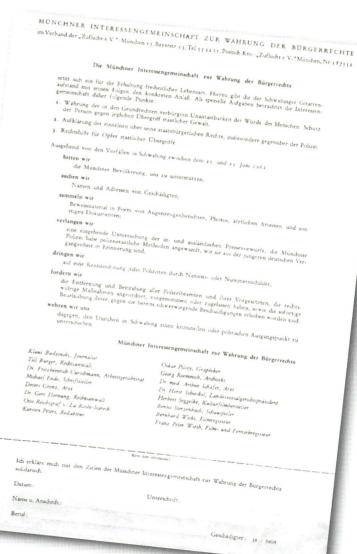

Endlich gibt es wieder ein Brettl
Von Gert Fröbe, Evelyn Künnecke und Eugen Cicero zu Fiffi Brix

Ich wollte 1962 unbedingt an die alte Tradition des Brettls anknüpfen. Neben der Flügelbar warf ich einen Tisch hinaus und baute dafür eine kleine, kaum größer als einen Quadratmeter umfassende Bühne. Das Brettl, zumindest das äußere Anzeichen davon, war wieder im Haus. Einen kleinen Anfang hatten wir schon mit unseren Pianisten gemacht, die auch Chansons singen konnten, das wollte ich so beibehalten.

Eine schon etwas ältere Dame stellte sich vor, sie sei Diseuse. An diese altmodische »Berufsbezeichnung« musste ich mich erst gewöhnen. Vielleicht war mein SIMPL aber doch auch ein altmodischer Laden. Ich wollte an diese »alten Zeiten« mit modernen Mitteln anknüpfen. Wie immer das gehen sollte, wusste ich nicht. Konnte mir nicht so viel darunter vorstellen. Also sang diese Diseuse einen Abend zur Probe. Mir gefiel sie gar nicht. Sie kam aber bei den Gästen sehr gut an. Für ein monatliches Salär engagierte ich sie. Aber wenn Michaela mit ihrem Chanson »Die Männer im zweiten Frühling« sich mit einem Faunsgesicht und ihrem wogendem Busen unter die Gäste bewegte, verzog ich mich in mein Büro. Diese miefige Schlüpfrigkeit konnte ich nicht ertragen.

Wir trennten uns bald. Danke an den jungen Mann, der von ihr so begeistert war, dass er sie mir wegengagierte und mit ihr einen eigenen Laden aufmachte. Ich musste kein schlechtes Gewissen haben, sie der Arbeitslosigkeit überlassen zu haben.

Unbestritten die Größte unter den Kabarettistinnen war Ursula Herking. Wie oft hatte ich sie in der »Schaubude« bewundert und später in der »Lach und Schieß«. Sie versprach mir mit einem Soloabend den Schritt in das »Brettl-Leben«, wie sie es ausdrückte, für uns zu erleichtern. Der Abend war so ein riesiger Erfolg, dass Ursel ihn noch dreimal wiederholte. Und jedesmal ohne einen Pfennig Gage!

Das war toll. Die Zeitungen haben sie in ihren Kritiken in den Himmel gehoben und überall war zu lesen, das sei ein wunderbarer Einstieg und dass es im SIMPL bald wieder ein literarisches Brettl geben würde.

Leicht geschrieben – noch leichter gesagt. Alle guten Leute waren in irgendwelchen Kabaretts engagiert, wen sollte ich auftreten lassen? Schrecklich, was ich jetzt zugeben muss, Michaela war wieder angesagt. Verzweifelt versuchte ich zusammen mit unserem Pianisten Bobby ihr Programm zu ändern, sie war nicht unbegabt – nur die Auswahl ihrer Titel schaffte mich total. Sie weigerte sich neue Lieder zu lernen, dazu sei sie zu alt. Zu ein paar Änderungen hatte sie Bobby, als liebenswerter Kollege, der sie ja auch begleiten musste, doch noch überreden können. War nicht das Gelbe vom Ei.

Als nächster großer Star gab uns Gert Fröbe die Ehre. Sein Auftritt war ein unglaublicher Triumph! Alle Zeitungen waren voll mit Berichten und Fotos: »Fröbe, der Otto Normalverbraucher« auf dem Brettl des SIMPL. Ob es »Die Schnecke«, »Der Fische Nachtgesang« war, oder »Der Fußballtorwart«, niemand, der an diesem Abend Gert Fröbe gesehen hatte, konnte das jemals vergessen. Gert spielte natürlich auch ganz ohne Gage, aber einer seiner Freunde machte mich darauf aufmerksam, dass er sich über ein kleines Geschenk sehr freuen würde. Mit einem Queue, könne ich ihn ganz toll überraschen, er sei ein leidenschaftlicher Billardspieler. Gesagt, getan – ich kaufte so einen Billardstock und ließ seinen Namen eingravieren. Als ich den Queue bezahlte, traf mich der Schlag, aber für »meinen« Gert war mir nichts zu teuer. Als ich ihm nach Beendigung seines wunderbaren Programms mit vielen Worten des Dankes den Queue überreichte, war er tatsächlich gerührt wie ein Kind. Tränen der Freude standen in seinen Augen. Noch oft sprang er ganz spontan auf unser kleines Brettl und spielte für uns. Gert Fröbe wurde uns ein ganz besonders lieber Freund und Förderer.

Vielleicht war ein Teil seines Erfolges, dass er sich immer treu geblieben ist und nie den Teppich verlassen hat. Auch als er durch »Goldfinger« ein Weltstar wurde, kam er genauso wie die vielen Jahre davor, trank sein Pils, aß die von ihm so geliebten Fleischpflanzerl mit Kartoffelsalat und erzählte uns neue Geschichten aus der großen, weiten Welt, konnte immer noch sein gesamtes Kabarett-Programm »Durch Zufall frei« und machte für uns eine kleine Privatvorstellung. Viele Jahre später gab es längst keine fest installierte Bühne mehr, dafür aber Stühle und Tische die für solche Anlässe zweckentfremdet wurden.

Auch Hannes Obermaier, alias »Hunter«, der für die Abendzeitung eine Gesellschaftskolumne nach amerikanischem Vorbild schrieb, berichtete mit einer solchen Begeisterung von diesem ersten Abend mit Gert Fröbe und natürlich auch, wer von den Stars und Starlets alles anwesend war. Um mich in der Bemühung zu unterstützen, wieder ein literarisches Brettl auf die Beine zu stellen, schrieb er, bei weitem übertrieben, dass der SIMPL so voll gewesen sei, dass die Gäste überhaupt nur mehr mit einer Pobacke sitzen konnten. Mich hat diese Kolumne sehr gefreut, sie war eine riesige Werbung für uns. Die Leute kamen zwar in der Meinung den Fröbe zu sehen, ich konnte dieses Missverständnis aber immer erklären. Die meisten der Gäste blieben und wurden liebenswerte Stammgäste. Sie hatten eine Kneipe gefunden, in der sie sich wohlfühlten. Meine Geschichte vom »Wohnzimmer« kam immer besser an.

Nicht mal fünf Tage lagen zwischen der Kolumne und einem Besuch.

»Guten Abend, wir sind von der Branddirektion München.«

Weiter brauche ich eigentlich nicht mehr zu erzählen. Die Begehung hat mich wahnsinnig viel gekostet, aber letztendlich war ich froh, weil ich jetzt meine Gäste in Sicherheit wusste. Was ich nicht wusste war, dass in irgendeiner Amtsstube jemand sitzt der nur Zeitungen liest. Und da war ich natürlich mit der übertriebenen, aber lieb gemeinten Kolumne von »Hunter notiert« in der Münchner Abendzeitung wegen »Überfüllung« dran. Außerdem bekam die Branddirektion einen Tipp, weil die bekanntermaßen nicht in so uralte Lokale zur Inspektion gehen, weil sie

Weltstar Gert Fröbe riss das Publikum im SIMPL zu Begeisterungsstürmen hin.

Ursula Herking im SIMPL

Angst haben, die Kneipe gleich zusperren zu müssen. Im SIMPL war die letzte Inspektion 1928! Vor 34 Jahren!

Im Endeffekt war ich froh, dass wir jetzt zur Zufriedenheit der Branddirektion und unserer Gäste vorbildlich ausgestattet waren.

Immer noch standen wir am Anfang unseres literarischen Brettls. Ein wenig Form hatte es aber schon angenommen. Es passierte noch nicht jeden Tag etwas, aber fast. Ich trug mich mit dem Gedanken, doch so allmählich Profis zu engagieren, die dann einen ganzen Monat täglich das Programm gestalten sollten. Dazu mussten aber auch die technischen Voraussetzungen getroffen werden. Wir brauchten eine größere Bühne, wo zumindest zwei oder drei Menschen Platz hatten.

Aber so weit waren wir noch nicht. Ich wagte einen großen Schritt nach vorne und engagierte die hinreißende Ethel Reschke aus Berlin mit ihrem Chanson-Abend. Gleich für einen ganzen Monat. Sonst hätte sich die Anreise gar nicht rentiert.

Ethel war genau das, was man unter einer typischen, frechen und komischen Berliner Göre verstand. Jetzt schon ein wenig älter, aber früher einmal einer der großen UFA-Stars. In Filmen mit Hans Albers war sie groß geworden. Sie sah als junges Mädchen hinreißend aus, das konnte man damals noch sehen, war stinkbegabt und hatte einen umwerfenden Charme. Ihr Repertoire bestand in der Hauptsache aus alten Berliner Chansons von Rudolf Nelson, Friedrich Hollaender und Marcellus Schiffer. Ich liebte ihre Lieder, die heute leider völlig zu Unrecht in Vergessenheit geraten sind. Ethel Reschke war nicht nur bei mir ein großer Erfolg, auch unsere Gäste waren begeistert. Ethelchen konnte bei Freunden wohnen, was das Engagement finanziell wenigstens einigermaßen erträglich für unsere kleine Kneipe machte.

Die Getränkepreise habe ich nicht wie in anderen Lokalen bei Programmeinlagen erhöht, dafür habe mich doch zu einem kleinen Obolus von Seiten der Gäste in Form eines Eintrittsgeldes entschieden. Wir haben drei Mark verlangt, die in dieser Höhe nicht ganz übrig blieben, denn damals gab es noch eine Vergnügungssteuer und die Umsatzsteuer sowieso. Aber eine kleine Hilfe war es doch.

Zu dieser Zeit heuerte ein junger, sehr hübscher, überaus freundlicher, lustiger und äußerst wohlerzogener junger Mann bei mir als »Garderobenherr« an. Er war Student und wollte sich etwas dazuverdienen. In der sommerlichen Jahreszeit hatte er zwar keine Mäntel zu versorgen, aber ich empfand es als wichtig, dass am Eingang jemand steht, der die Gäste nett begrüßt. Bedingt durch die unglückliche Bauweise des Lokals trat der Gast bei der Haustüre ein und befand sich in einem Niemandsland. Um zu dem großen Raum zu kommen, musste man durch einen langen Gang, die kleine Bar war um die Ecke. Von der jeweiligen Person an der Garderobe wurde den Gästen geholfen, ihr Ziel zu finden.

Jener junge Mann, der neu zu unserer Truppe gestoßen war, erwies sich als ein Genie im Umgang mit Menschen. Wir waren von ihm alle begeistert. Natürlich blieb er nicht ausschließlich bei seinem Garderobenjob, er half hier und da, wo immer Not am Mann war.

Dieser junge Mann heißt Kai Wörsching und kein Mensch konnte ahnen, dass aus ihm einmal einer der besten und beliebtesten Gastronomen Münchens werden sollte. Mit größtem Erfolg betrieb er jahrelang sein eigenes Lokal »Kai's Bistro«.

Dass ich Probleme mit Mitarbeitern hatte, die sich während der Dienstzeit dem Alkohol hingaben, war hinlänglich bekannt. Aber was mache ich mit einem engagierten Star, der ab und an auf die Bühne torkelt? Damit konnte ich einfach nicht so richtig umgehen. Die von mir so verehrte Ethel Reschke liebte die starken Getränke sehr. Kai musste Abhilfe schaffen. Er verehrte Ethel noch mehr als ich und kümmerte sich rührend um sie. Er hielt ihren Schnapskonsum in Grenzen und wenn sie einmal nach ihrer Vorstellung zugeschlagen hatte, brachte er sie wie ein väterlicher Freund gut und heil nachhause.

Ethel Reschke gab die nächsten Jahre mindestens einmal im Jahr ein Gastspiel im SIMPL. Zur großen Freude unserer Gäste.

Kai war wirklich ein wunderbarer Mitarbeiter. Leider durfte ich ihn nicht sehr lange behalten, er fand einen Job mit besserer Bezahlung. War verständlich. Auch für mich. Trotzdem – ich habe ihm lange nachgetrauert!

Ethel hatte den Anfang eines täglichen Kabaretts gemacht. Wir hatten die Auftritte auf drei Mal 15 Minuten eingeteilt und versuchten, einen dramaturgischen Faden durchlaufen zu lassen. Ab 22.30 Uhr jede Stunde. Um 1 Uhr nachts wollten wir spätestens fertig sein, weil ich wusste, dass ich die Gäste, die nach Mitternacht zu uns aus den anderen Lokalen kamen, die früher schließen mussten, nicht mehr bändigen konnte.

Leider habe ich eine Erfahrung gemacht, mit der ich nie gerechnet hätte. Ich hätte nie gedacht, dass es immer einige Gäste gab, die sich für unsere kurzen Programme nicht interessierten, die einfach lieber miteinander reden wollten. Hatte ich ja auch im Prinzip gar nichts dagegen, weil ich es immer sehr wichtig fand, dass die Menschen miteinander reden. Es störte aber schon ungeheuer, wenn einige Gäste während der Auftritte erzählten, stritten oder miteinander lachten. Zuerst versuchte ich es mit großer Güte und Geduld. Ich bat die Gäste, doch für die kurze Zeit ihr Gespräch einzustellen, es würde sich lohnen, der Künstlerin ihre Aufmerksamkeit zu schenken. Sie sei wirklich gut. Nach einem ablehnenden Bescheid, erklärte ich ihnen den Stil unseres Lokals, dass gelegentliche Unterbrechungen mit Darbietungen den Sinn des SIMPL darstellten. Die dritte Möglichkeit war zu versuchen, die Gäste in die kleine Bar umzusetzen, dort konnten sie so laut sein, wie sie wollten.

Kabarett-Stars im SIMPL: v. l. Erni Singerl, Dora Dorette, das »Fitzett« mit Walter und Molly Fitz, den Eltern von Lisa Fitz, Margot Hielscher, Michaela sowie Maxl Graf.

Zum nächsten Auftritt informierte ich die Künstler, sich doch der jeweiligen Gäste besonders anzunehmen, meistens hatte das Erfolg. Wenn sie besonders widerlich waren, vielleicht sogar Herr und Frau Großkotz, die Sätze anbrachten wie: »Wir sind freie Menschen, wir leben in einem freien Land. Ich kann singen, reden, lachen oder weinen, wo immer es mir passt. Ich bezahle hier und bin nicht bei Ihnen eingeladen!«, die setzte ich schnell vor die Türe. Mit der Bemerkung, auch ich sei ein freier Mensch, hätte hier in diesen Räumen das Hausrecht und damit auch das Recht, mir meine Gäste auszusuchen! Ich wollte keine Gäste haben, die nicht mal einen Funken Respekt einem Künstler entgegenbrächten. Damit machte ich mir große Freude! Viele kamen aber die nächsten Tage wieder, fanden ihr Verhalten nicht so richtig gut, entschuldigten sich und wurden fröhliche Stammgäste. Sie fanden es wahnsinnig komisch, dass so eine junge Person, wie ich es damals war, so rigoros den Stil ihres Lokals verteidigt.

Um das Ganze auch zu festigen, schenkte mir ein Gast einen wunderschönen Spruch, der in ganzer Größe über dem Stammtisch prangte: »Die Gäste haben sich so zu verhalten, dass die Wirtin sich wohl fühlt!« (Alte Brandenburgische Weisheit)

Auch die Lady aller Diseusen gab im SIMPL nicht nur einmal ein Gastspiel. Dora Dorette aus Köln war auf allen Bühnen unseres Landes zuhause und empfand es trotzdem als Ehre, im SIMPL auftreten zu dürfen. Dora war fast eine noch bessere Schauspielerin als Ethel Reschke. Sie spielte ihre Chansons mit einer solchen Ausdruckskraft, dass man die handelnden Personen direkt vor sich sah. Auch sie brachte zu meiner großen Freude fast nur Lieder aus den sogenannten goldenen 20er Jahren, andere als Ethel natürlich.

Für Dora fand ich keine geeignete Unterkunft. Nichts war ihr so richtig recht. Bis ich entdeckte, dass sie bei mir wohnen wollte. Fand ich nicht toll. Mein Zuhause hielt ich streng getrennt von meiner Arbeit. Da lebten die Kinder, da war die Familie. Außerdem hatten wir keinen Platz, nur ein Bad und nur eine Toilette. Aber Dora ließ nicht locker. Es blieb mir nichts anderes übrig, als mein Büro mit einem Bett auszustatten – für Dora! Ich bin alles andere als

ein Kommunenmensch, dafür bin ich nicht geboren. Wenn mal jemand übernachten wollte, na ja, wenn es denn unbedingt sein musste, hatte ich ein Kämmerlein. Das konnte ich Dora nicht anbieten. Meine Ängste hatten sich als unberechtigt erwiesen. Dora entpuppte sich als entzückender Hausgast, ruhig und bescheiden, integrierte sich ohne Probleme in die Familie und verstand sich mit den Kindern fabelhaft.

Trotzdem wohnte sie bei ihrem nächsten Gastspiel lieber in einer Pension. Ich habe das nicht verstanden. Wie sich herausstellte, war der Hinderungsgrund nicht meine Familie, sondern die vielen Treppen: 3 ½ Stockwerke Altbau! Die muss man schnaufen können. Wir haben diese Treppen nicht mehr bemerkt.

Eine herrliche Person, die ich schon von Berlin her ein wenig kannte, wirbelte mein ganzes Leben durcheinander. Mit großer Freude habe ich sie engagiert und mich auf ihr Gastspiel besonders gefreut: Evelyn Künnecke. Auch sie wollte unbedingt bei mir zuhause wohnen, in einem Hotel sei sie so alleine, das sei sie nicht gewöhnt, sie brauche Menschen um sich. Auch Kinder? Natürlich, die würde sie ganz besonders lieben! Ich hatte keine Angst mehr, mit Dora Dorette war es ja blendend gegangen.

Max Grießer, Franz Josef Degenhardt und Peter Grassinger (v. l.)

Evelyns Auftritte waren sensationell. Wenn sie ihr »Sing, Nachtigall, sing« durch den SIMPL schmetterte, brach das Publikum in Jubelstürme aus. Ihr Programm war kess, frech, ordinär, lieb, sehnsüchtig – aber nie auch nur eine Minute langweilig. Außerdem nahm sie mir eine mühevolle Arbeit ab. Die Gäste, die ihr nicht zuhörten und weiterredeten, nahm sie sich gleich selbst zur Brust, unterbrach ihr Programm, hielt von der Bühne herunter eine kleine Ansprache zu dem betreffenden Tisch – nie wieder fiel dort ein Wort, solange Evelyn sang. Sie trauten sich aber auch nicht zu gehen! Nachher setzte sie sich ungefragt zu ihnen an den Tisch und krempelte alle zu ihren Fans um. Am nächsten Tag waren sie wieder da – mucksmäuschenstill! Dafür habe ich Evelyn bewundert. Mit ihrem überschäumenden Temperament stellte sie den ganzen Laden auf den Kopf.

Zuhause war sie kein so großer Erfolg. Evelyn war auch tagsüber zu laut, zu anwesend, zu dominant. Vor allem hatte sie die Angewohnheit, auch mit spärlichster Bekleidung in der Wohnung herumzulaufen. Mein Sohn Christian, gerade mal 14, guckte wie ein Verstörter, wenn sie mit ihrer Überfülle, nur in einem kurzen, seidenen Höschen und einem Riesen-Korsett bekleidet, über den Flur ging, oder sich ins Wohnzimmer setzte. Gerne bat sie ihn auch um Hilfe, wenn sie nicht alle Haken dieses Monsters zubrachte. Ich glaube nicht, dass wir ein spießiger Haushalt waren, ganz sicher nicht. Aber das war einfach alles zuviel! Evelyn war rührend, lieb, beschenkte die Kinder ungeheuer, aber halt – siehe oben. Als ich sie bat, doch nicht immer in Unterwäsche vor den Kindern herumzulaufen, schüttete sie sich aus vor Lachen. »Sei doch froh! Da lernen deine Kinder, wie das Leben wirklich ist! Es gibt eben solche und solche.« Damit hatte sie Recht, gegen Evelyn sah ich wie ein kleines Waisenkind aus.

Als dann auch noch ihr damaliger Lover, der begnadete rumänische Pianist Eugen Cicero, der Vater des momentan sehr erfolgreichen Swing-Sängers Roger Cicero, in ihr Zimmer bei uns mit einzog, flippte ich aus. Die Orgien waren nicht zu überhören, ich hätte den Kindern auch gleich Pornofilme zeigen können. Ich warf beide raus. Mietete sie in dem damals noch intakten und speziell von Künstlern sehr geliebten Hotel Regina ein und war glücklich, dass sie aus dem Haus waren. Auch das Regina behielt sie nicht lange – ich konnte mir schon denken warum!

Als kleines Schmerzensgeld, wie Evelyn sich ausdrückte, begleitete sie für ein paar Tage ihr Lover Eugen Cicero bei ihren Auftritten im SIMPL, einer Wagneroper nicht unähnlich. Er soff wie ein Loch, sie stand ihm auch dabei nicht viel nach, sie schlugen sich, sie liebten sich – und alles vor großem Publikum. Es war eine ungemein aufregende Zeit. Als dieses Gastspiel zu Ende war, war ich reif für die Klapsmühle. Und trotzdem – es war ein ungeheurer Erfolg. Auf eine Wiederholung habe ich aus körperlichen Gründen vorläufig verzichtet. Ich war platt gewalzt! Der Taifun wirbelte wieder durch Berlin.

Etwas Gutes kam dabei schon heraus. Immer wenn meine Kinder überhaupt nicht folgen wollten, ließ ich kurz fallen, dass Evelyn bei uns wieder einziehen und in ihrem gewaltigen Korsett, das nur mit Mühe die Mengen von Fleisch bewältigen konnte, durch die Räume marschieren würde! Diese Drohung bewirkte wahre Wunder – über viele Jahre weg.

Endlich ein Mann! Der Wiener Burgtheaterstar Ernst Stankowski nützte einige Wochen, in denen er bei der Bavaria für einen Film unter Vertrag stand, der ihn nicht besonders anstrengte, für ein unbezahltes Engagement im SIMPL. Ernstl wollte sein Soloprogramm nicht nur vervollständigen, sondern auch andere Ideen vor Publikum ausprobieren. Wir waren für ihn Off-Broadway!

Jeden Tag erschien er mit einem anderen Kostüm. Einmal englischer Trenchcoat mit Hut, einmal Blazer und weißes Hemd, dann wieder Jeans mit Pullover usw. Wir haben schon Wetten abgeschlossen, in welchem Outfit (das Wort gab es damals noch gar nicht im normalen Sprachgebrauch!) er heute erscheinen würde. Er rezitierte Heinrich Heine, Ringelnatz, Morgenstern und Tucholsky und spielte die österreichischen Dichter wie Molnar und Polgar. Gab, wenn es ins Konzept passte, schon mal einen Monolog aus einem Klassiker und wirbelte mit Raimund und Nestroy über die Bühne.

Dass Ernst Stankowski ein fabelhafter Schauspieler war, wussten alle. Nur wussten wir nicht, dass er genauso gut auch Musiker hätte werden können. Er spielte auf unserem inzwischen kurz vor dem Zusammenbruch stehenden Flügel wie ein Gott und hätte sich mit seiner Gitarre jederzeit als Sänger sein Geld verdienen können.

Ernstl hatte sich eine wunderbare Geschichte ausgedacht. Ein Pianist glaubt Rachmaninow zu sein und leidet wie ein Hund, dass andere Pianisten sein Werk falsch und schlecht wiedergeben. Nur er weiß, wie man seine Kompositionen richtig spielt und interpretiert. Wie ein Wirbelsturm raste er über die Tasten, um sich dann völlig verausgabt über den Flügel zu werfen. Das war meine Lieblingsgeschichte. Ein Abend ohne Rachmaninow war kein Abend für mich. Dann bettelte ich so lange, bis ich ihn noch als Zugabe bekommen konnte.

Wie Stankowskis endgültiges Programm dann ausgesehen hat, weiß ich leider nicht. Ich kann mir aber vorstellen, dass er es selbst nie genau wusste, und das war sicher am besten so.

Mein großer Allroundkünstler Ernstl hatte leider nie wieder Zeit, bei uns erneut aufzutreten. Wir haben die Zeit mit ihm ungeheuer genossen.

Michael Wilke, damals Musikverleger in München, bereitete uns einen wunderbaren Galaabend. Die Rückkehr seiner Mutter Lale Andersen an den Ort ihrer großen Erfolge, ein Ort, den sie immer überaus geliebt hat und der, nachdem sie ein Topstar geworden war, irgendwie aus ihrem Blickfeld verschwand.

Im SIMPL stand die Bühne, auf der sie zum ersten Mal das »Lied eines jungen Wachpostens« sang, das später unter dem Titel »Lili Marleen« zu Weltruhm gelangte. Es muss so Mitte der 30er

Ernst Stankowski

Jahre gewesen sein. Damals aber war es kein großer Erfolg. Lale mochte aber das Lied, die Vertonung eines Gedichtes von Hans Leip mit der Musik des jungen Münchner Komponisten Rudi Zink. Als die Schallplattenfirma Elektrola 1938 das Lied aufnehmen wollte, gefiel den Bossen der Text schon, aber nicht die Melodie. Es war ihnen zu sehr ein Chanson. Ohne Wissen des Dichters ließen sie es von dem Berliner Komponisten Norbert Schultze neu vertonen. Jetzt war es »marschartig« und der Zeit, so kurz vor Ausbruch des Krieges, angemessener. Auch da lief es noch als sogenannte B-Seite unter dem Titel »Lied eines jungen Wachpostens«. Als im Herbst 1941 zur Zerstreuung der Soldaten in Belgrad ein Soldatensender installiert wurde, war von der Technik her alles da, nur keine Schallplatten. Die beiden Soldaten, die abgeordnet wurden, beim »Reichssender Wien« geeignetes Material zu suchen, nahmen auch die »Lili« mit. Die Einsätze der »Lili Marleen« wurden immer mehr von den Soldaten verlangt, bis der Tag kam, an dem die Betreiber des Senders diesen Schlager nicht mehr hören konnten, außerdem war die Platte schon ganz fürchterlich abgespielt und verkratzt. Sie legten für die »Lili« eine Sendepause ein. Das hätten sie nicht tun sollen – denn niemand hatte damit gerechnet, was dann passierte. Ein Sturm der Entrüstung ging mit der Post ein. Beschwerdebriefe kamen aus fast ganz Europa. Sie mussten die »Lili« wieder einsetzten. Man einigte sich, sie täglich als Schlussmelodie zu spielen, bevor der Sender in die Nachtpause ging. Jeden Abend 22 Uhr. Es gibt Geschichten von Soldaten, die berichten, dass während die »Lili Marleen« gesendet wurde, sogar manchmal selbst der Feind das Feuer einstellte, denn manche Kompanien übertrugen das Lied über Lautsprecher, damit es alle hören konnten.

Lale Andersen wurde ein Megastar, der es politisch in dieser Zeit nicht leicht hatte.

Ihr »Erinnerungsabend« im SIMPL verlief grandios. Ich habe selten so viele Menschen weinen sehen, teils weil sie Lale noch aus ihrer SIMPL-Zeit von vor 30 Jahren kannten, zum anderen Teil, weil mit Lale doch viele Erinnerungen an diesen entsetzlichen Krieg wieder hervorgeholt wurden. Das Eis war gebrochen, der SIMPL für Lale wieder existent. Noch oft hat sie uns besucht, wir haben noch viele wunderschöne Abende mit ihr verbracht. Nur die »Lili« hat sie, trotz aller Bitten, nie mehr gesungen.

Alle vier Sängerinnen, über die ich bis jetzt erzählt habe, waren nicht mehr die Allerjüngsten, sodass uns Fiffi Brix wie ein Teenager vorkam. Blonder Pferdeschwanz, manchmal auch Zöpfchen, die kürzesten Minis, die ich je gesehen hatte, Beine bis zum Gehtnichtmehr! So saß sie am Klavier, begleitete sich selbst und sang die blutrünstigsten Moritaten, die ich je gehört hatte. Mit einer Spielfreude sang sie von dubiosen Mördern, die ein liebliches Kind, das still im grünen Rasen lag, meuchelten. Fiffi war hinreißend komisch. Dabei drosch sie mit einer Kraft auf den Flügel ein, dass ich manchmal Angst hatte, er würde unter ihr zerbersten. Viele Balladen von Grasshoff hatte sie zum Teil selbst vertont und entdeckte bei uns die Moritaten von Ringelnatz und Ernst Klotz, einem Schwabinger Dichter, der damals noch lebte und uns viel von Kathi Kobus, die er noch miterlebt hatte, erzählen konnte.

Fiffi Brix

Dieses begabte Mädchen setzte sich am Nachmittag an das Klavier und am Abend hörten wir schon eine Uraufführung. Manchmal, wenn ich sie mir während ihres Vortrags ansah, träumte ich sie mir zu Stummfilms Zeiten vor einer Leinwand an ein Klavier, um musikalisch den Film zu begleiten. Ich bin sicher, sie wäre ein Star geworden, weil sie alles Leid und Weh, die Freude und die große Liebe musikalisch so ungeheuer beeindruckend zum Ausdruck bringen konnte.

Fiffi wohnte natürlich auch bei uns. Sie hatte ihren Sohn dabei, das ging mit meinen Kindern zusammen sehr gut. Sie war trotz ihres Temperaments ein angenehmer Hausgast.

Wir konnten es kaum glauben, aber es war wahr. Unser Freund Horst Rieck aus Berlin, damals Assistent von Wolfgang Neuss, später Stern-Mitarbeiter und Autor (»Wir Kinder vom Bahnhof Zoo«), machte uns eine feste Zusage: Wolfgang Neuss kommt! Der SIMPL hatte damals noch keine Bühne, nur dieses Quadratmeterbrettl, aber die riesige Flügelbar in der Mitte des Lokals. Ich kannte das neue Programm von Wolfgang leider nicht und war der Meinung, dass ihm der wenige Platz genügt. Welch großer Irrtum! Hauptbestandteil seines Programms »Das jüngste Gerücht« war ein großes

Wolfgang Neuss thronte mit seinem Schlagzeug auf unserem Piano.

Schlagzeug. Und wohin damit? Aber Wolfgang Neuss wäre nicht er selbst gewesen, wenn er nicht eine tolle und vor allem rettende Idee gehabt hätte.

»Sach mal, Kleene, wat hält det Klavier allet aus?«
»Ich glaube, noch ist es sehr stabil.«
»Wat hältste davon, wenn ick mir mit meiner Lärmmaschine uff det Klavier setze?«
»Ausprobieren, Wolfgang! Wenn es dich samt Schlagzeug aushält, haben wir gewonnen.«
Wir haben gewonnen!

Ich bin sicher, dass dieser Abend auch Wolfgang Neuss in Erinnerung geblieben ist. Hoch oben, über allen Zuschauern thronend. Das ganze Lokal hatten wir abgedunkelt, die Scheinwerfer strahlten nur ihn und sein Schlagzeug an, es war alleine schon vom Bühnenbild her eine kleine Sensation. Die Gäste saßen dicht gedrängt, standen sogar in den Gängen, oder saßen auf dem Boden und schauten zur Decke hinauf. Die Stimmung war einmalig, der Erfolg für Wolfgang Neuss überwältigend. Lange vor meiner Einladung nach München, versuchte er einen geeigneten Raum hier zu finden, das war für ihn nicht möglich. Alle Veranstalter hatten wohl Angst um ihren guten Ruf in unserem katholischen Bayern. Auf so eine Idee wäre ich nie gekommen. Selbst der anonyme Brief mit der Anfrage, ob ich denn keine Angst hätte, dass man mir die Bude über dem Kopf anzündet, wenn diese »Kommunistensau« bei mir auftreten würde, fand ich einfach lächerlich. Irgendjemand meinte, dass ich ein sehr mutiges Mädchen sei, bin ich aber sicher nicht. Ich glaube viel eher, dass ich die Gefahr nicht überrissen habe. Meine Idee war, diesen blöden anonymen Brief jedwedem Menschen zu zeigen. Das empfand ich als Schutz genug.

Wolfgang Neuss' Auftritt im SIMPL räumte aber alle Voreingenommenheiten aus dem Wege, plötzlich wurden ihm viele Lokalitäten angeboten. Sein Programm war so frech, so böse, so wahr, dass einem fast der Atem stockte. Wenn seine »Nonne Elisabeth«, eine Hauptfigur seines Programms, wieder irgendeine fürchterliche Sache losließ, applaudierten die Gäste minutenlang.

Das war einer der Abende, in denen ich glücklich wie ein kleines Kind in einer Ecke saß, fast heulend vor Freude. So wollte ich meinen SIMPL immer haben. Das war die Erfüllung meiner Träume. An die materielle Seite dachte ich in solchen Momenten überhaupt nicht, denn ein finanzieller Erfolg war das natürlich nicht. Im Gegenteil, es hat mich wahnsinnig viel Geld gekostet, – aber was macht das schon? Die ganze Stadt sprach über diesen Abend. Die Zeitungen waren voll – über einen Kabarettabend, den ich mir wirklich nicht habe leisten können. Gott sei Dank habe ich mir solche finanziellen Desaster öfter gegönnt. Es MUSSTE einfach sein. Da gab es keinen anderen Weg. Auch das gehörte zu meinem Leben.

Die Flügelbar hatte ihre Dienste getan, sie wurde überstrapaziert und ging schon rein äußerlich ihrem Ende entgegen. Mit vielen Tränen mussten wir uns von dem herrlichen Geschenk von Ralph Maria Siegel verabschieden. Ein kleiner Stutzflügel übernahm die musikalischen Dienste. Um den Gästen keinen zu großen Schock zu versetzen, ließ ich auch diesen kleinen Flügel überziehen, stellte kleine Hocker außen herum, sodass alle Gäste wie gewohnt um das Klavier sitzen konnten, nur nicht mehr so dominant in der Mitte des Lokals. An Stelle des riesigen Flügels entstand eine kleine Bühne, offen ohne Vorhang, ein etwas größeres Brettl also, mit einer unglaublich tollen Wandbemalung. Meine Freunde, die Malerin Margit Rein-Forchheimer, und ihr Mann, der Maler Günter Rein (Meisterschüler von Xaver Fuhr) malten ein fast sechs Quadratmeter großes Bild als Kulisse. Vor der Bemalung schnitten wir in die Wand eine kleine Türe. Jetzt hatten die Künstler eine richtig tolle Auftrittsmöglichkeit. Im Keller fanden wir einen Bühnenscheinwerfer,

Auch das französische Cabaret-Duo Michele & Christian trat im SIMPL auf. Hier meine Originalnotizen.

der seinem Alter nach gut zum SIMPL passte. Siehe da, er war noch voll funktionsfähig. Ein Mikrofon gab es auch, was wollten wir mehr.

Bei der Erinnerung an den alten Scheinwerfer, der seinen Dienst in den 20er Jahren angetreten haben muss, fällt mir ein, dass er sogar sehr persönlich, so weit man das von einem Scheinwerfer überhaupt sagen kann, mit den Geschichten um den SIMPL zu tun hat.

Der geniale Erfinder und Techniker August Arnold, zusammen mit seinem Partner Robert Richter Inhaber des Kamerawerkes Arnold & Richter, war auch ein besonders lieber Stammgast. Der »Arri«, wie alle Welt ihn nannte, kam hin und wieder mit Leni Riefenstahl. Wie immer man politisch über sie denken mag, sie war eine faszinierende Person. Mein Gott, konnten die beiden erzählen! Fast der genaue Wortlaut eines Gesprächs hat sich bei mir eingegraben: Leni verschwand, um den Ort für kleine Mädchen aufzusuchen. In dem Moment, als sie den Tisch verlassen hatte, nahm mich der sonst so spröde Arri in seinen Arm und sagte: »Der Leni verdanke ich alles. Vor der Olympiade 1936 hatte ich gerade meine erste Kamera fertig, von der ich der Meinung war, dass sie das Beste vom Besten sei. Ich konnte Leni, die die Kameras auswählen sollte, von meinem Werk überzeugen, sie hat mit den ersten Exemplaren der Arri-Flex ihren Olympia-Film gedreht. Meine Kamera war schlagartig weltweit ein Erfolg, der ja sogar mit dem Kamera-Oscar gekrönt wurde. Ich werde der Leni immer dankbar sein!«

Da war sie, die Leni, auch schon wieder da. Nach ein paar Minuten verschwand der Arri und es wiederholte sich die Geschichte. Die Riefenstahl, erzählte mir fast das gleiche, nur mit umgekehrten Vorzeichen. Wie dankbar sie dem Arri damals war, dass er ihr die Kameras gegeben habe, die wahre Wunder zu Wege gebracht hätten. Nie hätte sie geglaubt, dass man so wahnsinnige Sachen mit einer Filmkamera machen kann. Er hätte ihr diese Dinger gar nicht geben müssen, aber er hätte an sie geglaubt und ihr vertraut. Auf immer und ewig würde sie ihm dankbar sein.

Ich konnte ausschließen, dass sie sich abgesprochen hatten. Es hat mich sehr berührt, dass selbst nachdem 30 Jahre vergangen waren, immer noch so eine herzliche Verbundenheit und gegenseitige Dankbarkeit bestand.

Eines Abends ließ mich der alte Arri an seinen Tisch rufen und erzählte mir, dass er als Lehrbub 1905 im damaligen »Simplicissimus« bei der Wirtin Kathi Kobus den Strom gelegt, und sich damit doch, seiner Meinung nach, gewisse Rechte an diesem Lokal erworben habe. Ich hatte nicht verstanden, was er damit meinte. Da fragte er mich, woher ich den Scheinwerfer hätte, der da an der Decke hänge. Ich hätte ihn ganz vergraben im Keller gefunden. »Der gehört mir!«, meinte der Arri.

»Aber nein, der gehört mir!«, widersprach ich.

»Wenn ich jetzt in mein Büro gehe, kann ich beweisen, dass dieser Scheinwerfer mir gehört! Das ist der erste Stu-

August Arnold und Leni Riefenstahl

dioscheinwerfer, den wir hergestellt haben, ich habe ihn damals selber hier an die Decke geschraubt, um ihn auszuprobieren. Jahre später, die Kathi war schon nicht mehr da, als der amtierende Wirt ihn mir nicht zurückgab, habe ich ihm eine Rechnung geschickt, die er nie bezahlt hat … Also, der Scheinwerfer gehört mir!« Und leise flüsterte er mir ins Ohr, dass er doch ein kleines Museum hätte, und genau dieser, nämlich sein erster Scheinwerfer, würde fehlen.

Den Wink mit dem Zaunpfahl habe ich verstanden. Ein paar Jahre später, zu seinem 80. Geburtstag, habe ich zwei riesige rote Geschenkschleifen um den Scheinwerfer gebunden, einen Zettel dazu mit Geburtstagswünschen, aber auch ein PS: »Rückgabe eines Leihscheinwerfers der Firma Arnold und Richter, nach über 50 Jahren, mit vielem Dank – der SIMPL.« Der alte Arri nahm dieses schon fast antike Riesenmonstrum beinahe zärtlich in seine Hände. Ein verlorenes Kind hatte wieder nachhause gefunden.

Der erste, der von diesem Umbau profitierte, war der Schauspieler und Kabarettist Rainer Basedow. Noch war er in Berlin im Engagement an der »Schaubühne am Halleschen Ufer«, als er mir den Vorschlag machte, ein Programm aus den Brechtschen »Lieder wider den Krieg« zusammenzustellen, um es, wenn er wieder in München sei, im SIMPL aufzuführen. Ich war Feuer und Flamme.

Mitte der 60er Jahre gab es Vorboten des Widerstands gegen die Altvorderen und aus allen Löchern krochen auch schon wieder alte Nazis an das Tageslicht.

Lilo Meinhardt begleitete Rainer Basedow am Klavier und Gerd Kemming spielte so recht und schlecht Gitarre. Aber das tat dem Engagement von Rainer keinen Abbruch. Er stand mit einer solchen Intensität auf der Bühne, dass die Begleitung nicht so wichtig war.

Rainer und ich wussten, worauf wir uns einließen. Nur dass es so schlimm werden würde, haben wir nicht geahnt. Die Premiere ging noch ohne Komplikationen vonstatten, aber wir wurden gewarnt, dass wir uns mit diesem Programm Ärger einhandeln würden. Wir ließen uns nicht abschrecken – wir wollten provozieren!

Eigentlich ereignete sich jeden Tag irgendetwas. Mal schlimm – mal weniger. Manchmal bekamen wir die Gäste auch in den Griff, wenn wir uns die Mühe machten, in den Pausen mit ihnen zu reden. Reden – das war uns am wichtigsten! Wir hatten nämlich erkannt, dass wir im SIMPL in einer totalen Enklave lebten. Erschreckt stellten wir fest, dass die sogenannten Andersdenkenden gar nicht so wenige waren, wie wir immer geglaubt hatten. Selbst bei langjährigen Freunden, deren Gesinnung wir uns immer sicher waren, äußerten sich auf einmal Bedenken. Auch sie seien in diesem entsetzlichen Krieg gewesen, man könne doch nicht alle Soldaten in Bausch und Bogen verurteilen. Keiner sei doch freiwillig gegangen. Dem widersprachen Rainer und ich aber vehement. Vielleicht sei in den letzten Jahren, als man eigentlich schon absehen konnte, dass dieser Krieg nicht mehr zu gewinnen sei, keiner mehr freiwillig dazu gegangen – aber die ersten Jahre sicher. Unsere Debatten nahmen kein Ende, und die Spreu schied sich auf wunderbare Weise vom Weizen – wie es in dem alten Sprichwort heißt.

Während dieser Wochen führten wir ein Tagebuch, das ich einem Journalisten für seine Recherchen geliehen habe. Aber wie das so mit Leihgaben ist – wir haben das Bücherl nie zurückbekommen. Aber so nette Dinge wie die Androhung eines Gymnasiallehrers, dass er uns in die DDR prügeln möchte, oder dass die »Lieder wider den Krieg« von Bert Brecht eine Beleidigung der ganzen deutschen Armee seien, haben wir uns gemerkt. Wenn an einem Abend der damals so gängige Satz »Geht doch rüber!« nicht gekommen ist, haben wir direkt etwas vermisst.

Tapfer und unter Schwierigkeiten hielten wir aber die abgesprochenen fünf Wochen durch. Über Morddrohungen und angedrohten Feuersbrünsten kamen wir und der SIMPL unter Polizeischutz. Das sah so aus, dass ein Streifenwagen ein paarmal in die Nacht am Lokal vorbeifuhr. War er mit Polizisten besetzt, die uns kannten, kamen sie herein und fragten ob alles in Ordnung sei – das war aber schon das höchste der Gefühle, beziehungsweise des Schutzes. Außer einer Stinkbombe, die in die Damentoilette geworfen wurde und keinen Schaden anrichtete, und abgesehen von ein paar kleinen Schlägereien, ist wirklich nichts Ernstliches passiert. Oder vielleicht doch – weil ich mich in meiner maßlosen Überheblichkeit fast ruiniert habe. Gäste, die glaubten, immer weiter stören zu müssen, habe ich einfach auf die Straße gesetzt. Mit dem tollen Hinweis, dass sie auch ihre Zeche (meistens eine große – die hatten ja alle richtig Kohle!) nicht bezahlen müssten – von solchen Menschen nähme ich kein Geld!

Mit Kerry and Kaye, einem entzückenden, amerikanischen Gesangsduo, gab es leider einmal einen richtigen Eklat. Kaye, 18 Jahre jung, Tochter des damals schon legendären Gitarrenbauers von Elvis Presley, und Kerry, noch keine 20, Sohn eines amerikanischen Musikverlegers und früher Lehrling bei Kayes Vater, traten schon gute drei Wochen im SIMPL mit ihren traumhaft schönen Folksongs auf. Er sah wie ein von irischen Eltern abstammender Junge aus. Kaye war klein, zaundürr und zerbrechlich, aber mit einer ungeheuren Kraft in ihrer Stimme. Viele von uns erinnerte sie an Esther Ofarim, die auch so ein winziges Persönchen mit so einer gewaltigen Röhre war. Jeden Abend sorgten die beiden für ein volles Haus. Es war eine Freude ihnen bei ihren Auftritten zuzusehen.

Im Publikum saß an diesem Abend Krista Keller, die wunderbare Schauspielerin von den Münchner Kammerspielen. Sie und ihre Freunde hatten irgendwas zu feiern, der Alkohol floss in Strömen. Ich hatte ein wenig Schwierigkeiten, weil die ganze Gruppe etwas zu laut war und bei den Auftritten von Kerry und Kaye einfach störte. Immer wieder ging ich an den Tisch, sprach ganz gezielt Krista Keller an, die sich als Wortführerin gerierte. Ich bat »Sie, liebe Frau Keller«, doch für die kurze Zeit, sich etwas ruhiger zu unterhalten, schon aus Gründen der Fairness ausländischen Kollegen gegenüber. Diesen Satz hätte ich besser nicht sagen sollen! Krista Keller stürzte auf die Bühne, unterbrach den Vortrag, sagte sie sei Deutsche und damit viel besser als diese hergelaufenen Amerikaner, auch sei ihre Figur ansprechender als die von dieser kleinen, dürren Maus. Sie fing an sich auszuziehen, um ihre Behauptung zu untermauern. Ich stürzte auch auf die Bühne, von Bluse und Rock hatte sich Krista schon getrennt und stand in einer nicht so furchtbar aufregenden Unterwäsche da. Ich schob sie von der Bühne. Dieses »Weibergerangel« wurde vom Publikum mit atemloser Stille verfolgt, der Auftritt der jungen Amerikaner auf später verschoben.

Auf dem Weg zur kleinen Bar vorne passte mich Krista Keller ab. Wie in einem gezeichneten Witz, wartete sie um die Ecke. Sie überraschte mich, riss mir mit der einen Hand den Kopf nach unten, mit der anderen schlug sie mir unentwegt ins Gesicht. Immer mit dem gleichen Text: »Wie

Immer wieder auf der SIMPL-Bühne: Rainer Basedow (l.) – hier zusammen mit Jochen Busse anlässlich meines 60. Geburtstags.

heiße ich? Principessa heiße ich! Wie heiße ich? Principessa heiße ich! Sag, dass ich Principessa heiße! Sag sofort Principessa zu mir, du Nutte!«

Krista war außer Rand und Band. Sie schlug wie von Sinnen auf mich ein. Für mich war die Situation sehr ungünstig, weil sie meinen Kopf so weit hinuntergedrückt hielt, hatte ich überhaupt keine Möglichkeit, mich zu wehren. Nach ein paar Schreckensekunden schrie ich wie am Spieß um Hilfe. Der erste, der angerannt kam, war mein amerikanischer Freund Al Hoosman, zwei Meter groß, schwarz und Ex-Weltmeister im Schwergewicht. Hinter ihm Ole und sein Freund Philipp, zwei Studenten und Karsten Peters, damals Feuilletonchef der Abendzeitung. Al riss mich von Krista weg, die anderen mussten zu dritt ihre ganze Kraft aufwenden, um sie in Schach zu halten. Mittlerweile war auch die Freundin von Krista, eine polnische Journalistin, bei der Gruppe angekommen.

Al hielt mich vor sich im Clinch. Er hatte seinen einen Arm fest um meine Schultern gelegt, mit der freien Hand versuchte er meine blutige Nase mit einem Taschentuch zu säubern. Ich strampelte wie ein kleines, ungezogenes Mädchen, wollte mich losreißen.

»Lass mich sofort aus, Al!«, schrie ich, »jetzt bin ich dran!«

Al redete ganz ruhig mit mir, fast im Flüsterton: »Toni, bitte, liebe Toni, bitte nicht zurückschlagen! Ich bitte dich, das bringt überhaupt nichts! Warum meinst du, dass ich mit Boxen aufgehört habe? Es ist doch unter unserer Würde aufeinander einzuschlagen! Rede mit ihr – das bringt viel mehr!«

Er hat mich tatsächlich ein bisschen beruhigt. Entließ mich aus seinen starken Armen. Ich schrie völlig hysterisch, dass die Keller das Haus verlassen sollte, dass sie bis zur Steinzeit Hausverbot hätte und noch ein paar nette Sachen. Die polnische Freundin stand zitternd an der Wand und bat einen der Umstehenden um eine Zigarette. Philipp, groß, blond, blaue Augen, 25 Jahre alt, zog ein Päckchen aus der Tasche und bot ihr eine an. Sie nahm sie, Philipp gab höflich Feuer, da rauschte Krista Keller heran: »Schämst du dich denn gar nicht, von einem deutschen SS-Mann eine Zigarette anzunehmen? Du, eine polnische Jüdin?« Und damit schlug sie ihr die Zigarette aus dem Mund, trampelte darauf herum, als müsste sie jemanden tottreten. Karsten, inzwischen wissend, warum die Keller mich verprügelt hatte, wollte vermitteln, vor allem aber sagen, dass Philipp gar kein SS-Mann sein könne, er sei bei Kriegsende erst vier Jahre gewesen. Einfach »Frau Keller« zu sagen, so wie er sie immer ansprach, getraute er sich jetzt nicht mehr, aus Angst auch die Hucke voll zu kriegen. In all der Aufregung hatte er aber den genauen Titel vergessen und rief immer: »Princessa ... Princessa ...«

Kerry & Kaye

Da war bei mir der Bann gebrochen, ich musste lachen und meinte: »Karsten, die Krista Keller ist eine Principessa! Wenn du das falsch aussprichst, bekommst du auch Prügel!« Die Keller-Clique hatte, doch eher peinlich berührt, still das Haus verlassen.

An einen normalen Programmablauf war an diesem Abend nicht mehr zu denken, alle diskutierten über das Wieso und Warum. Keiner hatte eine Erklärung für Kristas Verhalten. Meine jungen Amerikaner taten mir am meisten leid, sie hatten ein schlechtes Gewissen, weil der ganze Krach ihretwegen ausgebrochen war.

Als ich alleine in meinem Büro saß und überlegte, was ich falsch gemacht haben könnte, kam ich zu dem Schluss – zu dem ich übrigens noch oft kommen sollte: Wir sind keine Milchbar, sondern verkaufen Alkohol! Doch auf einmal überkam mich wieder die Wut, am meisten über mich selbst, weil ich mich nicht richtig gewehrt hatte. Ich musste mir eingestehen, dass ich mich wohler gefühlt hätte, wenn ich ihr wenigstens auch ein paar gedonnert hätte!

In den Augen noch die Tränen der Wut entdeckte ich im Durchgang zur kleinen Bar Gerd Brüdern an seinem Stammplatz sitzen. Ein wunderbarer Schauspieler, Kollege von Krista an den

Kammerspielen, damals auch Leiter der Falkenbergschule. Wir sahen uns in die Augen, er lächelte und ich wusste sofort, dass ihm irgend jemand den Kampfbericht Keller/Netzle schon zugetragen hatte: »Komm, meine Kleine, setz dich zu mir.«

Zärtlich legte er seinen Arm um mich und fing an: »Ich muss dir eine Geschichte erzählen, damit du verstehen kannst, was passiert ist. Also, du weißt doch, wie die Krista ist?«

»Nein.«

»Krista ist ein ganz armes Mädchen. Sie ist immer auf der Suche nach der ganz großen Liebe – zumindest bei uns am Theater hat sie schon alle durch. Ist doch traurig, nicht wahr?«

Ich meinte trotzig, dass mir das völlig egal sei.

»Dann muss ich weiter erzählen. Aber du weißt, dass sie mit dem sizilianischen Principe XY verheiratet ist? Gut. Ich habe sie dort einmal besucht. Der Principe hat die größte Zitronenplantage auf Sizilien, aber er erntet nur die kleinsten Zitronen der Welt!« Gerd spielte das richtig aus, ich sah direkt vor mir hunderttausende von winzigen Zitronen, darüber schwebend Krista Keller, oh Verzeihung, natürlich die Principessa, die in meiner Fantasie aussah wie die böse Stiefmutter von Schneewittchen. Ein wenig hatte sie davon schon in der Realität, mit ihrem tiefschwarzen Haar und den stahlblauen Augen.

Über Gerds Geschichte musste ich so lachen, dass mein ganzer Groll verflogen war. Natürlich sorgte der Vorfall noch tagelang für Gesprächsstoff, aber bald war alles vergessen. Auch bei mir.

Nachtrag 1: Jahre waren ins Land gegangen, als ich an die Garderobe gerufen wurde, dort stehe eine Dame, die das Lokal nicht betreten, aber mich sprechen möchte.

»Ja, bitte?«

»Ich bin Krista Keller.«

»Oh Gott!«

»Ich möchte mich entschuldigen. Drei Jahre gehe ich mit schlechtem Gewissen hier vorbei. Ich habe lange gebraucht, um den Mut aufzubringen, hier hereinzugehen. Es tut mir ungeheuer leid, was damals geschehen ist. Ich schäme zutiefst. Ich weiß auch, dass es dafür eigentlich keine Entschuldigung gibt. Wenn Sie sie nicht annehmen können, kann ich Sie verstehen. Nehmen Sie bitte meinen kleinen Blumenstrauß und glauben Sie mir, es tut mir wirklich unendlich leid.« Und schon war sie bei der Türe wieder draußen. Dabei habe ich es auch belassen.

Nachtrag 2: Mit den italienischen Adelstiteln habe ich es nicht so richtig. Meine Freunde Conte und Contessa XY, kamen mich besuchen und wollten unbedingt am Stammtisch sitzen. Es wurde eng, war aber möglich. Wie immer, wenn neue Gesichter an den Stammtisch kamen, stellte ich zuerst meine italienischen Freunde vor: »Darf ich euch vorstellen, meine italienischen Freunde Conte und Container XY, und das ist Herr und Frau sowieso …« und so weiter. Am Tisch saßen alle mit gesenkten Köpfen und verbissen sich mit aller Mühe das Lachen. Das hatte ich nicht bemerkt. Ich setzte mich völlig unbefangen dazu, versuchte diese komische, für mich unerklärliche Situation mit einer lustigen Geschichte zu überbrücken, als alle, wirklich alle, losprusteten und mich über meinen Versprecher aufklärten. Mit hochrotem Kopf verließ ich den Tisch, aber meiner Freundin Elena, die die Figur eines jungen Mädchens hatte, ist der Spitzname »Container« geblieben!

Ein Highlight ganz besonderer Art
Im SIMPL treten Abi und Esther Ofarim zu ersten Mal in Deutschland auf

Die »**Schwabinger Woche« stand** wieder einmal vor der Tür. Diese Veranstaltung dauerte jeweils zehn Tage und hieß so, weil nach Ansicht des Fremdenverkehrsamtes die »Schwabinger« es mit der Zeit nicht so genau nähmen! Was für eine äußerst witzige Idee! Wie immer sollte als Nebenveranstaltung zu den offiziellen Events der Stadt München im SIMPL etwas Besonderes passieren. Und wie immer war ich für die Highlights verantwortlich und zwar auf meine Kosten. Ich hatte schon eine Idee. Sie war vielleicht ein bisschen sehr vermessen, aber probieren geht über studieren – dachte ich mir.

Es gab zu dieser Zeit ein Gesangspaar in der Popmusik, das wir alle nicht persönlich kannten, aber über alle Maßen liebten: Esther und Abi Ofarim. Von ihren Liedern waren wir so begeistert, dass ich einfach versuchen musste, sie nach München zu holen.

Ich rief meine Freunde Renate und Imo Moszkowicz an, von denen ich wusste, dass zumindest Esther so etwas wie ein »Ziehkind« von ihnen war. Imo hatte in Israel einen Film mit Esther gedreht. Renate gab mir eine Telefonnummer in Genf, wo die Ofarims damals wohnten. Ich könne einen schönen Gruß ausrichten, ansonsten werde sie sich aber heraushalten. Meine Idee fand sie grandios, nahm mir aber fast allen Mut, als sie mich darauf aufmerksam machte, dass die beiden noch nie deutschen Boden betreten hätten und dies auch in naher Zukunft nicht wollten. Beide seien Sabre, das heißt in Israel geborene Juden, und nicht besonders scharf darauf, das Land zu besuchen, das für den Holocaust verantwortlich sei. Außerdem seien sie gerade dabei, richtig Karriere zu machen. Aber – ich solle es doch einfach versuchen.

In Genf bekam ich die Telefonnummer eines Londoner Plattenstudios. Dort rief ich einfach an. Nach wenigen Minuten hatte ich Abi am Telefon. In meinem entsetzlichen Englisch versuchte ich ihm zu erklären, was ich wollte, und er meinte, wenn die Gage und der Termin stimmten, würden sie kommen! Ich war baff und vor Schreck wäre mir beinahe der Hörer aus der Hand gefallen. Der Termin war schnell festgelegt, doch dann hörte ich mein Todesurteil: die Gage! Sicher war sie für heutige Verhältnisse geradezu lächerlich, aber man muss bedenken, dass es Mitte der 60er Jahre war und der SIMPL eine kleine Kneipe. Es ging um 5.000 Mark Gage, zwei Flugtickets 1.Klasse London – München – London und eine Suite im Bayerischen Hof. Den Namen des Hotels kannten sie, davon hatte ihnen jemand vorgeschwärmt.

Esther und Abi Ofarim bei ihrem legendären Auftritt im SIMPL.

Jetzt stellte ich die alles entscheidende Frage an Abi: »Was tut ihr dafür?«

Und Abi antwortete: »Wir stehen 24 Stunden zu deiner Verfügung!« Ohne auch nur die kleinste Rückversicherung zu haben, sagte ich fest zu. Woher ich die viele Kohle nehmen sollte, stand in den Sternen.

»Kann ich mich auf Sie verlassen? Wollen Sie einen Vertrag?«

»Wenn du wirklich eine Freundin von Renate und Imo bist, geht alles okay. Ich werde mich erkundigen. Wir sind noch drei Tage unter dieser Telefonnummer zu erreichen.«

Mein Plan war, diese Stars an eine Vorstellung der Stadt München zu verkaufen, die an diesem Abend ein gemischtes Programm präsentieren wollte. Ich war mir ganz sicher, dass mir Herr Huber, der Veranstalter, um den Hals fallen würde. Ich betrat sein Büro und sagte: »Herr Huber, ich habe die Ofarims!«

»Wen?«

»Esther und Abi Ofarim!«

»Wer ist das?«

»Das beste Gesangsduo der Welt!«

»Leben die in München?«

»Nein, in Israel.«

»Und warum wollen die bei uns singen?«

»Ich will, dass sie hier singen, weil die einfach wahnsinnig gut sind!«

»Wo singen die?«

»Auf Platten!«

»Kenne ich nicht. Habe auch noch nie ein Wort über sie gehört. Was soll mit denen sein?«

»Ich will, dass Sie sie in Ihr Programm nehmen.«

»Ich? Warum?«

»Weil Sie damit einen sensationellen Erfolg haben werden!«

»Ich will niemand, den ich nicht kenne. Außerdem würden die sicher Geld kosten und ich habe keines!«

Alle meine Träume waren dahin. Ich wollte gleich in London anrufen und den Termin absagen. Allein brachte ich das Geld nicht auf. Da stürzte aus einem angrenzenden Zimmer eine junge Frau und schrie: »Was, die Ofarims kommen! Waaahnsinn!«

»Na, die brauch ma net«, war Hubers Antwort.

Was jetzt losging, war nicht zu beschreiben. Die junge Mitarbeiterin brüllte so laut, dass aus allen Zimmern Leute zusammen liefen. Die Stadt bekomme die Ofarims angeboten und dieser Trottel lehne sie ab, das war der Tenor von allen. Um es kurz zu machen: die junge Dame scherte sich

Meine Originalzettel, a[uf] denen ich die Planung des Ofarim-Auftritts samt Honorarkalkulation notiert habe.

nicht um ihren Chef, gab mir schriftlich, dass sie bereit sei für einen Auftritt 1.500 DM zu bezahlen. Auch den Termin machten wir fest.

Gewonnen. Einen kleinen Teil des Geldes hatte ich also schon. Auf zum nächsten Termin. Zu meinem über alles geliebten Dr. Rolf Didczuhn, genannt Pieto, Hauptabteilungsleiter Unterhaltung beim Bayerischen Rundfunk. Bekannt als Helfer und Retter in der Not.

»Hallo, Pieto.«

»Grüß dich, Toni, was kann ich für dich tun?«, sagte er in seinem wunderbaren breiten baltischen Tonfall.

»Ich bringe dir die Ofarims zu Aufnahmen in dein Studio.«

»Danke, das ist lieb von dir, aber ich brauche sie nicht. Wir haben alles, was es von ihnen gibt.«

Er merkte, wie ich auf meinem Sessel einknickte. »Komm, erzähl mir bitte deine Geschichte. Was ist mit den Ofarims?«

Wahrheitsgetreu erzählte ich die ganze Story: Dass ich die zwei unbedingt bei mir im SIMPL auftreten lassen wolle, es aber finanziell nicht alleine verkrafte.

»Ja«, sagte Pieto nach einer Weile, »du hast recht, wenn die sowieso schon in München sind, ist es für uns doch auch viel billiger, sie zu engagieren – so ohne Spesen. Im Übrigen ist mir eingefallen, dass wir ganz dringend drei oder vier israelische Volklieder brauchen, die uns fehlen. Gut, ich halte das Studio am Vormittag frei. Gage 3.000 DM. Ich danke dir, dass du uns die Ofarims vermittelt hast.«

Ich war gerettet. Ein ganz großes Dankeschön an Pieto! Auch wenn es schon so ungeheuer lange her ist!

Mit Abi sprach ich den ganzen Ablauf telefonisch durch. Ich hatte nichts als sein Wort am Telefon und dennoch hatte ich komischer Weise überhaupt keine Angst, dass irgendetwas schief gehen könnte. Abi bot sogar noch an, die Flugtickets in London zu kaufen, weil sie dort erheblich billiger seien als in Deutschland. Ich sollte ihm dann in München das Geld geben. Ich war richtig begeistert über soviel Entgegenkommen.

Am 5. September 1964 holte ich die beiden um die Mittagszeit am Flughafen ab. Ich kannte sie von Fotos, sie mich nicht. Als ich sie von weitem sah, erschrak ich für einen kurzen Moment – ich kannte sie ja nur durchgestylt von Kopf bis Fuß. Was da auf mich zukam, war ein hinreißendes Hippiepärchen. Er unrasiert, strähnige, lange Haare, in irgendwelchen undefinierbaren Klamotten und Jesuslatschen, Esther im bodenlangen Schlabberlook, barfuß, die Schuhe in der Hand. Die Begrüßung durch Abi war außergewöhnlich herzlich, Esther war äußerst schüchtern und offensichtlich todmüde. Wir fuhren zum Bayerischen Hof. Dort bat ich sie um ihre Pässe, um ihnen das lästige Einchecken abzunehmen. Hocherhobenen Hauptes ging ich zur Rezeption. Ich brachte ja nicht irgendjemanden, sondern zwei Topstars. Aus dem Augenwinkel hatte ich schon beobachtet, wie die anderen Gäste die beiden begutachteten. Esther hatte eben kein Chanel-Kostümchen an, wie die meisten der mittlerweile ganz schön blöd dreinschauenden Damen. Außerdem hatten die beiden wenig Gepäck, dafür aber zwei Gitarrenkoffer. Zu dieser Zeit war es überhaupt noch nicht normal, dass Popstars in First Class Hotels absteigen. Heute würde kein Mensch mehr auch nur einen Blick vergeuden.

An der Rezeption sagte ich stolz: »Ich habe für Herrn und Frau Ofarim eine Suite reserviert.«

»Ja. Sind die Herrschaften denn schon da?«

»Ja natürlich, da stehen sie. Hier sind die ihre Pässe.«

Ein kurzer Blick in die israelischen Pässe.

»Leider, Frau Netzle, sind das die falschen Pässe. Haben Sie noch jemanden dabei?«

»Nein. Aber wieso falsche Pässe? Da stehen die Ofarims – und hier sind ihre Pässe.«

Der Rezeptionist, sehr streng: »Für gewöhnlich stimmen Reservierung und Pass überein. Ich kann Ihnen die Suite leider nicht geben. Ich bin verpflichtet, auf Herrn und Frau Ofarim zu warten.«

»Aber Sie sehen doch, da stehen sie! Das sind die Ofarims.«

»Tut mir sehr leid, dann haben sie falsche Pässe. Ich muss das melden. Einen Moment bitte.«

Abi musste gespürt haben, dass etwas nicht stimmte und klärte das Pass-Missverständnis sofort auf. Im Grunde genommen war es meine Schuld – ich hätte wissen müssen, dass »Ofarim« ein Künstlername ist und in ihren Pässen, wenn ich mich richtig erinnere, Reichstatt stand. Ich wollte die beiden noch zum Essen einladen, aber Esther wollte ins Bett, Abi eigentlich auch, aber vorher erledigten wir noch den finanziellen Teil, sie wollten später noch ein bisschen einkaufen gehen.

»Alles okay. Ich hole Euch um 20 Uhr ab. Bitte seid pünktlich!«

Wie aus dem Ei gepellt erschienen Esther und Abi am Abend zu ihrem ersten Auftritt im Theater an der Leopoldstraße, dem offiziellen Auftakt zur »Schwabinger Woche«. Abi war erstaunt über die Zusammenstellung des Programms, eine Mischung aus literarischem Kabarett und Musiknummern. Er kannte so etwas nicht. Endlich waren die beiden an der Reihe. Der »Ansager«, wie das damals noch hieß, hatte wohl wenig Ahnung, wer dieses Popduo sei und präsentierte sie nicht als etwas Besonderes. Als er dann die Namen sagte, brach ein rauschender Applaus los, der kaum enden wollte, auch als Esther und Abi schon lange auf der Bühne standen. Der »Ansager« konnte das gar nicht fassen und erkundigte sich bei jedem hinter der Bühne, wer denn das wirklich sei. Aber schließlich war auch er fasziniert.

In der Wartezeit vorher war ich schnell in meinen Laden gefahren, um zu sehen, ob sich überhaupt Gäste für »meine« Ofarims interessieren. Schon kurz nach neun Uhr abends war der SIMPL gesteckt voll. Noch mehr Leute waren gar nicht mehr unterzubringen. Glücklich fuhr ich wieder in das Theater zurück und erlebte den sensationellen Erfolg der beiden mit, packte sie dann in mein Auto, was sich aber als schwierig und langwierig erwies, da sie schon von Autogrammjägern umringt waren. Im SIMPL ging ich mit Esther und Abi durch den Kücheneingang direkt in mein kleines Büro, das ich als Garderobe hergerichtet hatte. Esther setzte sich auf meinen Stuhl, den sie für die nächsten 1 ½ Stunden nicht mehr verlassen sollte. Aber das wusste ich zu diesem Zeitpunkt noch nicht.

Abi und ich gingen einen Blick in die Kneipe werfen. Es waren mindestens nochmal so viele Gäste da, wie bei meinem ersten Besuch vorhin. Die Freunde saßen auf- und übereinander. Mein erster Gedanke war nur: »Hoffentlich passiert nichts!« Ich hatte eine solche Freude, dass ich mit meiner Idee, die Ofarims in den SIMPL zu holen, richtig lag, dass ich das kleine Drama, das sich in meinem Büro abspielte, zuerst gar nicht mitbekam.

Esther weigerte sich, nochmal aufzutreten. Sie habe ihre Arbeit für heute schon erledigt. Nun sei Schluss, sie gehe jetzt zu Bett. Ich war außer mir und musste feststellten, dass Abi ihr von unserem Deal nichts gesagt hatte. Ich versuchte mit allen Mitteln Esther zu überreden. Wollte sie mit Champagner in bessere Lau-

---

„Schwabinger Woche" im **ALTEN SIMPL**, Türkenstr. 57
Heute ab 22 Uhr Chansons und internationale Folklore
mit **Ester und Abraham Ofarim**
Morgen, Sonntag, ab 22 Uhr
Chansons von und mit **Ernst Stankovski**
Tischbestellung ab 13 Uhr
Telefon 33 44 61 und ab 20 Uhr Telefon 29 52 42
Eintritt 5.— Mark

Die Ofarims im ALTEN SIMPL, auf dem mittleren Bild sitzen sie am Tisch mit Renate und Imo Moszkowicz..

ne bringen, brachte ihr etwas zu essen – alles umsonst. Ich versuchte ihr ganz lieb zu erklären, wie lange die Menschen da draußen schon auf sie warteten, dass sie nur ihretwegen gekommen seien. Esther glaubte mir kein Wort: »Die Leute kennen uns doch gar nicht, die wissen überhaupt nicht, wer wir sind. Die haben keine Ahnung, was für Lieder wir singen!« Wieder kam das sehr bestimmte NEIN.

Meine letzte Rettung schienen Renate und Imo Moszkowicz. Mit vielen Mühen holte ich die beiden aus dem total überfüllen Gastraum in mein Büro. Auch ihnen gelang es nicht Esther umzustimmen. Für mich bahnte sich eine Katastrophe an. Sollte ich jetzt in der Tat gezwungen sein, auf die Bühne zu gehen, um dem Publikum zu sagen, dass Esther Ofarim sich weigert aufzutreten? Man hätte mich gesteinigt. Die meisten saßen schon seit 20 Uhr da und wollten endlich ihre Lieblinge sehen. Esther redete sich immer darauf hinaus, dass sie von einem zweiten Auftritt nichts gewusst habe, Abi habe ihr, wohl wissend, dass sie sich nie darauf eingelassen hätte, das verschwiegen. Ich solle ihr doch den Vertrag zeigen, wenn ich es schriftlich habe, werde sie auftreten. Aber einen Vertrag gab es ja nicht. »Um so besser. Dann gehe ich jetzt. Kann ich bitte ein Taxi haben?«, bat sie sehr bestimmt, aber höflich. Unsere ganzen Gespräche spielten sich natürlich in Englisch ab – ich verstand aber sowieso immer nur die Hälfte! Auf einmal legte Abi in seiner Muttersprache los. Esther sah ihn mit großen Augen und ganz verschüchtert an, und ich ging aus meinem winzigen Büro. Das war ein richtiger Ehekrach, da wollte ich nicht dabei sein. Kurze Zeit später rumste es ungeheuer. Als ich wieder ins Büro kam, saß Esther wie ein kleines Kind unter dem Gardeobenständer. Abi erklärte mir, dass der Stuhl mit Esther plötzlich umgefallen sei. Aber jetzt meinte sie auf einmal, sie ginge auf die Bühne, sänge ein einziges Lied, und möchte dann sofort ins Hotel.

Hurra – wir hatten gewonnen.

Es war schon weit nach Mitternacht, als ich mit wenigen Worten, schweißgebadet und total erschöpft »Esther und Abi Ofarim zum ersten mal in der Bundesrepublik und natürlich im SIMPL« ankündigte. Ein Sturm der Begeisterung brach los. Schon bevor sie auch nur einen Ton gesungen hatten, kamen die Titelwünsche aus dem Publikum.

Esther muss gespürt haben, dass ihre Einschätzung unseres Publikums völlig falsch war. Sie ging nach dem ersten Lied nicht von der kleinen Bühne! Fast zwei Stunden lang war ihr Konzert – immer wieder wunderten sie sich, dass die Zuschauer eigentlich alles kannten, was bis dahin veröffentlicht war. Sie waren so mitreißend gut, so voller Freude. Auch Esther wurde auf einmal richtig witzig. Das Publikum spornte die beiden mit seiner Begeisterung zu immer neuen Höchstleistungen an. Fast möchte ich sagen, dass ich sie nie mehr so gut erlebt habe. Vielleicht ist das aber auch zu subjektiv!

Mir ist es gelungen einen Traum, meinen Traum, in Erfüllung gehen zu lassen! Zum Schluss wussten die beiden schon gar nicht mehr, was sie singen sollten, sie wiederholten einige Nummern, und die Leute tobten.

Der SIMPL glich einem Hexenkessel!

Nach Beendigung ihres Konzertes fuhr Esther auch nicht gleich weg. Noch lange saß sie mit ihren alten und neuen Freunden zusammen – ich musste sie darauf aufmerksam machen, dass wir morgens um 10 Uhr im Bayerischen Rundfunk noch eine Verabredung hätten – Abi nahm sie liebevoll in den Arm und brachte sie weg.

Der nächste Tag ging mit ein bisschen Verspätung, weil beide verschlafen hatten, aber sonst problemlos über die Bühne. Sie nahmen ihre Titel im Studio des BR auf, ihr Gepäck hatte ich schon im Auto, fuhr sie zum Flughafen.

Unsere Verabschiedung wurde fast dramatisch, wir hatten uns lieb gewonnen und wollten uns nicht trennen! Wir haben uns nie mehr aus den Augen verloren.

Nachtrag 1: Mit großem Abstand betrachtet, war diese Nacht mit Sicherheit eine der aufregendsten und schönsten in meinen 32 Jahren. Auch nach so langer Zeit immer noch: Meinen allergrößten Dank an Esther und Abi, und nicht vergessen möchte ich aber auch Renate und Imo Moszkowicz, ohne sie wäre mein Traum nie in Erfüllung gegangen. Aber auch ohne Pieto Didczuhn wäre das nicht möglich gewesen und allen voran der jungen Dame aus dem Fremdenverkehrsamt gebührt mein Dank.

Nachtrag 2: Leider hat sich Esther recht schnell aus der Öffentlichkeit zurückgezogen. Einige Male habe ich sie aber doch noch bei einem Konzert oder einer Fernsehsendung gesehen. Nach wie vor singt sie so, dass mir das Herz aufgeht!

Nachtrag 3: Abi Ofarim startet gerade eine neue Karriere und ich drücke ihm beide Daumen. Aber so wie ich ihn kenne, wird er wieder an die Spitze in den Charts kommen und auf der Bühne ist er ja sowieso Weltklasse!

Die heimlichen Helfer der Kleinkunst
Sammy Drechsel, Dr. Rolf Didczuhn und Annie Cordy

Als der große Mentor unseres SIMPL erwies sich wieder einmal Dr. Rolf Didczuhn. Er überraschte uns mit einem Ensemble, das er für den Bayerischen Rundfunk für eine öffentliche Veranstaltung aus Prag geholt hatte. Das berühmte »Schwarze Theater«. Die mindestens 20 Damen und Herren, spielten und sangen auch bei uns. Natürlich waren ihre Sketche in Tschechisch, aber ein Dolmetscher übersetzte durch das Mikrophon simultan. Bei ihren Gesangsnummern erzählten sie vorher den Inhalt, sodass alle wenigstens etwas von der Handlung verstanden. Drei Tage, solange ihr Aufenthalt in München dauerte, waren sie bei uns zu Gast. Einer der Solisten hieß Waldemar Matuschka, hatte einen herrlichen Bariton und war ein blendender Schauspieler. Erst viel später erfuhren wir, dass er in der Tschechoslowakei, wie das Land damals hieß, bereits einer der Topstars war. Er gehörte dem Ensemble gar nicht als festes Mitglied an, verstärkte es nur bei großen Veranstaltungen.

Unsere Gespräche mit den Pragern waren zumindest für uns genauso wichtig wie ihre Darbietungen. Alles was hinter dem eisernen Vorhang zu uns in den Westen kam, interessierte uns sehr. Wie leben dort die Menschen? Was gibt es für Möglichkeiten, seine freie Meinung zu äußern? Wie ist die politische Lage? Hunderttausend Fragen wollten wir beantwortet wissen, unsere Gäste aus dem Osten waren aber genauso neugierig wie wir. Für uns nur eigenartig, dass es Ensemblemitglieder gab, die in Gegenwart ganz bestimmter Kollegen immer plötzlich verstummten, bis auch wir so ungefähr wussten, wer für den Geheimdienst arbeitete und wer nicht. Wir konnten uns das überhaupt nicht vorstellen, wie ein Leben war, bei dem man nicht mehr sagen durfte, was man wollte. Genauso muss es im Dritten Reich gewesen sein. Die direkte Fortsetzung, nur mit umgekehrten Vorzeichen, im ganzen Ostblock. Für unsere jungen Leute unvorstellbar.

Auch ein Geschenk des BR an den SIMPL war Annie Cordy, die französische Diseuse, die fast im Stil ihrer berühmten Kollegin Edith Piaf sang. Wir bekamen einen kleinen Einblick in die Pariser Musikszene der damaligen Zeit.

Was uns aber noch mehr amüsierte, war die Erzählung eines Begleiters der Cordy. Er fragte uns, ob wir denn wüssten mit wem die Cordy verheiratet sei? Wir wussten es nicht und haben dann erfahren, dass er einer der größten Nachtclubbesitzer von Paris sei und eine der erstaun-

Dr. Rolf Didczuhn, Ingrid »Ole« Ohlenschläger (oben, v. l.) und Annie Cordy

lichsten Karrieren in Frankreich gemacht hätte. Als kleiner Bauunternehmer wurde er mitten im Zweiten Weltkrieg von den deutschen Besatzern gefragt, ob er in der Lage wäre, den Atlantikwall zu bauen. Viele seiner großen Kollegen hätten mit der fadenscheinigen Begründung abgelehnt, dass für ein solches Vorhaben ihre Betriebe zu klein seien. Dieses Argument wäre für diesen jungen Bauunternehmer kein Problem gewesen. Er sagte zu, organisierte seine Firma zu einem Riesenunternehmen um, natürlich mit Hilfe der Deutschen. Der Bau begann und er verdiente sich dumm und dämlich. Er muss wirklich ein genialer Bauunternehmer gewesen sein, so ein Riesenprojekt auf die Beine zu stellen und zur Zufriedenheit der deutschen Baumeister auszuführen. Trotz großer Schwierigkeiten hätte er auch immer mit den französischen Widerstandsgruppen zusammengearbeitet, und als der Einmarsch der Alliierten bevorstand, noch rechtzeitig alle Baupläne an die Resistance ausgeliefert. Mit dieser Tat sei er nach dem Einmarsch der Amerikaner und der Übernahme von Paris durch die Franzosen selbst ein Nationalheld geworden, trotz seiner Tätigkeit für den Feind. Mit den Millionen, die er während des Krieges verdiente, hätte er sich langsam aber stetig in dem Vergnügungsviertel von Paris eingekauft, sodass er nach 1945 ein ehrenwerter Geschäftsmann an der Place Pigalle war.

Sammy Drechsel, quirliger Chef der »Lach- und Schießgesellschaft« in Schwabing, schaffte es – wenn ich mich richtig erinnere, zusammen mit Dieter Hildebrand –, auf wundersamen Wegen die berühmteste Kabarettistin der DDR, Ingrid Ohlenschläger, von allen nur Ole genannt, von dem Kabarett »Die Distel« in Ostberlin Mitte der 60er Jahre in den Westen zu holen. Sammy, die größte Plaudertasche aller Zeiten, hat niemals auch nur ein Sterbenswörtchen verlauten lassen, wie und auf welchen Wegen dieses Kunststück vollbracht wurde.

Hüben wie drüben war diese Republikflucht ein Eklat ohne Beispiel, denn Ole war noch dazu »Nationalpreisträgerin« der DDR, also ein gehätscheltes Kind der Nation. Niemand hatte je ihre tiefen Absichten bemerkt, in den Westen überwechseln zu wollen. Es war ein riesiger Prestigeverlust für die DDR.

Nachdem Sammy schon für das ganze folgende Jahr mit seinem Theaterchen ausgebucht war, Ole aber eine Auftrittsmöglichkeit brauchte, auch den »Westlern« zeigen wollte, was sie konnte, kamen wir auf die Idee, dass sie im SIMPL auftritt. Und zwar sofort. Sie brachte ein Programm mit vielen Liedern von Brecht/Weill, aber auch Soli aus ihren letzten Programmen in der »Distel«. Wir waren total erstaunt, was sich dieses Kabarett alles leisten durfte und waren begeistert. Ole erzählte von der Bühne herunter, wie das ganze Ensemble eigentlich um jedes Wort mit den grässlichen Funktionären gekämpft hatte. Für uns ein hochinteressantes Programm.

In den Monaten, in denen Ole unser Programm bestritt, war natürlich nicht auszuschließen, dass sie auch Besuch von Gästen aus der DDR bekam. Leute, die eine offizielle Genehmigung hatten, hin- und herzufahren. Ole warnte uns, wie gefährlich diese Typen seien. Anfangs hatte sie sogar eine Riesenangst, man könne sie entführen und in die DDR zurückbringen. Wäre ja nicht der erste Fall gewesen. Wir haben sie aber gut beschützt und ihr die Angst genommen.

Sie hatte recht. Was sich da als ehemalige Freunde von Ole ausgab, war wirklich gespenstisch. Zum Teil hatte sie die Männer noch nie gesehen, zum Teil hatte sie schon in der DDR mit diesen Leuten dauernd Ärger, hier aber gaben sie sich als dicke Freunde von ihr aus, zumindest mir gegenüber. Manchmal kam ich mir vor, als ob ich in einem schrecklichen Ost-West-Krimi mitspielen würde. Uns war nicht klar, wie viele DDRler bei uns hemmungslos herumreisen durften. Sie wohnten prinzipiell in teuren Hotels und tranken nur teure Getränke. Bei Bezahlung der Rechnung gab es nie Ärger, wahrscheinlich weil sie nicht ihre eigene Kohle ausgaben.

Ich saß viel mit diesen Typen zusammen. Zu Anfang verstand ich, obwohl ich der Meinung war, dass wir die gleiche Sprache sprächen, kein einziges Wort. Langsam lernte ich sie zu verstehen, rein verbal natürlich, da war ich schon froh. Was sie damit ausdrücken wollten, war mir fast nie klar. Wir vermieden auch, dass sie mit Ole allein sprechen konnten, weil sie ja nur versuchen würden, sie fertig zu machen oder sie zu überreden, wieder »nachhause« zu kommen. Sie sicherten ihr in meiner Gegenwart Straffreiheit zu, was das im Endeffekt zu bedeuten hatte, war klar. Nie hätte ich die Möglichkeit gehabt, zu beweisen, dass sie das gesagt hätten. Beinahe täglich war irgendeiner von »drüben« bei uns im SIMPL.

Nachdem niemand bei Ole Erfolg hatte, kamen die größeren Geschütze. Eines Abends sagte Ole, als sie kurz ins Lokal gesehen hatte, sie würde heute ausnahmsweise nicht auftreten. Sie sei dazu nicht in der Lage. In der Mittelnische säße ihr schlimmster Feind. Ein gewisser Herr Scheuermann, oder so ähnlich, ein hohes Tier aus dem ZK, sprich Zentralkomitee = Regierung. Ich führte ein langes Gespräch mit Ole. Erklärte ihr, dass ihr hier bei uns niemand etwas anhaben könne, Flucht oder Kneifen sei das Dümmste, was sie machen könnte. Das würde die DDRler doch nur freuen. Nein, sie solle so frech wie nie sein, um zu beweisen, dass sie im Westen richtig Fuß gefasst hätte.

An diesem Abend legte Ole Ohlenschläger ein Programm auf die Bretter, das sich gewaschen hatte. Wir waren alle von den Socken. Es war toll! Etwas bescheuert saß Herr Scheuermann mit seinen Stasikumpels an seinem Tisch, verzog sich aber nach Ende des Programms nicht. Als Ole kam, bildeten wir eine richtig schöne Phalanx um sie herum und setzten uns mit ihr zu diesen Leuten aus der DDR an den Tisch. Auch Karsten Peters, damals Feuilletonchef der Münchner Abendzeitung, war mit in der Runde. Er war unser Wortführer, er war viel besser als wir, er kannte solche borniertes Gespräche schon. Als die Diskussion bei Regimefragen landete, rastete Herr Scheuermann richtig aus. Er schrie Karsten Peters an, er solle doch sofort sein Schandmaul halten, er könne doch gar nicht mitreden, weil er mit seinem dicken Arsch auf den Kohlengruben des Ruhrpotts säße und ihm jede sozialistische Vergleichsmöglichkeit fehle, da er nur stur nach kapitalistischer Denkart erzogen worden sei. Ab da ging es rund, es wurde kein Blatt mehr vor den Mund genommen und als ein Freund von uns zaghaft sagte, auch er habe aus seiner Heimat Schlesien flüchten müssen, korrigierte ihn der Scheuermann lautstark, dass er sich erst mal mit Dialektik beschäftigen solle, auch die deutsche Sprache richtig erlernen, nie und nimmer sei er aus seiner Heimat geflohen, dazu sei er viel zu jung, also wäre er »geflohen worden«, das sei richtiges Deutsch. Diese turbulente Nacht endete morgens. Bei hellem Tageslicht nahm ich Ole zu mir nachhause, damit sie sich wieder beruhigen konnte.

In den 1950er Jahren war ich einige Male in der DDR, hatte dort immer schlimme Erlebnisse, verdrängte sie aber mit Erfolg. Jetzt kam alles wieder hoch und ich dachte mir damals, bei allem, was ich an unserem eigenen Land auszusetzen hatte, es war ein paradiesisches Land gegenüber der DDR. Ich dankte dem Himmel, dass ich im Westen leben durfte.

Ole Ohlenschläger bestritt später noch ein paar Mal unser Programm. Leider haben wir sie dann aus den Augen verloren. Ich glaube, ihr Weg ist mitnichten so verlaufen, wie sie sich das bei ihrer Flucht erträumt hatte. Schade für diesen liebenswerten Menschen, diese große Persönlichkeit. Vielleicht war sie diesem Westen doch nicht gewachsen?

Die aufregende Zeit bis Ostern 1968
Die kleine Bar mit Edith, den Jungfilmern, der Apo und einer Wandzeitung

Die kleine Bar war schwer zu bewirtschaften. Um die Theke, die etwas erhöht in einer Ecke stand, gab es acht Sitz- und vier Stehplätze, an den Tischen 20 bis 30 Plätze und mindestens 30 Stehplätze. Hinter dem Bartresen war wirklich nur für eine Person Platz. Schon ein Helfer, der manchmal dringend gebraucht wurde, musste ein Magermodel sein. Solange Olga hier bediente, war die kleine Bar noch nicht so »in«. Aber als ihre Nachfolgerin Edith, meine Schwägerin, ihren Dienst antrat, war schon der neue Trend zu erkennen. Edith, dieses Wundergeschöpf, regierte und agierte in dieser mittlerweile übervollen Bar mit einer Ruhe und Gelassenheit, die ihresgleichen suchte. Edith war überall, wusste alles, lächelte fast immer und hatte für jeden ein freundliches Wort. Korrigierte bei der Bezahlung manchmal die Anzahl der getrunkenen Biere nach unten, nicht weil sie ein Geschenk machen wollte, sondern weil sie ein phänomenales Gedächtnis hatte und ganz genau wusste, was jeder ihrer Gäste verkonsumiert hatte. »Bitte, Edith, ein Pils«, sie musste nicht nach dem Besteller gucken, sie erkannte ihn an der Stimme. Durch ihre ruhige und ausgleichende Art verhinderte sie viel Ärger unter ihren Gästen, sie hatte ihre Klientel im Griff. Und diese Klientel war allein schon durch ihre Vielfalt schwierig. Die Außerparlamentarische Opposition, kurz APO genannt, formierte sich gerade, die jungen Filmemacher versuchten ihre Ideen an einen Produzenten oder Geldgeber zu verkaufen, und von den Studenten waren viele schon zu absoluter Rebellion programmiert. In dieser Bar war ich eigentlich am unwichtigsten. Alle waren damit beschäftigt, irgendwelche Anderen von was auch immer zu überzeugen. Wenn ich heute ehrlich zu mir selbst bin, muss ich zugeben, dass ich wirklich nicht viel von den neuen Thesen, Plänen und Vorbereitungen verstanden habe, und da bin ich mir auch ganz sicher: Edith hat sich dafür gar nicht interessiert. Aber sie zog alle mit ihrer merkwürdigen und faszinierenden Ausstrahlung in ihren Bann.

Ohne sie wäre diese Bar nie die berühmte »kleine Bar« geworden!

Unter Ediths sehr illustren Gästen stand auch fast täglich ein etwas älterer Herr. Schweigend kämpfte er sich über viele Wochen an den etwas erhöhten Tresen. Dort hatte er sich den Eckstehplatz erobert. Und da stand er nun wie der Leuchtturm von Laboe, hörte allen Gesprächen interessiert zu und hatte überhaupt den ganzen Raum in seinem Blickfeld. Außer einem kurzen Ruf zu Edith, mit der er sich aber meistens wortlos verstand, machte er von der deutschen Sprache wenig Gebrauch. Man hielt ihn für einen Amerikaner, diese Annahme war richtig. Für uns war er »Sir Richard« wegen seiner unglaublich guten Manieren. Laut Pass hieß er Richard Essex, aber eigentlich hätte in seinem Pass stehen müssen: geborener Richard Eichelbaum, genannt Putti. Er stammte aus einer Münchner jüdischen Familie und musste 1933 seine Heimat verlassen. Da war er zwölf Jahre alt. Als die Familie nach vielen verschlungenen Umwegen endlich in Amerika landete, war er schon fast erwachsen und meldete sich zur Armee. Er wollte sein geliebtes Vaterland zurückerobern. Man nahm ihn tatsächlich wegen seiner Vielsprachigkeit an. Er durfte sich einen anderen Namen aussuchen, mit dem er in Europa nicht sofort diffamiert worden wäre. Hinter dem Schreibtisch, an dem der Offizier saß, der seinen neuen Namen eintragen sollte, sah er durch die Fensterscheibe eine Tankstelle, die in riesigen Lettern den Namen einer Benzinfirma trug: »Essex«. Diesen Namen nahm er an, etwas Besseres fiel ihm nicht ein.

Sir Richard kehrte nach dem Krieg nach München zurück und arbeitete für eine amerikanische Firma. Und beinahe täglich »arbeitete« er im SIMPL seine Flasche Whisky ab. Als das aufregende Jahr 1968 vorbei war und der Betrieb in der kleinen Bar wieder etwas ruhiger wurde, stand Sir Richard immer noch auf seinem Platz. Wenn er fand, dass die Gespräche links und rechts von ihm langweilig wurden, gar ganz versiegten oder ihn überhaupt nicht interessierten, guckte er auf das ungefähre Alter der anwesenden Damen und verkündete so nebenbei: »Ab 40 gehören Frauen in die Wurst«

Was dann los war, kann sich kein Mensch vorstellen. Es wurde geschrien, gestritten, ihm recht gegeben, Prügel angedroht und hinter dem Rücken der betroffenen Damen lachten sich die dazugehörenden Männer ins Fäustchen. Und unser Sir Richard amüsierte sich wie Bolle. Jahre später kehrte er nach Amerika zurück. Aber der Satz »Ab 40 gehören Frauen in die Wurst.« blieb in der kleinen Bar jahrelang ein fester Bestandteil der Gespräche.

Die kleine Bar war mit ihren anfangs dunklen Nischen und Ecken für konspirative Gespräche oder Handlungen bestens geeignet – mit der dicken Säule, an der »weltpolitische Ereignisse« entschieden wurden. Über diese kleine Bar könnten manche ein dickes Buch schreiben. Hier hat sich ihr Leben abgespielt. Meines zum Teil auch. Wenn ich all die Namen aufzählen würde, die hier nicht nur zu Gast, sondern fast im wahrsten Sinn des Wortes zuhause waren, weil sie einfach nicht nachhause gehen wollten oder überhaupt kein Zuhause hatten – alle die, die damals nicht dabei waren, würden mich schnell der Lüge zeihen. Heute muss ich fast sagen: Vielleicht zurecht. Denn wer glaubt mir schon, dass der spätere Terrorist Andreas Bader sich an meiner Brust ausgeweint hat, weil er sich in einen Jungen verliebt hatte, sich mit ihm aber nicht in der Öffentlichkeit zeigen durfte, weil Homosexualität in Zeiten des Aufbruchs als »unmännlich« galt? Wer glaubt mir, dass ich mit dem späteren Terroristen Rolf Pohle ein Gespräch über Stunden führte, weil er zum zweiten Mal durch das 1. Staatsexamen in Jura gefallen war? Um es noch einmal wiederholen zu dürfen brauchte er einen sogenannten »Ministerschwanz«, also eine Erlaubnis des Justizministeriums, die man aber nur bekam, wenn der Dekan der Fakultät seinen Segen gab – und dieser Segen wurde verweigert, weil dieser Dekan an der Uni in München sein Vater war.

Aber der Erste, der in dieser kleinen Bar seine Freunde um sich scharte, war der österreichische Literaturpapst Friedrich Torberg. Vom »Schüler Gerber« bis zu seiner »Tante Jolesch« waren alle seine Figuren geistig immer in seiner Begleitung. Friedrich war ein wunderbarer Mensch, für mich sehr groß, sehr breit, mittlerweile ein bisschen dick, hervorragendes Essen schätzte er sehr, hochgebil-

Die Bild-Zeitung widmete Edith eine Schlagzeile zum Jubiläum.

det, blitzgescheit, mit einem umwerfenden Charme begnadet, immer einen druckreifen Spruch auf der Lippe. Heute würde ich ihn als meinen Mentor bezeichnen. Zum Feind musste man ihn nicht haben. Erstaunt war ich schon, als ich bemerkte, dass er sich auch für Sport sehr interessierte, bis er mir erzählte, dass er, der Jude, 1936 mit der österreichischen Nationalmannschaft im Wasserball an den Olympischen Spielen in Berlin teilgenommen hat. Immer wenn er in München war, stieg er im Hotel Vier Jahreszeiten ab, erledigte dort seine Termine am Tag, und für die in der Nacht war der große Tisch in der kleinen Bar im SIMPL gebucht. Fast die ganze deutschsprachige Dichter- und Journalistenelite nahm irgendwann einmal an diesem Tisch Platz. Außer den Brechtverehrern, die mieden ihn wie die Pest oder griffen ihn fast tätlich an, denn Torberg hatte damals Bert Brecht, weil er in seinen Augen ein Kommunist war, in Österreich von den Bühnen verbannen lassen. Und natürlich durfte auch Hilde Krahl nicht fehlen. Was immer sie anhatte, stets prangte ein riesiger Judenstern auf ihrer Brust!

Junge Leute machten sich immer mehr breit und vertrieben unsere alteingesessenen Gäste in die große Gaststube. Der Filmemacher Peter Berling (heute ein in Rom lebender Erfolgsautor) und sein Freund Klaus Lemke (dreht gerade wieder einen neuen Film) zum Beispiel, deren Domizil eigentlich schräg gegenüber des SIMPL lag – im »Bungalow«, einem abenteuerlichen Lokal, das außer einer an der Decke freischwingenden Glühbirne keine Beleuchtung hatte, dafür aber lauter Flipper, die man gegen ein mäßiges Entgelt bespielen durfte. Beide schauten immer mal wieder bei uns rein und verabredeten sich für ihre wichtigen Termine im SIMPL. Schnell hatte sich unter den jungen Filmemachern der SIMPL als geeigneter Treffpunkt herumgesprochen. Spätestens als sie 1962 auf den Westdeutschen Kurzfilmtagen in Oberhausen mit ihrem Manifest und dem Spruch »Papas Kino ist tot« an die Öffentlichkeit gingen und damit natürlich nicht nur die alten UFA-Produktionen aus der Zeit des Dritten Reiches meinten, war die Bezeichnung »Der junge Deutsche Film« oder »Die Jungfilmer« ein Begriff. Peter Schamoni, seine Brüder Viktor, Thomas und Ulrich, Edgar Reiz, Rob Houwer, Alexander Kluge, Franz-Josef Spieker, Herbert Vesely und viele, viele andere waren eine große Bereicherung in unserer kleinen Bar.

Die Produktionen, die in München gedreht wurden, konnten auf ein großes Potenzial Statisterie zurückgreifen, denn alle Gäste, die als Komparsen gebraucht wurden, gönnten sich gerne einen Tag »unter Filmleuten« und kosteten den Produzenten außer einem Glas Bier und einem Paar Würstchen nichts. Am Besten zu sehen in »Zur Sache Schätzchen« von May Spils und Werner Enke, mit Uschi Glas, Rainer Basedow, Henry van Lyck. Ein Film, den Peter Schamoni produziert hat und der Kult geworden ist. Aber auch in »Wilde Reiter GmbH«, einem Film von Franz-Josef Spieker mit Hanna Schygulla, Herbert Fux und Rainer Basedow, sieht man manchmal einige SIMPL-Gäste als Statisten. Im Übrigen mussten wir Rainer Basedow damals Autofahren beibringen und versuchten das auf sogenannten schwarzen Straßen, die wenig befahren waren. Hat wohl nicht viel gebracht – er hat bis heute keinen Führerschein!

Volker Schlöndorff war der erste Regisseur, der die Premiere seines zweiten Films »Mord und Totschlag« im April 1967 im SIMPL feierte. Theo Hinz, damals schon Pressechef des Constantin-Verleihs, organisierte ein rauschendes Fest. Für uns war diese Premierenfeier die »Feuerprobe«! Zum ersten Mal kochten wir für 200 Gäste. Sicher gab es manchen Stolperstein, aber eigentlich hat alles gut geklappt. Volker Schlöndorff war glücklich, weil sein Film so toll ankam, seine Schauspieler Werner Enke und Anita Pallenberg sowie deren Liebster Brian Jones, einer von den »Rolling Stones«, der auch die Musik für den Film komponierte, ließen sich zu recht feiern und unser Freund Robby Houwer, der Produzent, war stolz auf seine Crew. Dieses am Ende dann doch etwas chaotische Fest war der Beginn einer ganz hervorragenden Zusammenarbeit mit Theo Hinz. Unzählige Premierenfeiern folgten in den nächsten Jahren. Leider waren auch einige dabei, deren Party-Kosten das Einspielergebnis des Films überstiegen!

Zu diesem verrückten Filmvolk gesellten sich schnell sehr politisch eingestellte junge Leute, fast alle noch Studenten oder Doktoranden, die sich APO (Außerparlamentarische Opposition) nannten. Die Diskussionen waren laut und weltumfassend. Hunderttausend Filme, deren Storys auf kleinen Streichholzbriefchen konzipiert wurden, wollten das Licht der Kinos erblicken und suchten Geldgeber. Die Sujets waren eine Mischung aus Politik und Bettgeschichten, aber es durfte keine Liebesschmonzette werden. Von diesen Storys kam meines Wissens nach nicht eine einzige auf eine Leinwand. Oder vielleicht doch?

Zu dieser Zeit gab es bei uns in der kleinen Bar noch eine ganz altmodische Musikbox, die eigentlich schon dem Deutschen Museum zugedacht war. Und wenn zum hundertsten Mal B4 (»Green Leaves«) gespielt wurde, gab es Krach. Noch heute habe ich das wunderbare Geräusch in den Ohren, wenn Münzen in den Schacht der Musikbox fielen, der Plattenarm sich herausstreckte und leicht jaulend nach einer ganz bestimmten Platte griff, um sie vorsichtig auf den Plattenteller zu legen und dann fast zärtlich die Nadel aufzusetzen. Schon wieder »Green Leaves«! Irgendjemand zog den Stecker raus – für immer. War auch gut so, denn als Ersatz hatten wir hinter dem Bartre-

Links: Filmproduzent Peter Schamoni mit Schauspielerin Dolly Dollar (heute Christine Zierl) und SPD-Politiker Horst Ehmke.

Rechts: Ole »überwacht« während eines Nachthemdenballs 1963 die Reparatur der geliebten Musikbox

Werner Enke diskutiert mit Uschi Glas, dazwischen: die Regisseurin von »Zur Sache, Schätzchen« May Spils.

sen einen privaten Plattenspieler und anstatt der Musikbox einen Tisch und eine Rundumbank für acht Personen gebaut. Das war wichtiger.

Die Politik nahm immer mehr Raum ein. Die APO-Bosse beschlossen, dass das sogenannte Fußvolk im SIMPL in der kleinen Bar nichts mehr zu suchen hätte und baten mich, doch alle, die ich nicht vom Sehen oder mit Namen kennen würde, eine Ecke weiter ins »Chez Margot« zu schicken. Da seien sie gut aufgehoben, das sei auch eine »linke« Kneipe. »Aha«, dachte ich, »ich habe also eine ›linke‹ Kneipe.«

Die Strafe folgte natürlich auf den Fuß. Es war die Zeit der Wandzeitungen, irgendwer hat diese ungeheure Errungenschaft bei den Chinesen abgeguckt. Überall bei uns im Uni-Viertel hingen sie und wurden mit Hingabe gelesen, aber ich konnte mir nicht vorstellen, dass das jemand als seriöses Kommunikationsmittel ernst nahm. Gäste kamen und berichteten stotternd, um mich nicht zu verletzen, dass eben in jener Kneipe um die Ecke, dem »Chez Margot«, eine riesige Wandzeitung mit einem ganz fiesen Text über mich hinge. Ich sei eine »Kapitalistensau«, ein »Arbeitgeber-Bonze« und noch so einiges mehr. Eine kurze Diskussion mit Freunden und Mitarbeitern schloss sich an. Das Fazit: Mein Bruder Peter und ein Freund beschlossen, die Wandzeitung zu klauen und im SIMPL an einem besonders prominenten Platz aufzuhängen. Damit war die Luft raus und die ganze Aktion der Lächerlichkeit preisgegeben. Glaubte ich. Es war aber nicht so. Wir nahmen die Geschichte nicht Ernst, die Anderen aber schon. Die Wandzeitung hing nach ein paar Tagen wieder drüben im Lokal, dann wieder bei uns. So ging das ein paar Mal hin und her. Und genau an dem Tag, als ich beschloss, dem Spuk ein Ende zu bereiten, weil ich diese Wandzeitung schon fast als ein kleines Kunstwerk betrachtet hatte und sie in meiner Wohnung aufhängen wollte, war sie einfach weg. Sie war wie vom Erdboden verschwunden. Nirgends war sie – nicht drüben, nicht bei mir. Leider tauchte sie nie mehr auf. Könnte es sein, dass jemand die gleiche Idee hatte wie ich? Dieses Ding wäre heute ein ganz tolles Zeitdokument!

An jenem, leider mittlerweile zu trauriger Berühmtheit gelangten Dienstag, dem 11. April 1968, als Rudi Dutschke angeschossen und schwer verletzt wurde, explodierte der lange angestaute Groll gegen die sogenannten Magnifizenzen und gleich auch gegen den ganzen Lehrkörper. »Unter den Talaren lebt der Muff von tausend Jahren« wurde zu einem vielgebrauchten, geflügelten Slogan. Die Studenten gingen auf die Straße, nicht nur als Solidaritätserklärung für den Verletzten Rudi Dutschke, sondern auch als sichtbaren Protest gegen jede Form von Obrigkeit.

Den genauen Verlauf dieser 68er Oster-Revolution kann man in vielen Schriften nachlesen. Ich möchte nur an ein paar Dinge erinnern, die den SIMPL betrafen. Der Schahbesuch am 2. Juni 1967, der mit dem schrecklichen Tod des jungen Benno Ohnesorg zu Ende ging, löste bei uns natürlich viele Emotionen aus, aber lange nicht so wie in Berlin. Bei uns in München blickte man immer noch sehr schief auf »Deinen Freund und Helfer«. Die Polizei räumte aber auch ein, dass die Versuche, das Verhalten der Polizei dem Bürger gegenüber zu ändern, vielleicht doch noch Früchte tragen könnten.

An einen normalen Kneipenablauf war nach dem Attentat auf Dutschke bald nicht mehr zu denken. Die Türken- und die Schellingstraße waren besetzt. Das Ziel der Demonstranten war das Springerhaus bei uns um die Ecke. Die Bild-Zeitung wurde durch ihre hetzerische Berichterstattung für den Tod von Benno Ohnesorg verantwortlich gemacht. Hier in München versuchte die Polizei die Straßen zu räumen, stand aber fast zehntausend protestierenden Menschen gegenüber. Wir hielten die Kneipe trotzdem offen. Am darauffolgenden Freitag, dem Karfreitag, sollte unser SIMPL eigentlich geschlossen sein. Aber Ursula von Kardorff, die herrliche Kolumnistin der Süddeutschen Zeitung, meinte, ich solle wenigstens kommen, falls irgendeine Hilfe gebraucht würde. Als »Personenschutz« nahm ich meinen 16-jährigen Sohn mit, der zugleich auch Barmann spielen wollte. Sofern sich überhaupt ein Gast zu uns verlaufen sollte. Wir drei machten in der kleinen Bar nur das Licht unter der Theke an, Küche, Garderobe und großer Gastraum blieben geschlossen. Natürlich war auch keine Außenbeleuchtung an. Wenn uns drei jemand gesehen hätte, wie wir konspirativ aus der dunklen Bar auf die Straße schielten, hätte er sich wahrscheinlich über uns kaputt gelacht. Mir war komisch im Magen, ich hatte ein ganz schlechtes Gewissen, dass ich mein Kind da mit hineinzog, aber Ursula meinte mit ihrem Berliner Humor ganz trocken: »Mach dir keinen Kopf, das ist das richtige Leben!«

Ein paar Leute kamen, es wurden immer mehr und Christian musste richtig arbeiten. Ursula saß abwartend auf ihrem Barhocker. Einer unserer Studenten, der lange Jürgen, lief zu mir und sagte völlig atemlos: »Jetzt gehts los. Sperr den Laden zu. Da draußen geht gleich eine Bombe hoch. Dutschke ist tot!« Ein kurzer Anruf in Berlin bestätigte meinen Verdacht, dass das gelogen war. Von Jürgen erfuhr ich auch, wer diese Nachricht verbreitete.

Ich musste auf die Straße, kämpfte mich durch die aufgewühlte Menschenmasse bis vor das Springerhaus und sah ihn: Peter stand in einem schneeweißen amerikanischen Impala-Cabriolet

Mit einem Megafon wurde von dem weißen Impala-Cabrio aus die Falschmeldung verbreitet, Rudi Dutschke sei tot.

auf den blutroten Lederpolstern und schrie immer wieder in sein Megaphon: »Dutschke ist tot – Dutschke ist tot …« Ich brüllte ihm zu, dass das eine Lüge und unverantwortlich sei, die Menschen so aufzuhetzen, dass er sich in gar nichts von den Springerleuten unterscheiden würde. Er meinte aber ganz lapidar, ich solle mich doch mal mit Demagogie beschäftigen, sein großes Vorbild sei Cohn-Bendit in Frankreich, von dem könne ich was lernen. Der sei ein fabelhafter Demagoge. Es nützte nichts. Als er weiter hetzte, schrie ich ihm zu, dass ich ihm in die Kniekehlen schlagen werde und er dann fürchterlich auf die Fresse fallen würde. Diese Drohung nützte auch nichts und ich schlug zu. Er fiel wirklich fast aus dem Auto, rappelte sich aber gleich wieder auf und machte weiter. Resigniert schlug ich mich durch die Menschen zum SIMPL zurück.

Was war mit diesem jungen Mann passiert, dass er mir etwas von Demagogie erzählen wollte? Er wusste doch ganz genau um die entsetzlichen Folgen der Goebbels'schen Demagogie. Ich kannte die Geschichte seiner Familie. Sein Großvater war im KZ.

Wieder im SIMPL wollte ich langsam Schluss machen und zusperren. Ursula von Kardorff machte mich aber darauf aufmerksam, dass sich sowohl Wasserwerfer als auch »Zeiserl-Wagen« (Gefangenentransporter) langsam auf die Höhe des SIMPL zuschoben. Die Menschen wurden einfach Schritt für Schritt zusammengedrängt. In meinem Kopf war wieder das »So, nicht!« präsent. Ich suchte mir draußen ein paar Leute, die ich in meinen Plan einweihte. Damals konnte man noch aus unserem 3. Hinterhof über kleine Mauern steigen und so immer weiter, bis man irgendwo aus einem Hof wieder auf die Straße weit unterhalb des Springerhauses kam. Man war in Sicherheit. Den jungen Leuten zeigte ich den Weg, die wiederum führten die ersten Grüppchen, und so immer weiter. Meine SIMPL-Haustüre stand weit geöffnet und eine lange Schlange von Menschen begab sich auf diesen Weg, der zwar anfangs durch mein Lokal führte, aber dann nicht in den Polizeiwagen, sondern in die Freiheit. Die Polizei habe ich wirklich unterschätzt. Ich habe fest geglaubt, dass sie das nie merken. Sie haben es gemerkt und ein riesiger Strahl aus einem Wasserwerfer, der direkt vor unserer Türe stand, schwemmte mich mitsamt den anderen Leuten bis hinter in den anderen Gastraum. Verzweifelt versuchte ich die Haustüre zu schließen und die Rettungsaktion musste abgebrochen werden.

Nicht dafür wurde ich gleich am nächsten Tag bestraft, sondern wegen meiner »Weißer Impala«-Aktion. Nach Mitternacht stürmte ein ganzer Trupp junger Männer herein, angeführt von meinem Megaphon-Lügner. Sie warfen mich in den Rinnstein und erklärten mir, ich sei enteignet, der SIMPL gehöre jetzt den Studenten und außerdem hätte ich Hausverbot. Ich saß am Bordstein und dachte über einen Plan nach, wie ich diese jungen Leute, ohne dass sie mein ganzes Lokal kurz und klein schlagen, wieder aus dem Haus bringen könnte. Drinnen schwangen die Herrschaften große Reden, sie versuchten leider auch meine Gäste zu verunsichern, beziehungsweise zu verängstigen. Ein Gast meinte, sie benähmen sich wie SA-Schläger-Trupps in den 30er Jahren. Da haben sie ihn verprügelt.

Schweren Herzens wollte ich die Polizei bitten, mir zu helfen. Wie sollte das ohne Telefon gehen? Jemand war schneller als ich, viele Polizisten bahnten sich einen Weg und räumten mit mir das Lokal von den Besetzern. Hausbesetzungen waren mir ein Begriff. Seit ein paar Tagen kannte ich auch den Ausdruck: »Die Uni ist besetzt!« Aber eine »Kneipenbesetzung« war mir neu.

Wie dieses schreckliche Wochenende – es hat leider zwei Tote gegeben – zu Ende ging, hat mich sehr an das Ende der »Schwabinger Krawalle« erinnert. Wieder war eine Großdemonstration im Englischen Garten angesagt und wieder machte das Wetter einen Strich durch die Rechnung der Veranstalter. Es schüttete wie – fast möchte ich sagen –, wie aus Wasserwerfern, aber das wäre zynisch.

Zwei Freunde und die Jungfilmer killen das Brettl

Die Einen brauchen mehr Platz zum trinken – die Anderen zum denken

Harald Leipnitz mit
Heidelinde Weis

Nach dieser aufregenden Osterwoche 1968 begann für viele wieder der Alltag. Für die Studenten nicht. Die Uni war immer noch besetzt. Die Diskussionen ließen nicht nach. Unsere kleine Bar wurde immer voller, die Gäste standen schon dicht gedrängt in den Gängen. Die Brettl-Künstler entsprachen nicht mehr meiner Zufriedenheit. Es wurde immer schwieriger, jemanden zu engagieren. Auf einmal kosteten die Programme unverhältnismäßig viel.

Die Schauspieler Harald Leipnitz und Günther Ungeheuer, beide enge Freunde von mir, überraschten mich eines Morgens nach Ladenschluss mit der Bitte, mir anzuhören, was sie mir zu sagen hätten. Und dann kam alles wie mit dem Vorschlaghammer. Ohne Umschweife erklärten sie mir, ich solle doch dieses atemberaubend schlechte Kabarett rauswerfen, für das sich wirklich kein Schwein mehr interessiere und gleich hinterher das ganze verstaubte Mobiliar, das sicher noch aus der Zeit der Kathi Kobus stamme, aber Tradition hin oder her, der alte Schrott müsse raus. Ein langer Tresen müsse rein, viel Platz zum Stehen und das Wichtigste: ein ordentliches Bier müsse her! Pils sei jetzt angesagt. Das gäbe es aber nur in Flaschen – das wolle kein Mensch. Es müsse frisch vom Fass kommen. In ganz München gäbe es ein einziges Lokal, das Pils vom Fass anbiete. Diese »pseudobayerische« Wirtschaft würden sie aber nicht betreten. Mit einem frischen Pils könne ich mehr punkten, als mit allen Gedichten von Ringelnatz. Und brummend hinterher: »Die kann sowieso schon jeder auswendig. Es gibt hier ja seit Jahren nichts anderes!«

Wow! Da musste ich erst einmal tief durchatmen. Dann kam aber auch noch nach, dass sie nicht die alleinigen Urheber dieser Bitte seien. Ihre Kollegen, die Filmemacher, hätten sie beide ausgeguckt, um mich zu überzeugen. Auch sie bräuchten viel mehr Platz, um ihre großen Projekte zu diskutieren.

»Zum Denken braucht man Raum!« Alte griechische Philosophenweisheit.

Viel Zeit zum Nachdenken durfte ich mir nicht nehmen. Wenn überhaupt, musste der Umbau in diesem Sommer über die dann nicht mehr vorhandene Bühne gehen. Keine Münchner Brauerei hatte zu der damaligen Zeit ein Pils vom Fass. Man belächelte mich leicht ob meines Wunsches. Die einzige Brauerei, die im Süden unserer Republik ein wunderbares Pils vom Fass braute, war Dinkelacker in Stuttgart.

Auf nach Stuttgart. Peter und Wolfgang Dinkelacker, die Inhaber der Brauerei, waren von meinem Vorschlag begeistert. Weniger davon, dass ich eine Unmenge Geld für meinen Umbau von ihnen wollte. Von der Brauerei bekam ich den damals berühmtesten Architekten für Gaststätten: Thomas Gehrig. Er entwarf, ich entwarf, wir einigten uns schnell.

Mit einer Skizze auf einer roten Serviette gings los: Der SIMPL wurde komplett umgebaut.

Am 15. Juli 1968, dem letzten Tag eines wirklich noch einmal tollen Programms, das der Schauspieler und Kabarettist Jürgen Scheller von der »Lach- und Schießgesellschaft« bei uns vier Wochen lang als Abschluss unserer Kabarettzeit gab, sperrte ich den großen Gastraum zu. Schon in den grauen Morgenstunden fingen Arbeiter an den ganzen Raum zu entkernen. Ohne mich. Ich hätte mir wahrscheinlich die Augen ausgeweint.

Dass auch der gesamte Fußboden erneuert werden musste, brachte mich in gedankliche Schwierigkeiten. Nichts war bei den ganzen Umbauarbeiten so wichtig wie der Boden. Er musste auf alle Fälle nach der Renovierung aussehen, als seien schon Generationen von wichtigen Menschen darauf herumgetrampelt. Allen Gästen habe ich immer wahrheitsgetreu erzählt, dass schon Kathi Kobus auf diesem Boden gegangen sei.

Der Boden und die Wandverkleidungen aus Holz waren noch Relikte aus der historischen Zeit. Bei den Wänden habe ich mich durchgesetzt, die wurden zwar mit neuer dunkelbrauner Beize versehen und dann eingeölt, aber den Fußboden konnte ich nicht retten, der brach stellenweise schon zum Keller durch. Der Architekt wollte ein helles Parkett auslegen und versiegeln. Das wollte ich ganz bestimmt nicht. Streit war angesagt. Dazu muss man wissen, dass der SIMPL ein »Stehlokal« war. Die Leute standen in zwei bis vier Reihen an der Bar und tranken im Stehen. Das hatte den Vorteil, dass man seinen Stehplatz nur um ein paar Zentimeter zu verschieben brauchte und schon hatte man völlig neue Leute zum Quatschen um sich. Umfallen konnte auch keiner,

Nach dem Umbau ließ ich einen Flyer drucken, weil ich so glücklich war, wie gut uns das neugestaltete Lokal gelungen war.

weil es so eng war. Geraucht wurde damals ohne Ende und mein Publikum bestand nur aus Kettenrauchern. Wohin mit Asche und letzter Kippe? Ja, natürlich, auf die Erde und austreten. Es wäre völlig sinnlos gewesen, große Aschenbecher aufzustellen. Nach kürzester Zeit wären sie irgendwo an den Rand geschoben worden, weil sie in diesem unglaublichen Gewühle von fast hundert Menschen nur einige der heißbegehrten Stehplätze weggenommen hätten! Der arme Architekt konnte sich das nicht vorstellen. Er beharrte auf seinem hellen Parkett. Offiziell gab ich nach. Aber ich wusste genau, wie ich ihn austricksen konnte. Ich bat nur um das beste Holz, mit der Maßgabe, dass der neue Boden die nächsten 100 Jahre überstehen müsste.

Die Fußbodenleger verlegten das teure Holz mit großer Liebe und Hingabe. Als sie fertig waren, sagten sie, dass am nächsten Tag andere Kollegen kämen, die diesen wunderbar geschliffenen Boden versiegeln würden.

Nach Dienstschluss, also in den Morgenstunden, stand schon meine Truppe bereit: Wir pinselten das ganze »so wahnsinnig schöne« Parkett mit dunkelbrauner Beize ein, schickten die Versiegler weg und ölten den inzwischen getrockneten Boden. Der Architekt war dem Selbstmord nahe. Aber ich saß in der Ecke und war glücklich. Der Coup war mir gelungen. Auch später merkte nicht ein einziger Gast, dass der Boden völlig neu war. Wir konnten die Geschichte von der darauf wandelnden Kathi Kobus weiterhin erzählen und ich bin mir ganz sicher, dass während meiner Rede bei der Eröffnungsparty, die Kathi und der Ringelnatz mir zugelächelt haben!

Während der ganzen Umbauzeit war nur die kleine Bar offen. Das Gedränge war groß, trotz Urlaubszeit, und alle warteten gespannt auf die Eröffnung am 14. September 1968.

In der Zwischenzeit arbeitete schon mein Bruder Peter bei uns, das war eine wirklich gute Entscheidung, weil lauter Dinge auf mich zukamen, von denen ich selbst nach acht Jahren Kneipe keine Ahnung hatte. Ich will hier niemanden mit Bauquerelen belästigen, jeder, der das schon einmal hinter sich gebracht hat, weiß davon ein Lied zu singen. Nur soviel: Als mein Bruder zwei Tage vor der Eröffnung feststellte, dass die ganze Zapfanlage für normale Fässer gebaut war, wir aber Pils und britisches Guinness-Bier mit ganz anderen Fassformaten führten, hätte ich mich wahrscheinlich aus dem Parterrefenster gestürzt. Mit großer Souveränität löste mein Bruder dieses Problem bis zur Eröffnung wenigstens übergangsweise.

Das Lokal wurde genauso, wie ich es mir erträumt hatte. Es war unglaublich schön geworden. Ich war der glücklichste Mensch auf der nicht enden wollenden rauschenden Eröffnungsparty.

Meine Freunde Harald Leipnitz, Günther Ungeheuer und meine jungen Filmemacher umarmte ich mit einem großen Dankeschön. Es war ihre Idee gewesen. Ich hatte sie nur umgesetzt. Endlich konnten sich alle ohne Einschränkungen im ganzen Lokal bewegen, von Bar zu Bar, mit viel Platz für meine »Trinker« und »Denker«.

Harald und Günther schenkten dem SIMPL zur gelungenen Renovierung einen großen, mindestens drei Meter langen Wandschmuck. Ein riesiges Spruchband:

»SCHAUSPIELER SIND EITEL, SENSIBEL, VERSOFFEN, GEIL UND STETS BELEIDIGT«.
Später schrieb noch ein Kollege dazu: **»UND DIE SCHLECHTEN SIND IMMER DIE BESTEN.«**

Dieser Spruch war auf der ganzen Linie ein Erfolg. Bis zu jenem Abend, ein paar Monate später: Wir hatten gerade den Laden aufgesperrt. Von der großen Bar konnte ich bis zur Haustüre sehen. Eine kleine weibliche Person kam herein, von der Haltung her ein bisschen sehr aufrecht, fast stolz, und auf dem Kopf ein keckes Hütchen: Inge Meysel. Sie war noch nie bei uns. Sie kannte mich nicht und sah mich auch nicht. Langsamen Schrittes ging sie den langen Gang zur großen Bar und guckte immer links, rechts, links, rechts. Ein Inspektionsgang. Sie fühlte sich unbeobachtet, wähnte sich alleine. Da – oh Schreck – sie blieb stehen, las laut den Text über die Schauspieler und erstarrte. Inzwischen stand ich schon neben ihr und wollte sie herzlich willkommen heißen: »Liebe Frau Meysel …«, weiter kam ich nicht.

Sie schrie mich an, wer denn der Urheber dieses widerlichen Machwerks sei. Ich leise: »Harald Leipnitz und Günther Ungeheuer.« Das ließ sie nicht gelten, weil das ja hervorragende Kollegen seien, ich würde sie mit voller Absicht anlügen – sie drehte sich auf dem Absatz um, strebte der Haustüre zu und schrie mit vollem Stimmeinsatz und großem Pathos: »Ich werde dieses Lokal in meinem Leben nie mehr betreten!«

Der ALTE SIMPL nach dem Umbau. An der Wand das »Schauspieler sind …«-Schild, das Inge Meysel empörte.

Nachtrag 1: Zehn Jahre später trafen wir uns in Hamburg wieder, beide als Gäste der NDR Talk-Show. Inge Meysel erinnerte sich tatsächlich an das Spruchband. Sie nahm mich aber sehr herzlich in ihre Arme und meinte, ich solle das alles nicht so ernst nehmen, manchmal sei sie wirklich humorlos.

Nachtrag 2: Die Kritiken über unseren neuen Laden waren in fast ganz Deutschland hymnisch. Nur Münchens bekanntester »Spaziergänger« Sigi Sommer vernichtete mich in seiner Kolumne »Blasius«, weil ich, wie nur in »Preußen« üblich, einen langen Tresen in den SIMPL gebaut hätte, der nicht der Tradition des »Simplicissimus« entspräche!

Ein Schmollmund schiebt den SIMPL an
Brigitte Bardot bringt fast unsere ganze Stadt durcheinander

Wenn man der Presse Glauben schenken darf, war es ihr einziges Fest, das sie auf deutschem Boden gegeben hat. Brigitte Bardot war zur Premiere ihres Filmes »Shalako« (lief in Deutschland unter dem Titel »Man nennt mich Shalako«) im September 1968 nach München gekommen. Im Anschluss an die Filmvorführung gab sie ein großes Fest im SIMPL. Die Einladungen waren begehrt wie Goldbarren. Logisch! Alle wollten mit Brigitte, dem Sex-Idol der 60er Jahre, einmal persönlichen Kontakt aufnehmen. Böse Zungen haben behauptet, sie hätte nur für einen einzigen Menschen zu diesem Fest gebeten, für ihren damaligen Noch-Ehemann Gunther Sachs. B.B. habe gehofft und gebetet, dass er käme. Sie wollte die Trennung nicht, wollte ihn durch diese Überraschungsparty unbedingt zurückgewinnen.

Die Vorbereitungen lagen in den Händen des Verleihers, der Columbia-Film. Sie gestalteten sich wirklich schwierig, es durften keine gedruckten Einladungen verschickt werden, aus Angst, sie könnten fotokopiert werden. Man durfte es auch nicht zu vielen sagen, alle waren nervös. Nur ich nicht. Ich nahm die Sache nicht so furchtbar ernst, ich konnte mir einfach nicht vorstellen, dass eine ganze Stadt aus dem Häuschen geriet, nur weil ein junges Mädchen mit Schmollmund in ihr zu Gast weilte.

Dass ich mich grundlegend geirrt hatte, bemerkte ich einige Tage vor der Premiere. Was ich auf einmal für Freunde hatte! Hinz und Kunz, sogar Leute von denen ich noch nie in meinem Leben etwas gehört hatte, riefen mich mit der Bitte an, sie doch irgendwie einzuschleusen, sie würden auch als Kellner arbeiten oder irgendwelche Tätigkeiten hinter der Theke verrichten. Andere boten mir Geld – nicht wenig! Ich hätte ein gutes Geschäft machen können. Spätestens am Abend der Party wusste ich, um welche Dimensionen es sich handelte. Ab 22 Uhr wurde die Straße vor dem SIMPL von einer Kreuzung bis zur nächsten von der Polizei total gesperrt! Der rote Teppich lag breit bis zur Straße, eingerahmt von blühenden Oleanderbäumen. Innen war das ganze Lokal wildwestmäßig dekoriert. Eigentlich sah es sehr hübsch aus, aber mir gefiel mein Laden ohne Deko wesentlich besser. Nach einem zwei Monate dauernden Umbau war es funkelnagelneu und wunderschön.

Ein Pressemensch des Verleihs drückte mir die Tischordnung in die Hand, auf deren Einhaltung ich fast einen heiligen Eid schwören musste.

Brigitte Bardot sorgte für Wirbel, wo immer sie auftauchte.

Große Bar (Hauptraum):
Großer Tisch: B.B. und ihre persönlichen Freunde (10–12 Personen)
   Getränke: Nach Wunsch, nur für B.B. Champagner (Dom Perignon oder Taittinger)! B i e r anbieten!
   Essen: Nur für B.B. Kaviar, Filetsteak und Salat! Für die anderen Schweinebraten.
1. Nische: Peter van Eyck und seine Freunde (7–8 Personen)
   Getränke: Nur für P.v.E. Moët & Chandon! Bier anbieten!
   Essen: Schweinebraten.
2. Nische: Steven Boyd, Tisch wird von uns besetzt (7–8 Personen)
   Getränke: Nur für S.B. Fürst Metternich! Bier anbieten!
   Essen: Nur für S.B. Schweinebraten, die anderen Fleischpflanzerl.
3. Nische: Der Indianer.
   Meine Frage: »Wie heißt der?«
   Antwort: »Weiß ich nicht.«
   Tisch wird von uns besetzt (7–8 Personen)
   Getränke: nur Bier
   Essen: Fleischpflanzerl.

Auf meine Zwischenfrage »Und wo sitzt Sean Connery?«, bekam ich eine kurze Antwort: »Der kommt nicht.« »Warum?« »Weil das eine Party von der Bardot ist!«

Über die Einteilung der Gäste war ich entsetzt: »Bei uns bekommen immer alle Gäste das gleiche!«

»Bei uns nicht. Und wir bezahlen!« Da hatte er Recht.

Der Indianer Woody Strode, der eine Hauptrolle in dem Film spielte und in USA ein Topstar war, wurde wie ein Aussätziger behandelt. Als ob er direkt aus seinem Wigwam von vor 200 Jahren in die Zivilisation nach Europa gekommen wäre! Etwas später gab es einen kleinen Eklat, er hatte den anwesenden, sehr elitär ausgewählten Journalisten, die ihn zum größten Teil kannten, natürlich erzählt, wie man ihn behandelte.

Nach Beendigung des Films füllte sich langsam der Laden. Die Absperrungen draußen waren wahnsinnig. Die Darsteller hatten ja keine Einladung und durften erst nach längeren Verhandlungen in die Kneipe eintreten. Der Laden war voll, nur B.B. ließ sich nicht blicken. War sie unterwegs verloren gegangen? Wo soll sie denn hin sein? »Vielleicht ins Hotel«, war meine lapidare Antwort. Hektisches Telefonieren – B.B. käme dann gleich, sie wolle sich noch ein bisschen zurechtmachen, meinte ihre Managerin Olga.

Eigentlich sollten meine Mitarbeiter mit dem Service warten, bis B.B. im Haus war. Nachdem die Gäste am Verdursten und Verhungern waren, bestimmte ich, dass

Brigitte Bardot mit ihrem damaligen Ehemann Gunter Sachs am Münchner Flughafen.

bedient wird und handelte mir prompt einen großen Anschiss ein. War mir aber egal – zufriedene Gäste sind mir wichtiger.

Erst nach Mitternacht trudelte B.B. mit ihrer Truppe ein. Wenn ich mich richtig erinnere, war auch ihre Freundin Monique dabei, jetzt seit vielen Jahren die Frau von Mario Adorf. B.B. bestellte Champagner für ihren ganzen Tisch.

»Ich darf nur für Sie Champagner ausschenken.«

»Wenn Sie nicht wollen, dass ich sofort wieder verschwinde, bringen Sie Dom Perignon für meinen ganzen Tisch!«

Gesagt getan, wieder große Belferei hinter mir. Immer ein älterer Mann, der seine Aktentasche nie aus der Hand legte und aussah wie ein Gerichtsvollzieher. Der Tisch von B.B. bekam jetzt, was jeder wollte. Die anderen waren aber immer noch eingeteilt wie indischen Kasten. Die meisten Gäste waren Paria! Diese Unterschiede waren wirklich beschämend.

B.B. begeisterte nicht nur mich. Sie sah hinreißend aus, war entzückend und freundlich und lachte über jede Kleinigkeit. Bis sie wohl merkte, dass ihr geliebter Mann nicht mehr erscheinen würde. So jedenfalls wurde es von »Leuten, die es wissen müssten« interpretiert. Kurz vor drei Uhr morgens verließ sie ihr Fest. Kaum war sie aus der Türe, als der Herr im Habitus eines Gerichtsvollziehers, mit seiner schäbigen Aktentasche unter dem Arm, hinter die Bar an mir vorbei an die Zapfhähne ging, sie zudrehte und laut rief: »Das wars dann, Herrschaften! Die Party ist over!«

Ich glaube, ich habe ihn wie einen Marsmenschen angesehen. »… aber es sind doch noch die anderen Schauspieler da, die kann ich doch nicht zahlen lassen?«

»Ach was, die sollen auch gehen. Sind sowieso nur Staffage!«

Aha, dachte ich mir, Peter van Eyck, Steven Boyd und Woody Strode sind nur Staffage! Ein feiner Verleih, der über Weltstars so denkt. Mir blieb jedes Wort im Hals stecken. Mühsam quälte ich dann heraus, dass das nicht so ginge, wir hätten erst um vier Uhr Sperrstunde und bis dahin würde die Kneipe geöffnet bleiben. Er könnte doch nicht einfach bestimmen, wann ich ausschenken darf und wann nicht! Ab jetzt zahle er keinen Pfennig mehr, wer jetzt noch eine Bestellung aufgeben würde, der müsse das selbst begleichen. Er würde nun ganz laut »Feierabend« rufen.

Ich drehte mich am Absatz um und lief zu Erich Müller, dem Big Boss der Columbia und sagte ihm, was einer seiner Mitarbeiter vorhätte. »Ihr könnt doch nicht allen sagen, dass dies ein Fest von B.B. sei und benehmt euch so schofel! Außerdem sind doch noch die anderen Schauspieler da. Ich kann jetzt nicht 300 Gäste rauswerfen, oder sie selbst bezahlen lassen!«

Erich Müller reagierte sofort. Ich hatte den richtigen Eindruck, dass er von den ganzen Machenschaften nichts wusste. Er pfiff den Mann mit der Aktentasche zurück und die Party nahm einen sehr harmonischen Ausklang.

Die Berichterstattung in der Presse war wahnsinnig und zwar bundesweit. Für heutige Begriffe einfach unvorstellbar. Ich wüsste heute keinen Menschen, der in unserem Land so Furore machen würde. Für den SIMPL war das eine unglaubliche PR, die mir und meinem total umgebauten Lokal einen riesigen Schub nach vorne gab. Damit hatte ich nie gerechnet!

Nicht nur die nächsten Tage, nein, über Wochen und Monate gingen bei uns Reservierungen ein – aber nur für den Tisch, an dem die Bardot gesessen habe. Anfangs war ich noch ehrlich und habe immer nur den großen Tisch reserviert. Als mir das aber alles über den Kopf wuchs, war B.B. auch an allen anderen Tischen gesessen. Es war ja ihre Party und nur natürlich, dass sie sich wie jeder andere Gastgeber auch an die verschiedenen Tische setzte, um sich mit ihren Gästen zu unterhalten. Zuerst amüsierte ich mich über die Gäste, egal ob Mann oder Frau, wie sie sich verklärt auf ihren dicken Ärschen niederließen, genau auf dem Platz, auf dem B.B. angeblich mit ihrem tollen Popo gesessen hatte. Mit der Zeit stimmte es mich aber traurig, dass erwachsene Menschen sich so ungeheuer in eine hysterische Verehrungswolke einlullen ließen. Mit einem Devotionalienhandel hätte ich viel verdienen können. »Mit welchem Besteck hat sie gegessen?« »Haben Sie den Teller noch, von dem sie gegessen hat?« »Kann ich das Glas kaufen, aus dem sie getrunken hat?«

Wenn ich dies alles nicht selbst erlebt hätte, ich würde es nicht glauben.

Viele der Gäste, die in ihrem B.B.-Wahnsinn zu mir kamen, habe ich auch wieder verloren. Sie wollten nur einmal auf ihrem Platz sitzen. Aber genauso viele haben unseren Laden liebgewonnen und wurden sehr treue Gäste und Freunde unseres Hauses. Danke B.B.!

Nachtrag: Dem nachfolgenden Erfolg waren wir kaum gewachsen. Jeden Tag war die Kneipe total überfüllt. Mein Bruder meinte, wir würden diese Menschenmassen nur durch einen Türsteher bändigen können. Irgendetwas musste passieren, weil wir überhaupt nicht mehr in der Lage waren, die Gäste ordentlich zu bedienen. Es war ein täglicher Kampf mit dem Chaos. Für mich ist ein Türsteher das Schlimmste, was ich mir vorstellen kann. Lokale, die sich so ihr Image aufmotzen wollten, habe ich nicht besucht. Aber mein Bruder Peter machte mir allen Ernstes klar, dass wir es nicht anders schaffen können. Der Kompromiss: Er ging selber an die Türe. Zwei Freunde standen ihm zur Seite, Putzi, Mädchen für alles bei den Jungfilmern, und Ludwig, genannt Luk, ein ordentlicher Student der Chemie. Ich möchte diese Erinnerung nicht vertiefen, weil in mir wieder das kalte Grausen aufsteigt. Für beide Seiten einfach entwürdigend. Man muss betteln, dass man in einer normalen Kneipe Einlass findet, um sein Bier zu trinken und wird von einem überheblichen Menschen vielleicht abschlägig beschieden! Ich wäre da zum letzten Mal gewesen! Dieses hoch oben aus dem Türfenster immer arrogant wirkende »Ja« oder »Nein« – grauslich!

Dann kam James, ein netter junger Amerikaner. Der sollte dann den Job machen. Der kannte keinen Menschen und konnte völlig objektiv sein. Wunderbar! Er ließ mir an einem Abend nicht mal die Leute rein, die reserviert hatten, weil er dachte, die würden schwindeln. Auch als ein Amerikaner ihm sagte, er sei Lorne Greene, der Vater in der Serie »Bonanza« und hätte einen Tisch bestellt. Selbst der wurde abgewiesen. Den Nächsten, der auf seinem Zettel der Reservierungen stand, ließ er auch nicht rein, weil er ihn akustisch nicht verstand. Es war Modemesse, der berühmteste französische Schuhfabrikant, Charles Jourdan, wollte uns einen Besuch abstatten. Aber als ich im Lokal den weltberühmten Bandleader Teddy Stauffer aus Acapulco auf mich zukommen sah, blieb mir fast mein Herz stehen. Wie er denn an dem Zerberus an der Türe vorbeigekommen sei, wollte ich wissen. »Ganz einfach. Ein unglaublich wohlerzogener junger Amerikaner öffnete die Türe und begrüßte mich besonders herzlich. ›He, Mister Stauffer, how are you?‹ « Das musste ich sofort klären.

»James, wieso haben Sie Lorne Greene, den zurzeit in Amerika erfolgreichsten Fernsehstar aus ›Bonanza‹ abgewiesen?«

»Ich habe noch nie ferngesehen.«

»Und warum haben Sie Charles Jourdan nicht reingelassen?«

»Ich kann kein französisch.«

»Und wieso sitzt Teddy Stauffer bei mir am Tisch?«

»Weil ich von dem alle Platten habe und er auf jedem Cover mit einem Foto zu sehen ist.«

Das wars dann. Die geschlossene Türe stand fortan wieder offen, unsere Gäste beruhigten sich, nur bin ich ganz sicher, dass wir viele Gäste auch verloren haben. Schade.

Früh übt sich, was ein SIMPL werden will

Kinderfaschingsfeste mit Rudi Carrell, Fürstin Gloria und meinem Triumvirat: Jutta Speidel, Michaela May und Ilona Grübel

»**Früh übt sich, was** ein SIMPL werden will«, habe ich mir erst mal nur im Stillen gedacht, bis es viele Jahre später eine große Zeitung über unseren Kinderfasching als ihre eigene Erfindung schrieb.

Beim ersten Mal wollte ich alles ordentlich machen und meldete Tag und Stunde der Bezirksinspektion. Die Kinder wollten und sollten tanzen, also brauchte ich auch eine »Tanzgenehmigung«. Bekam ich auch, aber mit Auflagen verbunden: Pro 15 Kinder eine staatlich geprüfte Kindergärtnerin, ein Kinderarzt hatte volle Anwesenheitspflicht, kleine Tische und Stühle für Kinder unter sechs Jahren, eigenes Geschirr, ein Beamter des zuständigen Polizeireviers musste auch zugegen sein, und, und, und … So etwas Blödes hatte ich noch nie gehört. Ich wollte auf meine Kosten den Kindern unserer Gäste und den Nachbarskindern einen lustigen Nachmittag schenken und dann solche Auflagen! Vielleicht will jetzt noch einer, dass ich die Toiletten für Kinder umbaue – das habe ich zuletzt erwartet. Kindergärtnerinnen hatte ich engagiert, einen Arzt hatte ich auch, weil die zwei kleinen Buben meiner Freunde Dagmar und Wolfgang Weeg auch mit dabei sein wollten und der Vater fabelhafterweise Arzt ist. Diese Probleme waren also gelöst.

Der Nachmittag verging wie im Flug, die Kinder hatten einen Riesenspaß. Für sie war es auch von enormer Wichtigkeit, dass sie sich auf die großen und für sie viel zu hohen Barhocker setzen durften. Die Hocker waren heiß umkämpft. Es war die Kneipe von Papa, der auch immer da sitzen darf. Oliver, den jüngeren der beiden Söhne unseres Arztes Dr. Weeg, erwischte ich, wie er sich ganz vorsichtig von so einem Barhocker abseilte, ihn mit viel Mühe, weil der Stuhl wesentlich größer war als er, auf den Boden legte, mit den kleinen Händchen in das Gestänge fasste und schrittchenweise neben sich herzog.

»Oliver, wo willst du denn hin?«

»Aufs Klo.«

»Ist ja gut, ich gehe mit dir. Aber was willst du denn mit dem Barhocker?«

»Mitnehmen.«

»Warum denn das?«

»Weil er sonst von jemand anderem besetzt ist!«, kam es sehr vorwurfsvoll, weil ich wirklich so blöd war und solche wichtigen Dinge nicht wusste. Ich musste einen heiligen Eid schwören, dass er, wenn er von der Toilette zurückkäme, seinen Hocker auch wieder besteigen dürfe. Erst dann war er gewillt, ohne Barhocker schnell zu verschwinden.

Die Faszination der Barhocker auf die Kinder war einmalig. Florian, der Sohn von Hermann Prey, steuerte kerzengerade auf die Bar zu, während sich seine Eltern etwas abseits an einen Tisch setzten, bestieg einen Hocker und bestellte.

»One Manhattan, please.«
»Was möchtest du?«
»One Manhattan, please?«
»You are American?«
»Nein.«
»Warum bestellst du dann auf englisch einen Manhattan?«
»Weil den mein Vater auch immer bestellt, wenn er an einer Hotelbar sitzt! Wir kommen gerade aus den USA!«
»Deswegen bekommst du auch keinen. Ich darf doch an Kinder keinen Alkohol ausschenken. Sag mir, was du möchtest, wir haben so viele Getränke ohne Alkohol da.«
»Ich bitte Sie inständig, geben Sie mir einen Manhattan – ich habe mit meinem Vater gewettet, dass ich hier einen bekomme!« Längere Verhandlungen schlossen sich an.
»Also gut. Ich gebe dir jetzt in ein richtiges Manhattan-Glas nur Wasser, das sieht sehr ähnlich aus, werfe eine Olive hinein und dann kannst du deinem Vater zuprosten. Ist das okay?«

Florian war glücklich, trank weltmännisch seinen Manhattan, prostete siegessicher seinem Vater zu und hatte seine Wette gewonnen. Vater Hermann Prey bedankte sich später herzlich, er war sich sicher, dass wir eine Lösung finden würden, seinem Sohn das Gefühl zu geben, dass er erwachsen sei.

Nie mehr habe ich offiziell eine Erlaubnis beantragt, weil die Kindergärtnerinnen ein reines Fiasko waren. Die wollten immer die Kinder nach Altersgruppen einteilen und dann getrennt Spiele machen, während sich die anderen zu Tode langweilten. Meine Gedanken waren aber entgegengesetzt. Ich wollte die Kinder mischen, immer alle zugleich beschäftigen, ein größeres Kind sollte für ein kleineres verantwortlich sein, sodass die Kinder ein Gefühl für andere bekommen sollten, die noch nicht so in der Lage waren, sich an den Spielen zu beteiligen. Kurz und gut, die Kindergärtnerinnen haben sich geweigert mit allen Kindern zur gleichen Zeit zu spielen, mit der Maßgabe, dass das »kinderpsychologisch« ein großer Fehler sei. Also schickte ich sie bei voller Bezahlung zu Kaffee und Kuchen in den Nebenraum und tollte mit großem Erfolg selber mit den Kindern durch den Raum, was zur Folge hatte, dass ich am Ende so groggy war, als ob ich einen Marathon gelaufen wäre. Am Schönsten war immer die berühmte »Reise nach Jerusalem«, bei der jedes ältere Kind ein Zwergerl an der Hand mitführen musste. Wer sein Kind in der Hektik des Rundlaufens verlor und es nicht sofort wieder einfing war auch »draußen«.

Nach diesen überwundenen Anfangsschwierigkeiten bildeten drei meiner jungen Mütter und ich ein Komitee: Jutta Speidel, Michaela May und Ilona Grübel. Sie sollten nicht nur ein Auge auf ihre eigenen Kinder, sondern auch auf alle anderen haben und im Notfall sofort, ohne Absprache mit mir einschreiten. So hatte ich ein großes Gefühl der Sicherheit, weil ich alle drei als äußerst verlässliche Mütter kannte.

Zum nächsten Fest wollte ich 20 Kinder aus einem Waisenhaus dazu einladen. Platz hatten wir genug. Bei meinem Anruf erklärte mir eine Schwester, dass sie meine Idee ganz toll fände, sie aber

Rudi Carrell bereicherte mit seinen Auftritten unsere Kinderfaschingsparties.

120 Kinder hätte – wie solle sie da eine Auswahl von 20 treffen. Die anderen wären traurig, nicht dabei sein zu dürfen, das ginge einfach nicht. Sie nannte mir ein anderes Kinderheim, die nie sehr viele Kinder hätten, weil es ein Heim für Kinder sei, deren Eltern im Gefängnis säßen. Diese Heimleiterin freute sich über meine Einladung sehr, sie hätte 17 Kinder, 4 Erwachsene müssten zur Betreuung mit, einzige Bedingung war, dass ich alle mit einem Bus abholen lassen würde und natürlich genauso wieder nachhause brächte. Das sollte sich doch machen lassen. Ich rief bei der Stadt München an, erklärte meine Absicht und bat darum, die Kinder mit einem Schulbus zu fahren. Leider war die Antwort abschlägig, weil ein Schulbus, wie das Wort ja schon ausdrücken würde, nur Kinder von und zur Schule fahren und nicht für ein Privatvergnügen missbraucht werden dürfte. Auch mein Einwand, dass es sich doch um ein stadteigenes Kinderheim handle, hatte keinen Erfolg.

Ein Freund sagte mir, ich solle doch bei den in München stationierten Amerikanern anrufen. Mein Gesprächspartner in der McGraw-Kaserne war gleich Feuer und Flamme. Ob er denn dann

Prominente Faschings-Stargäste: v. l. Vivi Bach und Horst Janson …

auch ein paar Kinder von seinen Kollegen mitbringen dürfte? Das Wichtigste an der ganzen Busgeschichte war, dass das Fahrzeug zum Transport für Kinder zugelassen und auch dementsprechend versichert war. Das hatten die Amis alles, sie wollten einen ihrer zugelassenen Schulbusse schicken, sie kämen wahnsinnig gerne, es würde mich auch keinen Pfennig kosten, weil das Armeefahrzeuge seien und sie dafür kein Geld verlangen dürften. Toll, wie schnell und unbürokratisch die Amerikaner reagierten. Bei meinen Verhandlungen mit der Stadt brauchte ich schon mal eine ganze Stunde, um an den richtigen und dafür zuständigen Menschen zu geraten, bei den Amerikanern hatte ich den zuständigen Mann in zwei Minuten.

Am nächsten Tag rief mich der amerikanische Offizier nochmals an und bat mich, vom Jugendamt der Stadt München ein formloses Schreiben zu bringen, in dem die deutsche Stadtverwaltung erlaubt, dass deutsche Kinder in einem amerikanischen Schulbus fahren dürften. Die Versicherungsbedingungen seien die gleichen wie für deutsche Schulbusse, also würde das kein Problem sein.

Ich setzte mich wieder mit dem Jugendamt in Verbindung, bat den zuständigen Herrn, mir doch so ein Papier möglichst schnell zukommen zu lassen. Er hatte mich aber leider nicht verstanden. Ich wiederholte meine Bitte. Seine Frage: »Die Amis wollen die Kinder fahren?«

»Ja. Sie brauchen nur die Erlaubnis von Ihnen, weil es sich um ein städtisches Kinderheim handelt.«

»Die Amis wollen deutsche Kinder fahren?«

»Ja.«

»Nein, das geht nicht. Amis können doch nicht deutsche Kinder fahren!«

»Wieso nicht?«

»Ja, weil das halt nicht geht! Das ist in meinen Vorschriften nicht vorgesehen. Die sind doch immer noch Besatzungsmacht!«

»Nein, das sind sie nicht mehr, wir sind seit Jahren souverän! Wo ist das Problem?«

... Raimund Harmstorf
und Jürgen Marcus

»Nein, ich werde das nicht zulassen! Wo kämen wir denn da hin, wenn die jetzt auch schon unsere deutschen Kinder rumkutschieren! Ich kann Ihnen diese Erlaubnis nicht geben.«

Leider durften die 17 Kinder nicht mit uns feiern. Das Jugendamt machte das unmöglich! Die Amerikaner kamen trotzdem. Vor der Türe stand ein amerikanischer Schulbus mit amerikanischen Kindern in allen Farben und mit vielen Geschenken für alle Kinder. Es war herrlich mit anzusehen, wie die Kleinen überhaupt keine Sprachschwierigkeiten hatten, sie redeten mit Händen und Füßen und verstanden sich fabelhaft.

Die nächsten Jahre fand diese Veranstaltung ohne Einmischung irgendwelcher Behörden statt. Das einzige, was wir wirklich immer da hatten, war unser aller Arzt Dr. Wolfgang Weeg und einen Stargast. Theo Hinz, unser großer Promotionmann von Constantin-Film, half auch immer. Mit Geschenken, mit Plakaten, mit vielen Dingen, die bei einer Filmfirma so anfallen. Vor allem aber mit Stars. Und Theo machte uns ein großes Geschenk: Vivi Bach zeichnete die Einladung für unser Kinderfest, war auch mit dabei und gab höchst professionell den Kindern Malunterricht. Außerdem wurden die freiwilligen Sponsoren immer mehr, weil viele, genauso wie ich, einfach Spaß hatten an so einer tollen Toberei. Nun hatten wir schon für jedes Kind ein kleines Päckchen für den Nachhauseweg. Der ganz große Knaller waren natürlich die Geschenke von Adidas, die für unsere Kinder über viele Jahre klasse Überraschungen zu den Festen mitbrachten.

Aber, was ich nicht für möglich gehalten hätte, auch das war noch zu toppen! Als Willi O. Hoffmann, zuerst Schatzmeister und dann Präsident des FC Bayern, mit seinen fünf Kindern Gast bei unseren Kinderfesten war, fragte ihn einmal ein junger Bayern-Fan, ob denn seine Spieler keine Kinder hätten? Und schon waren übers Jahr die damaligen Bayern-Spieler um Klaus Augenthaler da. Mit oder ohne Kinder kamen der Torwart Jean-Marie Pfaff und die Spieler Dieter Hoeneß, Nachtweih, Dremmler, Lerby, del Haye, Brehme, Matthäus und natürlich auch der damalige Trainer Udo Lattek in den SIMPL. Und dann noch Paul und Hilde Breitner mit

Für Schlagzeilen sorgte Fürstin Gloria, als sie 1986 mit ihren Kindern das SIMPL-Faschingsfest besuchte.

ihren drei Kindern. Niemand kann sich vorstellen, was da los war! Die halbe Bayern-Mannschaft mit jeweils einem Kind an der Hand bei der »Reise nach Jerusalem« zu sehen, war ein ganz besonderes Erlebnis. Unter all diese tollen Fußballer mischte sich noch der Schauspieler Rainer Basedow, der eigentlich noch lieber Fußballer geworden wäre, mit seiner Frau Mathilde und seinen Kindern.

Der erste, der sich in die Höhle, nicht des Löwen, aber vielleicht genauso gefährlich, der Kinder traute, war Rudi Carrell. Er hatte nur einen weiten, ganz langen Pullover an und zauberte immer wieder mit seinen Händen und Beinen und dem Pullover neue Figuren, die einen lustigen Text sprachen. Menschen, Tiere, Märchenfiguren – die Kinder, die sich in einem großen Kreis um ihn gesetzt hatten, saßen genauso wie ich mit staunenden Augen und offenem Mund da. Ich weiß heute noch nicht, wie Rudi das gemacht hat. Rudi war nun wirklich vom Erfolg verwöhnt, aber was die Kinder mit ihm aufführten, wird er lange nicht vergessen haben. Die Ovationen wollten kein Ende nehmen. Eine kleine Frage von mir: Warum hat niemand Rudi Carrell auch eine Show für Kinder machen lassen? Er wäre der Beste gewesen!

Bis Anfang der 70er Jahre feierten wir jedes Jahr unser Kinderfaschingsfest. Immer ein wichtiger Termin für alle. Dann kam ein Faschingsball, an dessen Ende sich alle wie immer artig bei mir bedankten, als der 12-jährige und sehr groß gewachsene Martin Moszkowicz mir leise zuflüsterte: »Kannst du nicht für nächstes Jahr ein paar dufte, steile Zähne einladen? Immer mit meiner Schwester Daniela tanzen ist stinklangweilig!« Danach kamen die Mädchen, eben jene Schwester Daniela, die Marischka Kinder Juliette und Nicole, und meinten, ein paar ordentliche Jungs könnten das nächste Fest sehr bereichern. Diese Bitte wurde noch von einigen der älteren Kinder vorgebracht – damit war das Thema Kinderfasching für mich erledigt. Es gab aber auch die gegenteilige Meinung. Patrick, der Sohn von Christian und Marina Wolff, sollte sich eigentlich auf Vorschlag seines Vaters für immer verabschieden, weil er schon viel zu groß für ein Kinderfest sei. Da hatte aber der Vater nicht mit seinem Sohn gerechnet: Patrick bat mich, ihn doch als meinen Assistenten anzunehmen, er würde alle anfallenden Arbeiten zu meiner Zufriedenheit erledigen. Dieses tolle Angebot habe ich natürlich angenommen!

Ein Jahr machten wir Pause, bis der Nachwuchs, den es ja reichlich gab, ein bisschen herangewachsen war. Mit einer neuen Generation fingen wir wieder an. Sie waren zwar alle noch sehr im Zwergenalter, das machte nichts, wir hatten fast noch mehr Spaß. Jürgen Marcus, Chris Roberts, Martin Mann und Michael Schanze, um nur einige zu nennen, waren jetzt unsere Stargäste. Mit welcher Herzlichkeit und Geduld diese Künstler alle mit den Kindern sangen und spielten, war einfach toll. Auch Rudi Carrell war noch ein paar Mal dabei, leider nie mehr mit seinem großen, weiten, langen Pullover. Den Zauberpulli gab es zu meinem Bedauern nicht mehr.

Gloria Fürstin von Thurn und Taxis meldete sich für das nächste Fest an, mit allen drei Kindern, ihrer Mutter und einer Kinderfrau. Ganz wohl war uns nicht bei dem Gedanken, wie das mit unseren manchmal doch ein bisschen rabaukigen Kindern zusammen gehen sollte. Auch hatte ich Gloria seit ihrer Heirat nicht mehr gesehen. Ob sie sich sehr verändert hatte? Die fürstliche Familie kam ein wenig spät, aber sie warf sich mit Vehemenz in das Getümmel. Es war toll und Gloria war eine wunderbare Mutter, die sich aktiv an dem Treiben beteiligte. Sie tollte mit allen Kindern, ließ sich mit Toilettenpapier als Mumie einwickeln, bis ihre eigenen Kinder Angst um die Mutter bekamen. Gloria war eine Bereicherung unseres Kinderfestes. Zu unser aller Erstaunen waren die Fürstens

Oben v. l.: Udo Lattek, Jutta Speidel und Horst Jüssen

eine herrlich normale Familie. Die bösen Gerüchte, die damals durch alle Zeitungen gingen, dass vielleicht die Kinder gar nicht von ihrem Mann Johannes seien, haben alle drei Kinder an diesem Nachmittag widerlegt. Sie sahen ihrem Vater so ähnlich, dass anwesende Journalisten die Frage umdrehten: »Sind sie von der Mutter?«

Vor allem der 2 ½ Jahre alte Sohn Albert hat mich begeistert. Nicht nur, dass er vor allem ein Abbild seines Vaters war, ging er auch schon wie ein zukünftiger Monarch durch meine Räume und ließ sich von mir, seiner Untertanin, alles genau erklären. Er sprach fließend Englisch, was sicher an der entzückenden irischen Kinderfrau lag, im Deutschen war er noch nicht so gut. Als das Ballende nahte, hatte sich das fürstliche Auto verspätet. Das Fest war längst zu Ende. Wir waren gezwungen sauberzumachen und begannen, das Chaos in große Müllsäcke einzusammeln. In zwei Stunden musste der SIMPL wieder für unsere großen Gäste offen sein. Die Familie Thurn und Taxis saß nicht irgendwo auf ihr Auto wartend, nein, sie ergriffen genauso wie wir Schaufel und Besen, fegten und putzten die Reste eines lustigen Faschingsfestes in große Container. Als das erwartete Auto kam, waren es zu unserem Erstaunen zwei riesige Limousinen. Der Erbprinz stieg mit Kinderfrau in die erste, der Rest der Familie in die zweite. Es war verboten, dass die ganze Familie in einem Auto fährt. Man hätte Angst vor Entführungen und Unfällen, erklärte mir die Fürstin. So würden viele andere Familien auch reisen. Sie kenne einige, die immer getrennt fliegen und getrennt Auto fahren. Vielleicht auch eine Frage des Geldes. Aber sehr langweilig!

Tatort SIMPL
Wer weiß schon die Nummern auf seinen Geldscheinen

Ein netter junger Student aus Amerika, der an unserer Uni Germanistik studierte, bat mich um einen Job. Er käme mit seinem Geld, das ihm seine Eltern monatlich überwiesen, nicht zurecht. Nur ein paar Mark wolle er sich dazuverdienen. Für solche jungen Leute hatte ich immer ein offenes Ohr. Außerdem konnte ich einen Mann an meiner Seite brauchen. Mein Bruder Peter hatte sich nach ein paar Jahren mit einer eigenen Kneipe selbstständig gemacht. Leider hatte er auch unser fabelhaftes Mädchen an der großen Bar, Sabine, seine spätere Frau, mitgenommen. Aber es gab immer wieder viele Arbeiten, die ich als Frau einfach nicht bewältigen konnte. Rein kräftemäßig. Heben konnte ich noch nie sehr viel. Tom kam mir wie gerufen. Er war wohlerzogen, sprach sehr gut deutsch und hatte ausgesprochen gute Umgangsformen. Handwerklich war er auch sehr geschickt, fuhr mit mir zum Großmarkt. Er machte sich nützlich. Mit der Zeit hatte ich auch volles Vertrauen zu ihm – das hieß, er durfte auch in mein Büro, in dem immer meine Handtasche stand, in der mein Schlüsselbund war.

Eines Nachts zahlte ein Gast eine Rechnung bei mir. Er gab mir neun Hundertmarkscheine und machte mich darauf aufmerksam, dass an allen neun Scheinen die rechte obere Ecke verbrannt war. Ob ich sie überhaupt annehmen würde. Nachdem nichts Wesentliches fehlte, sagte ich ihm, das sei kein Problem. Ich würde die Scheine sowieso in den Nachttresor meiner Bank geben, wenn sie nicht angenommen würden, ich wüsste ja von wem sie waren. Ich hängte sogar noch einen Zettel mit Namen und Adresse des Gastes mit einer Büroklammer dazu. Ich hatte mich geschützt. Legte die Scheine aber vorerst in die Kasse im Büro, zu der nur ich den Schlüssel hatte. Eine Bedienung brachte ein paar Stunden später einen Tausendmarkschein zum wechseln. So locker, als würde das zu meinen dauernden Aufgaben gehören, ging ich in mein Büro, sperrte die Handkasse auf und wurde kreidebleich. Genau die neun Scheine fehlten. Zuerst zog ich meinen jungen amerikanischen Mitarbeiter ins Vertrauen. Tom war außer sich, das sei ja unglaublich, wer denn alles im Büro gewesen sei? Ich wusste überhaupt nicht mehr, was ich unternehmen sollte. Nachdem der letzte Gast weg war, rief ich die Polizei, weil mir mittlerweile klar wurde: Es konnte leider nur jemand vom Personal gewesen sein. Ich sperrte die Haustüre ab, damit keiner sich davonschleichen konnte. Dass es in so einem verwinkelten Lokal hundert andere Plätze gegeben hätte, um die Beute zu verstecken, auf diese Idee kam ich nicht.

In meinem Büro …

Die Polizisten machten kurzen Prozess und versicherten sich bei allen Mitarbeitern durch Leibes- und Handtaschenvisitationen. Der letzte war Tom. Er hatte in seiner Brieftasche genau neun Hundertmarkscheine, deren rechte obere Ecken abgebrannt waren. Das hatte ich den Polizisten anfangs schon erklärt, dass es nicht schwirig sei, das Geld zu finden, da alle Scheine wunderbarerweise markiert seien.

Man rief mich in mein Büro, wo die Amtshandlungen stattfanden. Hocherfreut und gleichzeitig traurig, dass ausgerechnet mein netter Tom der Dieb war, wollte ich das Geld wieder in meine Kasse nehmen und Tom rauswerfen. So lief das aber nicht.

»Sind das die Scheine, die Ihnen entwendet wurden, Frau Netzle?«

»Aber ja. Sie sehen doch die abgebrannten Ecken!«

»Können Sie beweisen, dass das Ihre Scheine sind?«

»Natürlich. Ich habe Ihnen die Scheine doch vorher genau beschrieben. Sie sehen doch, bei allen fehlt die gleiche Ecke!«

»Nein, das meine ich nicht. Sie müssen mir schon von jedem einzelnen Schein die volle Nummer sagen, sonst kann ich sie nicht einbehalten.«

Jetzt musste ich wirklich laut lachen und erklärte, dass doch kein einziger Mensch die Nummern der Scheine auswendig weiß, die er in seiner Tasche trägt. Ich dachte, die Polizisten nehmen mich auf den Arm. Ganz und gar nicht. Es gäbe ein Gesetz, wonach bei gestohlenem Geld der Besitzer alle Nummern wissen müsse, sonst dürfe die Polizei das Geld nicht einbehalten.

Die beiden Beamten erklärten mir sehr umständlich, dass sie leider das Geld an den Amerikaner zurückgeben müssten, denn er hätte ausgesagt, er hätte das Geld in einem Brief so von seinen Eltern geschickt bekommen. Da ich das Gegenteil nicht beweisen könne, müssten sie das glauben. Im Übrigen seien sie auch der Meinung, dass das mein Geld sei, aber von der Gesetzeslage her dürften sie es mir nicht zurückgeben. Auch wenn ich klagen würde – jeder Staatsanwalt würde genauso handeln wie sie.

Tom habe ich rausgeworfen – er war auf die Schnelle um 900 Mark reicher. Bis heute, und diese Geschichte ist weit über 30 Jahre her, kann ich eine solche juristische Entscheidung nicht verstehen!

Meinen privaten Haushalt versorgte liebevoll und mit großer Geduld Frau Steiner. Sie hatte den strikten Auftrag, mich in keiner noch so schwierigen Situation zu wecken. Ich brauchte meinen Schlaf so nötig wie andere Leute die frische Luft, in deren Genuss ich nur sehr spärlich kam. Frühestens um vier Uhr morgens, meistens aber erst um fünf oder sechs Uhr kam ich nachhause. Das Problem aller Nachtarbeiter blieb auch mir nicht erspart, man kann nicht sofort einschlafen. Tausend Dinge gingen mir immer noch durch den Kopf, die ganze Arbeitsnacht lief noch mal wie ein Film ab. Also war meine Schlafenszeit sowieso nur kurz bemessen.

Eines nicht so schönen Tages, kaum war ich ein bisschen eingeschlafen, es war etwa kurz vor acht Uhr morgens, wurde an der Haustüre eine wahre Klingelorgie abgehalten. In ihrer Verzweiflung öffnete Frau Steiner die Haustüre einen Spalt, damit ich ja nicht aufwachte. Wie in einem schlechten Film wurde sie von zwei Männern in Zivil in den Flur gedrückt. Sie verschafften sich mit Gewalt Einlass, hielten ihr irgendwelche Ausweise für den Bruchteil einer Sekunde unter die Nase und gaben sich als Kripoleute aus. Sie müssten mich dringend sprechen. Frau Steiner sagte ihnen, dass sie mich unter gar keinen Umständen wecken dürfte. Das interessierte die beiden Männer nicht. Im Gegenteil, sie schüchterten Frau Steiner in ihrer äußerst rüden Art derart ein, dass sie fürchtete, es könnte sich gar nicht um Polizeibeamte handeln. Sie versuchte mit allen Mitteln, die Männer wieder zur Haustüre abzudrängen. Jetzt wurde sie richtiggehend körperlich bedroht und mit dem Satz »Entweder Sie sagen jetzt in welchen Zimmer Frau Netzle schläft, oder wir stürmen alle Zimmer!« schoben sie sie vor sich her. Natürlich zeigte Frau Steiner ihnen meine Zimmertüre. Ich war längst hellwach und harrte der Dinge, die da kommen sollten. Kein Zimmer meiner Wohnung hatte einen Schlüssel zum Absperren. Die Familie brauchte das nicht, wir respektierten einander.

Zuerst wurde laut und eindringlich geklopft. Ich tat so, als hörte ich nichts. In ihrer Verzweiflung meinte Frau Steiner, es könnte doch sein, dass ich ein Schlafmittel genommen hätte. Das interessierte aber nicht. Im Gegenteil. Sie schlugen mit ihren Stiefeln gegen die Türe, dass ich Angst hatte, sie würde aus den Angeln fallen. Immer riefen sie: »Aufmachen! Polizei!«

Ich setzte mich in meinem Bett auf und hauchte ganz leise und tat völlig verschlafen: »Frau Steiner, was ist denn los?«

Ohne ihre Antwort abzuwarten, schrien beide im Chor: »Machen Sie auf! Polizei!«

»Ich schlafe!«

»Machen Sie sofort Ihre Türe auf, oder wir treten sie ein! Polizei!«

»Was wollen Sie?«

»Wir müssen Sie auf das Polizeipräsidium bringen!«

»Warum?«

»Das dürfen wir Ihnen nicht sagen! Machen Sie sofort Ihre Türe auf! Wir sind von der Kriminalpolizei!«

Nachdem ich nicht wusste, ob das stimmte – Frau Steiner durfte nämlich nicht mit mir reden, sie hielten ihr den Mund zu –, setzte ich mich im Bett auf und wickelte wie im Film eine Ecke meiner Bettdecke um den rechten Zeigefinger, streckte ihn in Richtung Türe und rief ganz laut: »Wenn irgendjemand mein Zimmer betritt, schieße ich! Ich habe eine Pistole in der Hand und wenn Sie nicht sofort verschwinden, schieße ich durch die Tür!«

Angst hatte ich mehr als Mut der Verzweifelten. Aber siehe da – auf einmal hatte die Brüllerei ein Ende, die beiden Männer verschwanden. Als ich mich jetzt selber betrachtete, wie ich im Bett, wie in einem blöden Western in einem Zimmer über dem Saloon, mit einer vorgetäuschten Pistole in der Hand dasaß, musste ich über meine geniale Schauspielkunst sehr lachen. Als ich die Wohnungstüre ins Schloss fallen hörte, schlich ich mich leise hinaus, um meine völlig verängstigte Frau Steiner zu trösten. Sie gab mir einen Zettel mit einer Telefonnummer, die ich sofort anrufen sollte, wenn ich ansprechbar sei. Dass erschien mir nicht wichtig. Erst mal ging ich wieder ein Ründchen schlafen.

Als ich mich Mittag irgendwann meldete, traf mich fast der Herzschlag. Die Kripo hatte alle meine Mitarbeiter verhaftet! Rein in Jeans und Pullover und ungeduscht in die Ettstraße zum Polizeipräsidium. Was ich dort hörte, ließ mir alle Haare zu Berge stehen. Alle waren getrennt in verschiedenen Zimmern unter Bewachung. Erst ging ich trotz absoluten Verbots zu allen, beruhigte sie und sagte, dass ich sie da herausholen werde. Es würde bestimmt nicht lange dauern. Dann ließ ich mir die Sachlage erklären.

In den Morgenstunden wurde in einem Wald in der Nähe eines Vorortes von München ein schwerverletzter Libanese aufgefunden. Er hatte alle Papiere bei sich, unter anderem eine Rechnung aus dem SIMPL. Intelligenterweise schloss die Polizei, dass nur jemand von meinem Personal dieses Verbrechen verübt haben könnte. Der Verletzte war mit 18 Messerstichen fast zu Tode gebracht worden. Er hatte kaum eine Chance zu überleben. Der Arzt vor Ort stellte als Tatzeit fest: nicht vor zwei Uhr nachts, aber auch nicht nach vier Uhr morgens. Zu diesem Zeitpunkt waren alle meine Mitarbeiter noch im Dienst, schieden also als Täter aus. Sie wurden aus ihrer Einzelhaft in einen großen Raum gebracht. Jetzt brüllte ich nur noch. Es wollte mir nicht in den Kopf, dass ein Polizist nicht in der Lage war, eine Rechnung ordentlich zu lesen. Groß und breit konnte man auf diesem Beleg lesen, dass wir am Wochenende bis vier Uhr morgens geöffnet hatten.

Zu allem Ärger, den die Polizei mir bereitet hatte, kamen noch die Erzählungen meiner Mitarbeiter, wie sie verhaftet worden waren. Mich wollten die beiden Beamten gar nicht verhaften, sie wollten nur die Namen und Adressen meiner Mitarbeiter. Hätten sie sowieso nicht bekommen. Aber gut zu wissen, woher sie sie letztlich bekamen: Die Kripo arbeitete eng mit der AOK zusammen! Ein AOK-Mensch wurde aus dem Schlaf geholt – es war ja Samstagmorgen – und in sein Amt gefahren. Dort gab die AOK sämtliche Namen und Adressen an die Polizei heraus. Die freien Mitarbeiter und ich, also all diejenigen, die nicht bei der AOK gemeldet waren, schieden komischerweise als potenzielle Mörder aus! Da gibt es wohl nur ein Fazit: Wer privat versichert ist, mordet auch nicht! Was für eine bestechende Logik.

Bei unserem Gespräch in großer Runde konnten wir der Polizei bei ihren Ermittlungen helfen. Diese Informationen hätten sie schon acht Stunden früher haben können, wenn sie gesagt hätten, um was es sich handelte. Wir kannten das Opfer. Er saß vergangene Nacht in der Nische an der großen Bar, sprach relativ gut deutsch und gab fürchterlich an. Er zeigte jedem Gast und jedem Mitarbeiter ungeheuer viel Geld. Keiner von uns hatte je so viel Geld auf einem Haufen gesehen. Er meinte, dass es circa 100.000 Mark seien. Susi, die ihn bediente, holte mich. Ich sagte ihm, er solle sein Geld bitte stecken lassen, es sei viel zu gefährlich mit so viel Geld in einem Nachtlokal zu protzen. Er meinte, es könnte doch sein, dass sich einer unserer Gäste kurzfristig entschließen würde, sein vor der Türe stehendes Auto zu einem guten Preis sofort zu verkaufen. Dazu müsse er doch zeigen, dass er solvent sei. Solche Gäste hätten wir nicht, außerdem sei das ein blödes Geschäft, wer trüge schon seinen Kraftfahrzeugbrief mit sich! Dann bot ich ihm sogar an, sein Geld über das Wochenende mittels meines Nachttresors auf meine Bank zu geben, am Montagmorgen könne er es sich wieder holen. Das lehnte er mit vielen Dankesbezeugungen ab, weil er auch über das Wochenende bei Privatleuten kaufen wolle und dazu Bargeld brauche.

Wir wussten auch in welcher Pension er abgestiegen war, das hat er jedem erzählt, und dass er in Beirut Autohändler sei. Außerdem konnten Susi und zwei der anderen Mädchen fabelhafte Phantomzeichnungen anfertigen lassen von zwei jungen Männern, die mit dem Herrn aus dem Libanon zusammengesessen und auch mit ihm weggegangen waren. Es war nicht besonders schwierig, denn der eine der jungen Männer musste einem Cowboyclub entsprungen sein, er trug ein volles Cowboykostüm inklusive Hut.

Die Kripo hatte Raubmord ausgeschlossen, weil dem Opfer keine Wertsachen fehlten. Sie wusste erst durch uns, dass es sich mit an Sicherheit grenzender Wahrscheinlichkeit doch um einen Raubmord handelte.

Meine Mitarbeiter durfte ich unter hunderttausend Entschuldigungen wieder mitnehmen. Ich lud alle zum Essen ein. Nach so einem gravierenden Erlebnis wollte ich sie nicht sofort sich selbst überlassen. Während des Essens erzählte dann jeder, wie sie abgeholt wurden. Eine Geschichte für alle – sie waren alle gleich. Die Männer stürmten die Appartements, wiesen sich nicht lesbar als Polizisten aus, befahlen in rüdem Ton sich anzuziehen. Die Mädchen durften sich nicht einmal hinter einer offenen Schranktüre ihrer Nachthemden entledigen, die Polizisten sahen genau zu. Dann wurden sie zu irgendwelchen Privatwagen gebracht, die verschiedene bayrische Autokennzeichen hatten. Susi zum Beispiel musste in einen VW Käfer mit Rosenheimer Nummer einsteigen. Alle waren der Meinung, dass es sich um eine Entführung handelte. Keinem wurde erklärt, was passiert sei. Selbst im Präsidium wurden sie nicht richtig befragt, nur nach ihrem Alibi. Längst hätten unsere Freunde und Helfer aber schon merken müssen, dass keiner von ihnen vor fünf Uhr morgens das Lokal verlassen hatte, also als Täter gar nicht in Frage kommen konnte.

Auf meine Frage, warum man mir nicht gesagt hatte, dass einem unserer Gäste etwas zugestoßen sei, erhielt ich eine verblüffende Antwort: Auch die »Abholbeamten« dürften nicht in einen Tatverdacht eingeweiht werden.

Die nächsten sechs Wochen hatten wir als ständige Gäste die Kripo im Haus. Sie hatten gehofft, dass die Täter in den SIMPL zurückkommen würden. Das hielt ich für einen ganz großen Blödsinn, nachdem das Verbrechen bis ins kleinste Detail in allen Zeitungen nachzulesen war. Dafür hatten wir viele Schaulustige, die ganz genau wissen wollten, wo denn die Mörder mit ihrem Opfer gesessen hätten, um mit einem wohligen Schauer auf diesem Platz ein frisch gezapftes Pils zu trinken!

Apropos Mörder. Es gab keinen Mörder. Das Opfer hat entgegen allen medizinischen Vorhersagen überlebt und wurde, nachdem es transportfähig war, nach Beirut geflogen.

Die beiden Täter wurden tatsächlich gefunden – sie hatten mit der Kohle zu sehr geprasst, haben gestanden und gingen für viele Jahre in den Knast.

Wie so oft – es war wieder einmal so voll, dass man sich gar nicht bewegen konnte. Ein Gast flüsterte mir ins Ohr, dass ein Verrückter auf der Herrentoilette mit einem Revolver herumspielte. Er hätte gerade das volle Magazin hineingeschoben. Ich ließ mir den Gast zeigen, der an der Bar saß, machte mich am Tresen zu schaffen und sah mir den jungen Mann sehr genau an. Tatsächlich hatte er vorne im Hosenbund einen silbernen, nicht sehr großen Revolver stecken. Sofort informierte ich die Polizei, bat aber, da es so wahnsinnig voll war, Polizisten in Zivil zu schicken, damit wir keine Panik auslösen würden. Der Beamte am Telefon hatte dafür vollstes Verständnis und fand den Vorschlag richtig. Leider kamen sie aber doch in Uniform. Zwei von ihnen nahm ich mit in die Kneipe, bat sie ihre Mützen abzunehmen, damit sie nicht gleich zu erkennen wären. »Das dürfen wir nicht! Das ist ein offizieller Einsatz, da müssen wir die Mützen aufhaben.« Ich erklärte ihnen, dass es aber wichtig sei, dass sie nicht sofort als Polizisten zu erkennen seien. Das sahen sie ein. Ich stellte mich hinter den Waffenträger, deutete auf ihn. Die Polizisten schoben sich hinter ihn, ab da ging alles rasend schnell. Mit einem Griff zogen sie die Waffe aus seinem Hosenbund, nahmen ihn in die Mitte und führten ihn ab. Bis sie im Gänsemarsch zu den Stammtischen kamen. An einem der Tische saß ein entzückender Schwuler, ein Freund von uns allen, der sich nicht verkneifen konnte, hinter dem ersten Polizisten herzupfeifen und einen Satz loszulassen: »Herr Polizist – Herr Polizist! Was haben Sie für ein aufregend knackiges Popöchen!« Allgemeiner Lacherfolg und ein bisschen Verwirrung seitens der Beamten. In der Sekunde sah ich den Waffengast in seiner Sakkotasche nesteln und wie ein Blitz schoss es mir durch den Kopf, dass ich die abgenommene Pistole, die mir die Polizisten gezeigt hatten, noch nie gesehen hatte und schrie lauthals: »Vorsicht! Der hat noch eine!«

Der Polizist, der hinter ihm ging, reagierte toll! Ich hatte noch nicht ausgesprochen, da schob er seine Arme unter die des Täters, riss ihm die Arme hoch und holte aus seiner Jackentasche noch eine Pistole! Die, die ich gesehen hatte.

Der Waffennarr war amtsbekannt, wie es so schön heißt, er hätte zwar schon öfters herumgeballert, aber noch nie jemanden verletzt. Er landete mal wieder für einige Zeit in der Klapsmühle.

Die nächste Geschichte gehört mit zu meinen peinlichsten: Wieder einmal war unsere Handkasse im Büro ausgeräumt. War ja auch leichtsinnig von uns, immer die Türe offen und unversperrt zu lassen. Nicht nur, dass die Handtaschen meiner Tochter und mir unter dem Schreibtisch standen, unsere Schlüssel lagen auch da. Eigentlich hätten wir stutzig werden müssen, da die letzte Viertelstunde die Türe geschlossen war. Von uns war niemand im Büro, und in dieser Zeit muss es geschehen sein. Ich musste die Polizei verständigen, um eventuelle Fingerabdrücke zu sichern.

Zuerst wurden die Mitarbeiter befragt, ergebnislos. Keiner hatte in der letzten Stunde seinen Arbeitsplatz verlassen. Dann gingen die Kripoleute ins Lokal und redeten mit den Gästen, die mit Blick auf den kleinen Gang saßen, der zum Büro führte. Eine junge Dame sagte, dass sie einen sehr großen, schlanken, jungen Mann nach hinten gehen sah. Die Polizisten unterrichteten mich und sagten, dass sie jetzt leider gezwungen seien, durch die Kneipe zu gehen und nach diesem Mann zu suchen. Ich wusste sofort, wer gemeint sein könnte, und versuchte das Ganze abzubiegen.

Wir hatten an diesem Abend sehr lustigen Besuch. Die ganze Mannschaft der Gummersbacher Handballer feierte irgendeinen Sieg. Sie waren sehr ausgelassen und hatten schon einige Biere intus. Alles lange Kerle, ich glaube nicht, dass einer dabei unter 1,95 m war. Das fiel natürlich auf. Den einen Langen hatte ich auch gesehen, das erzählte ich der Polizei, er wollte auf die Toilette, kannte sich natürlich nicht aus und ging in die falsche Richtung. Nachdem er in der Küche gelandet war, zeigte ihm die Köchin den richtigen Weg. Leider waren die Beamten nicht von der fixen Idee abzubringen, einer aus dieser wunderbaren Mannschaft könnte der Täter sein. Ich erklärte lang und breit, dass es für Sportler ein abwegiger Gedanke sei, irgendwo eine Kasse zu knacken! Der Täter müsse sich doch ausgekannt haben, gewusst haben, dass die Schlüssel leicht zu finden sind, so blitzschnell wäre das über die Bühne gegangen.

Das Unheil nahm seinen Lauf. Jeder der Gummersbacher musste in meinem Büro antreten, alle Taschen ausleeren und sich total ausziehen.

Ich wollte am liebsten sterben. Natürlich kam dabei überhaupt nichts raus und meine Freunde des Spitzenhandballs zogen verbittert ab. Ich konnte sie verstehen. Meine Entschuldigungen und Erklärungen waren fruchtlos. Ich konnte mich ja auch nicht hinstellen und sagen, dass in meinem Büro zwei wahnsinnige Polizisten sitzen, die vielleicht gerne mal die Gummersbacher Spieler aus der Nähe sehen wollten. Diesen Eindruck hatte ich leider. Denn nachdem sie diese Arbeit erledigt hatten, verließen sie mein Lokal, ohne auch nur irgendeine andere Spur in Erwägung zu ziehen, mit der lapidaren Feststellung, dass sich der oder die Täter leider nicht ermitteln ließen.

Das war es dann. Das Geld war ich los, meine Gummersbacher Freunde auch. Ich habe mich zutiefst geschämt.

Eine sehr traurige Geschichte mit einem für uns äußerst merkwürdigen Ausgang passierte am 26. September 1980.

Bis Mitternacht waren Stadt und Umland von der Katastrophe auf dem Oktoberfest informiert. Durch einen feigen Terroranschlag am Ausgang der Festwiese gab es viele Tote und Verletzte. Die genaue Zahl und vor allem Namen waren natürlich noch nicht bekannt. Unser Telefon stand nicht mehr still. Eltern suchten ihre Kinder, Frauen ihre Männer, Freunde ihre Freunde. Es war ein wahnsinniges Durcheinander. Alle wollten wissen, ob ihre Angehörigen bei uns im SIMPL seien. Die Namen wurden notiert und ausgerufen, es meldete sich niemand. Uns waren die Namen auch überhaupt nicht bekannt, obwohl wir bis zu 80 Prozent Stammgäste hatten und sicher von den meisten wussten, wie sie hießen. Dann kam auch noch die Polizei mit Suchmeldungen, es seien so viele Anfragen im Präsidium eingegangen, alle, die auf der Liste stünden, sollten Gäste im SIMPL sein. Nicht einer war da – für uns auch wieder alles Unbekannte. Inzwischen hatten wir über 100 Namen, die wir auf die Rückseite eines alten Plakates schrieben und an die Haustüre hängten. Ein Platz, der von keinem Gast übersehen werden konnte.

Es war entsetzlich, die weinenden Angehörigen immer wieder mit der lapidaren Antwort abzuspeisen, dass wir niemand dieses Namens bei uns hätten. Bis in die frühen Morgenstunden kamen noch viele persönlich bei uns vorbei, weil sie uns nicht glauben wollten, dass ihre Angehörigen nicht da seien.

Schnell fanden wir eine Erklärung für diese Suchaktionen. Der SIMPL hatte zwar die ganze Nacht geöffnet, aber es passierte nichts Außergewöhnliches. Ich bin überzeugt, dass nicht einer der Männer und Frauen, die gesucht wurden, jemals im SIMPL ein Pils getrunken hat. Wir waren ein »Alibi«-Lokal! »Es kann spät werden. Wir sind nachher noch im SIMPL«, war eine angesagte Entschuldigung für eine lange, irgendwo anders zu verbringende Nacht. Das war okay, da konnte niemand meckern. Der SIMPL war ein anständiges Lokal!

Meine so groß propagierte Geschichte mit meinem »Wohnzimmer« hatte sich herumgesprochen!

Ohne Worte
Unser Fußballverein …

Wenn Schauspieler und Kabarettisten kicken: Rainer Basedow gehörte zu den festen Größen in der Mannschaft »ALTER SIMPL« und in Sammy Drechsels »FC Schmiere«. Links gönnt er sich eine Erfrischung, rechts oben versucht er Hans Richter (Torwart beim »FC Schmiere«) auszutricksen, rechts daneben ist Pauli, der Polizist, und ganz hinten Ole.

Dieter Hildebrandt (Bild rechts unten) stürmte für den »FC Schmiere«, hier in wilder Aktion mit Henry van Lyck von der SIMPL-Mannschaft.

Meine Uniform-Allergie
Von großen, kleinen und zivilen Uniformträgern

Eine richtig nette Clique von Studenten erbte ich von meinem Vorgänger. Sie waren wie noch ein paar andere schon Gäste des SIMPL, als es mich noch nicht gab. Ich habe sie übernommen und festgestellt, dass sie wunderbar in mein neues Wohnzimmer passen. Einige studierten Jura, zwei Pharmazie, Geschichte und Politik waren auch dabei und einer wollte Präsident der Bundesbahn werden. Als ich bemerkte, dass sie alle einem studentischen Corps angehörten, war es schon zu spät. Ich mochte sie alle sehr gerne. Sie waren lustig, gescheit, diskussionsfreudig und sehr gute Gäste.

Bei meiner tiefen Aversion gegen jede Art von Uniformen kam ich in die Zwickmühle. Wie sollte ich mich verhalten? Corps-Studenten waren für mich das Widerlichste, was ich mir überhaupt vorstellen konnte. Und auch noch eine schlagende Verbindung! Ich habe mir überlegt, dass es vielleicht einen Weg geben müsste, mich mit ihnen zu arrangieren. Eine große Voraussetzung hatten sie schon ganz unbewusst erfüllt. Sie erschienen im SIMPL nie mit Band und Mütze, deshalb hat es auch so lange gedauert, bis ich bemerkt habe, dass sie Corps-Studenten waren. Einen sogenannten Bierzipfel hatte ich bei einem am Hosenbund entdeckt, da war es bei mir gelaufen.

Wir hatten ein langes, sehr gutes Gespräch, in dessen Verlauf ich ihnen meine Einstellung erklärte. Während des Krieges hatte ich für mein ganzes Leben genug Uniformen gesehen. Und leider im letzten Kriegsjahr, als ich »kriegsdienstverpflichtet« in einem großen Lazarett arbeiten musste, viele Uniformträger, denen Arme oder Beine fehlten, manchmal beides. Außerdem sei der SIMPL ein Ort, an dem man nicht schon rein äußerlich die Geisteshaltung eines Gastes erkennen können muss. Über meine Auslassung, dass auch der Klempner nicht in seinem Overall und mein Briefträger nicht in seiner Postuniform in ein Nachtlokal gingen, waren sie wegen des Vergleichs entsetzt, aber sie akzeptierten meine Einstellung. Wir einigten uns auf einen Kompromiss, mit dem wir alle gut leben konnten. Sie kämen nie in Couleur, würden nie über Mensuren reden – für mich sowieso das Abartigste, was es überhaupt gibt – und würden ihre Bierzipfel in die Hosentasche stecken. So versprochen, so geschehen. Wir hatten keine Probleme mehr miteinander.

Dieses und noch ein anderes Corps hielten sich eisern an die Regeln meines Hauses. Wenn sich doch einmal einer der Jungen in Couleur verirrte, übernahmen sie es, ihrem Corps-Bruder die Spielregeln beizubringen. Differenzen gab es aber immer wieder mit Studenten, die anderen

Papp-Corps-Studenten aus einem Figurentheater.

Corps angehörten. Wenn ich sie freundlich darum bat, doch Mütze und Band einzustecken, ihnen versuchte zu erklären, was für eine Art Lokal der SIMPL sei, stieß ich des Öfteren auf großen Widerstand. Ich würde ihr »Ehrenkleid« beleidigen, hätte keine Achtung an den Tag gelegt und wäre überhaupt nicht satisfaktionsfähig. Das wollte ich auch gar nicht sein. Ich sagte ihnen, sie sollten doch dort hingehen, wo man sie gerne in ihrer Maskerade sieht. Nach wüsten und sicher gar nicht standesgemäßen Beleidigungen verließen sie dann das Lokal. Zwischenzeitlich hatte es sich unter den Studenten herumgesprochen, dass ich niemand in Couleur dulden würde. Es kehrte wieder Ruhe ein. Bis auf ein paar, die meinten, sie müssten provozieren und gleich in der für mich so lächerlichen großen »Wichs« antanzten. Die lachte ich aus, warf sie raus und nahm es als missglückten Studentenstreich.

Schwieriger wurde es für mich mit Bundeswehruniformen. Ich wusste ja, dass es verboten war, für Uniformen »off limits« zu erteilen, also musste ich es anders anstellen. Die ersten drei Uniformträger waren Herren, die ich gut und vor allem als nette Gäste kannte. Als ich sie an der Garderobe stehen sah, in voller Montur mit viel Rot an Jacke, Kragen und Hosen, erschrak ich schon sehr. Trotzdem ging ich ihnen entgegen, freute mich, dass sie mich besuchen kämen und fragte, ob sie auf der Durchreise seien. Aber nein, sie seien auf einer Tagung in München, gaben sie mir zur Antwort. Dann hätten sie doch sicher auch Zivil dabei? Aber ja – natürlich. Und jetzt fiel einem der Herren durch meine blöde Herumrederei ein: »Mein Gott, wisst ihr überhaupt, wo wir sind? Im SIMPL – Toni, entschuldigen Sie bitte, wir waren so in unser Gespräch vertieft, wir haben nicht daran gedacht. Halten Sie uns den Tisch frei, wir fahren schnell ins Hotel und kommen wieder.« In 20 Minuten waren sie in Zivil wieder da, entschuldigten sich nochmals wegen des Versehens. Das Verhalten dieser drei hohen Offiziere gab mir Mut. Ich redete mit jedem Uniformträger, versuchte die Philosophie meines Lokals zu erklären, dass ich mir wünschen würde, dass ich alle Menschen nur mehr als Zivilisten sähe – manchmal hatte ich Erfolg, bei den Sturen nicht. Da kam dann wieder die Sache von dem »Ehrenkleid«, da reagierte ich dann allergisch.

Drei Fliegeroffiziere saßen in ihrer Galauniform an der Bar. Ich hatte sie leider nicht hereinkommen sehen. Alle drei waren besoffen und benahmen sich widerlich. Sie beschimpften die anderen Gäste, die gezwungen seien so abgrundtief hässliches Zivil zu tragen, machten alle Mädchen, die auch an der Bar saßen, relativ ordinär an, fingen an ihre schicken Uniformjacken auf andere Barhocker zu verteilen, warfen ihre Krawatten hinter sich, krempelten die Ärmel hoch und meinten, jetzt solle doch noch einer etwas sagen, sie seien bereit. Eine Schlägerei lag in der Luft. Ich musste einschreiten, ging hin und sagte, sie sollten sofort ihre Rechnung begleichen, sich wieder ordentlich ankleiden und das Lokal verlassen, sie hätten Hausverbot. Da hatte ich aber ganz schlechte Karten. Von einer »Barnutte« ließen sie sich überhaupt nichts gefallen, sie seien deutsche Offiziere der deutschen Luftwaffe und sie könnten hier in diesem »Puff« machen, was sie wollten. Die Lage wurde mir zu gefährlich, ich wollte die Feldjäger anrufen. Die Nummer hing groß über meinem Schreibtisch.

Ein kleiner, besonders lieber Stammgast hielt mich auf. Er meinte, ich solle die Feldjäger nicht rufen, das hätte unabsehbare Folgen für die drei Offiziere. Er würde hingehen und mit ihnen reden. Ich wusste zwar nicht, wieso dieser kleine, ältere Zivilist mehr Erfolg haben sollte als ich, aber ein Versuch war es wert. Vielleicht ließen sie sich von einem Mann eher etwas sagen als von einer Frau. Die Situation spitzte sich zu, denn alle Gäste, die an der Bar saßen, redeten jetzt auf sie ein. Die Dialoge waren alles andere als fein.

Der kleine Herr bat sie sehr höflich doch in ihrem eigenen Interesse das Lokal zu verlassen. Sie seien sehr angetrunken und würden dem Image der Bundeswehr schaden. Aber auch diese ruhige kurze Rede fiel auf keinen fruchtbaren Boden. Im Gegenteil die Drei wurden immer ausfallender. Da hörte ich den kleinen, so ausnehmend netten Herrn brüllen: »Nehmen Sie Haltung an! Ich bin Ihr vorgesetzter Offizier!«

Im ganzen Lokal herrschte Totenstille. Tatsächlich sprangen die drei von ihren Hockern und standen stramm. Das sah ziemlich lächerlich aus, wie sie so dastanden in ihrem völlig verknuddelten Outfit. »Bringen Sie sofort ihre Kleidung in Ordnung!« Mein kleiner netter Herr zückte einen Ausweis, der die Offiziere erblassen ließ, und nahm ihnen ihre Papiere ab. Sie waren für einen Lehrgang auf dem Bundeswehrflughafen in Neubiberg stationiert und kannten ihren Chef noch nicht. Der kleine nette Herr war der Kommandant der dortigen Fliegerschule! Mein kleiner netter Herr setzte sich ganz ruhig zurück auf seinen Platz und trank sein Pils weiter. Später sagte er mir, dass er von Anfang an die drei im Auge hatte, weil er sofort ihren Gesprächen entnommen hätte, dass sie zu seiner Abteilung gehörten.

Am nächsten Abend standen drei junge Männer, die aussahen wie ein Schluck Wasser, an der Garderobe und wollten mich sprechen. Was doch so eine Galauniform ausmacht! Ich hätte sie nie mehr wiedererkannt. Jeder bewaffnet mit einem kleinen Sträußchen Moosröschen. Sie wären gekommen, um sich zu entschuldigen und schoben ihr schlechtes Benehmen auf den Alkohol. Das war mir zu billig. Ob sie denn freiwillig da seien? Zwei bejahten meine Frage, der dritte nicht. Was denn mit ihm sei? Nein, meinte er, man hätte es ihnen zur Auflage gemacht. Jetzt stritten sie untereinander, weil die anderen zwei das so nicht sahen, sie wären wirklich freiwillig hier und würden mich bitten das Hausverbot zurückzunehmen, das sei für sie sehr wichtig. Ich sagte, dass ich ihre Entschuldigung zwar annehmen würde, das Hausverbot aber leider nicht aufheben könnte, denn ihr Kollege sei ja immer noch der Meinung, dass ihr gestriges Benehmen ohne Fehl und Tadel gewesen sei. Mitgefangen – mitgehangen. Sie sollten das unter sich ausmachen.

Diese Geschichte erzählte ich einem Freund aus Köln, der jedes Wochenende in München war, um die Zweigstelle seiner Firma zu betreuen. Er war ein großgewachsener Herr mit schlohweißen Haaren und einer sportlichen Figur. Hans lachte sich fast kaputt über meine Erzählung und fand sie fabelhaft. Natürlich geriet sie in Vergessenheit.

Viele Wochen später: Mein Freund Hans aus Köln saß wie immer am Stammtisch. Es gab Ärger mit drei jungen Leuten am großen Tisch daneben. Sie hatten eigentlich schon genug, grölten durch das ganze Lokal, kein Mädchen und keine Frau war vor ihren Pöbeleien sicher. Mein Entschluss stand fest – die müssen raus. Aber alles was ich sagte, interessierte sie überhaupt nicht. Irgendwie stand Hans auf einmal neben mir, um mich zu beschützen. Er hörte sich mit Engelsgeduld die Unverschämtheiten dieser drei jungen Männer an. Man könnte ihnen überhaupt nichts anhaben, sie hätten schon weit Schlimmeres erlebt, sie seien alle drei Kapitäne zur See, jeder würde ein eigenes U-Boot kommandieren und sie zogen zur Bekräftigung ihrer Aussage ihre Aus-

Stammgast Hans, der den »Admiral« spielte und damit drei U-Boot-Kapitäne zum Schweigen brachte.

weise aus den Taschen. Plötzlich schrie mein Freund Hans im bittersten Kasernenton: »Nehmen Sie Haltung an, ich bin Ihr vorgesetzter Offizier!« Tatsächlich sprangen die drei auf, standen stramm mit den Händen an der Hosennaht. Hans befahl ihnen zu zahlen und zu gehen. Sie waren schon im Aufbruch da fragte einer, was für ein Offizier er denn sei? »Halten Sie den Mund! Ich bin Ihr Admiral!« Ich musste mich umdrehen, weil ich fast nicht mehr an mich halten konnte vor Lachen. Hans und Admiral! Er war Verleger schöngeistiger Literatur! Aber er brachte die drei aus dem Haus. Bis zur Türe ging ich mit, um mich zu vergewissern, dass sie auch tatsächlich aus dem Haus waren und nicht, wie schon so viele, ganz schnell die Kurve rechts in die kleine Bar gemacht haben. An der Haustüre drehte sich einer um schaute mir tief in die Augen und sagte: »Komisch, bei der Marine gibt es doch gar keinen Admiral mehr!?« und draußen waren sie.

Die Schwierigkeiten mit Bundeswehrangehörigen häuften sich. Irgendeinen Weg musste ich finden, um aus dieser Misere herauszukommen. Komischerweise waren es immer Offiziere, die diesen angeblich so »linken« Laden einmal richtig aufmischen wollten. Nie untere Chargen. Da traf es sich gut, dass ich auf einem Empfang der Stadt München den Standortkommandanten Herrn von Ungern-Sternberg kennenlernte und ihm sofort mein Leid klagte. Er versprach mir Abhilfe zu schaffen. Als erstes gab er mir eine Telefonnummer von einer speziellen Feldjägertruppe. Ich sollte mich mit den Leuten gar nicht lange auf ein Gespräch einlassen, sondern immer gleich anrufen. Das beruhigte mich fürs erste. Wie er es geschafft hatte, unser Dilemma zu beenden, weiß ich nicht. Jemand erzählte mir, dass es eine Verordnung gebe, nach der man nicht mehr in Uniform in den SIMPL gehen dürfe. Wie gesagt, für mich war das ein Gerücht. Aber mit Erfolg. Nie mehr gab es Ärger mit Uniformierten.

Und sie waren trotzdem da! Wenn auch nicht mehr aufmüpfig, sondern als Freunde. Der nachfolgende Stadtkommandant oder wie immer diese Bezeichnung heißt, wurde sogar ein Freund von uns. Bruno von Mengden war ein lieber und gern gesehener Gast an unseren Stammtischen. Mit seinem Adjutanten Wolfgang Ohlert zusammen hatten wir immer tolle Gespräche und viel Spaß. Einmal kamen beide von einem Staatsempfang in ihren Galauniformen. Sie setzten sich still und leise in eine Ecke, wollten um den Abend abzurunden noch ein Pils trinken. Das wollte und konnte ich ihnen nicht verwehren. Gott sei Dank war gerade Faschingshochsaison. Unter den vielen glitzernden Masken, die auch alle ihren Abend im SIMPL ausklingen lassen wollten, fielen meine Galauniformierten mit ihrem vielen Glitzerkram gar nicht auf. Es gab keinerlei Aufsehen.

Wie immer: Ausnahmen bestätigen die Regel. Alle unsere Freunde, die zu einer Übung abkommandiert waren, durften selbstverständlich auf die Schnelle bei uns ein Bier trinken, ihre Uniform hatten sie unter ihren Windjacken versteckt. Auch alle jungen Leute, die eingezogen wurden und Heimweh nach uns hatten, durften in ihren wirklich nicht kleidsamen Uniformen rein. Für die sei es sogar verboten am Beginn ihrer Soldatenkarriere Zivil zu tragen. Hat man mir erzählt. Und gerade die haben wir immer besonders beschützt!

Was ist ein Nasenball?
Die Schönste mit einer Clownsnase: Gina Lollobrigida

Wieder einmal war mir nach einem Faschingsfest zumute. Aber bei meiner Klientel, die sich in der Hauptsache aus Akteuren vor und hinter der Kamera, Journalisten und sonstigem Künstlervolk zusammensetzte, bestand überhaupt keine Chance zu einem richtigen Kostümball. Keiner hatte Lust, sich zu verkleiden. Aber einmal richtig, begleitet von einer Band, durch den ganzen SIMPL zu schwofen, dazu hatten alle Lust. Mit seinen vielen Winkeln und Ecken, der kleinen Bar vorne am Eingang, bot er sich für so eine Veranstaltung geradezu an. Guter Rat war teuer, aber Werner Schwier, der mit größtem Erfolg die Fernsehserie »Es darf gelacht werden« als Moderator betreute, hatte die Idee des Jahrhunderts. Jeder wurde verpflichtet, sich eine Nase aufzusetzen, ansonsten Zivil wie immer. Wir starteten den »Nasenball«.

Bei »König und Schatz«, einem berühmten Friseur und Maskenbildner, hatte ich mir am Nachmittag eine ganz lange Nase modellieren lassen. Ich sah toll aus, hatte eine Nase, so lang wie die von Cyrano de Bergerac und wenn ich ein französisches Barockkostüm angehabt hätte, hätte mich überhaupt kein mehr Mensch erkannt. Ich habe normalerweise eine sogenannte Stupsnase, zu der die Geschichte von Karl Valentin gut passt, dass ich eigentlich Deckel auf meine Nasenlöcher machen müsste, weil es sonst hineinregnet. Alle Mitarbeiter in diesem Salon waren der Meinung, dass mich die lange Nase bis zur Unkenntlichkeit entstellen würde.

Als Band hatte ich Studenten engagiert, die eine tolle Musik machten. Ihr Chef und Leadsänger war Michael Jürgs, einer unserer Stammtisch-Sitzer, Student der Germanistik, Theaterwissenschaft und Journalistik. Michael Jürgs wurde später bekannt als Chefredakteur des Stern, heute ist er ein erfolgreicher Autor. Sein Buch über Romy Schneider wurde ein Bestseller, genauso wie das über den Verleger Axel Springer. Aber wie gesagt, damals war er noch Bandleader, Student und einer unserer liebenswertesten Gäste und gehörte schon zur großen SIMPL-Familie.

Am Abend stand ich erwartungsvoll an der Türe, um bei den Gästen meine Honneurs zu machen. Die ersten kamen mit tollen Nasen. Gebilde von Hand gemacht, sehr witzig. Manche hatten nur eine runde, rote Clownsnase auf, war auch in Ordnung. Niemand sagte auch nur ein Wort über meine Nase. Ich wurde schon ganz traurig, fasste immer wieder an mein langes Gebilde, das ich mitten im Gesicht trug. Ich hatte Angst, dass sie nicht mehr da sei. Nichts – es gab keine Re-

Leadsänger der Faschings-Band war der heutige Top-Journalist Michael Jürgs (Mi.), hier 1966 bei einem der berühmten »Nachthemden«-Bälle.

Faschingsgäste: v. l. Christine Neubauer, Elisabeth Endriss und ihr Mann Bernhard Wicki

Bevor die Zeit der Nasenbälle losging, hatten wir auf unseren Faschingspartys teils opulente Kostümierungen. Oben feierten wir mit dem Textdichter Walter Brandin (er schrieb u. a. »Das alte Försterhaus« und die deutsche Fassung des Musicals »Hair«) und seiner Frau Elisabeth (li.) »Feine Leute im SIMPL«.

Ein kleiner Querschnitt durch meine Faschingskostümierungen. In der Mitte sind Al Hoosman und ich total bayrisch.

aktionen. Bis Freunde kamen, die sich toll nasenmäßig maskiert hatten. Auch so ein langes Ding, aber vorne an der Spitze hatten beide noch eine brennende Kerze angebracht. Sie waren die ersten, die sagten: »Da hätten wir uns nicht so viel Mühe geben müssen, wenn du gar nichts machst!« Meine Nase war immerhin zwölf Zentimeter lang! Fast heulend lief ich zur Toilette, um mich im Spiegel anzusehen. In der Tat, die Nase war so toll gemacht, dass man den Übergang zur echten nicht feststellen konnte. Außerdem war ich natürlich auch exzellent geschminkt. Kein einziger Mensch hat meinen Zinken bemerkt. Erst am nächsten Tag, als ich wieder normal aussah, sagten viele: »Was ist denn mit dir los, du siehst heute so ganz anders aus als gestern!« Das nahm ich als nachträgliches Kompliment.

Der Ball kam schnell ins Laufen, ich musste mich nicht mehr kümmern. Meine Freundin Gabi Glashauser, die damals ein PR-Büro hatte, bat mich zur Haustüre zu kommen, sie hätte einen wahnsinnigen Gast dabei. Und da stand sie, zum Sterben schön: Gina Lollobrigida!

Sie wollte unbedingt dabei sein, so eine Art Maskenball kenne sie nicht, das wollte sie erleben. Einzige Bedingung, kein Mensch, das hieß natürlich in der Hauptsache kein Journalist, dürfe das wissen. Sie sei heimlich in München und damit stellte sie mir einen sehr, sehr jungen Mann vor, der offensichtlichst ihr Lover war. Mit an den Tisch gehen durfte er nicht, er musste woanders sitzen. Die Lollo sah mit ihrer roten Pappnase, die ich ihr verpasste, und ihrem sehr mondänen Abendkleid, das mit Millionen bunter Pailletten benäht war, einfach wahnsinnig aus. Gabi Glashauser und ich stellten sie als eine amerikanische Freundin vor, die leider des Deutschen nicht mächtig sei und nur Englisch sprechen würde. Das konnte die Lollo akzentfrei. Wir tauften sie Mary und im Laufe des Abends hörte sie auch auf diesen Namen. Sie war schnell der Star des Abends. Sie wurde »angesägt«, wie wir das »Anmachen« damals nannten, nach allen Regeln der Kunst. Wenn sie von einem Verehrer wieder an unseren Tisch zurückgebracht wurde, konnten wir vor Lachen kaum mehr an uns halten, über das, was sie uns über ihren jeweiligen Tänzer erzählte. Wir kannten ja die Herren alle! Sie knieten in Scharen um unseren Tisch und legten ihr mit den größten dichterischen Ergüssen ihre Liebe zu Füßen. Ich kann mich kaum an eine Nacht erinnern, in der ich so viel gelacht habe. Prekär wurde die Situation nach Mitternacht, da ist ja Demaskierung üblich, das konnte sich Gina aber nicht erlauben. Ich bin sicher, dass man sie sofort erkannt hätte. Die Lollo spielte das Spiel perfekt. Sie erzählte, dass sie mit einem amerikanischen Gouverneur verheiratet sei, dass die Amerikaner doch so prüde seien, und dass deshalb niemand erfahren dürfe, wer sie sei. Einen Skandal könne sie ihrem geliebten Mann nicht zumuten und wie der Zufall es will, irgendjemand würde sie erkennen, da sie gemeinsam viele Fernsehauftritte mit ihm zu absolvieren habe. Aber sie flirtete mit jedem unserer Gäste so unverschämt, dass mir ihre Verehrer fast leid taten.

Gina Lollobrigida kehrte nach Rom zurück und bis heute hat niemand erfahren, dass sie diese eine Nacht, vor über dreißig Jahren, mit einer roten Pappnase maskiert, im SIMPL verbracht hat.

Die nächsten Tage wurde ich natürlich überrannt, jetzt könnte ich doch sagen, wo man unsere amerikanische Freundin erreichen könnte. Ich sagte immer nur: »In Amerika!« Aber auch Lollo rief noch oft bei Gabi Glashauser an und erkundigte sich, wann denn der nächste »Nasenball« sei, da möchte sie auf jeden Fall wieder dabei sein.

Während einer Vernissage in Moskau, die zu Ehren der großen Schauspielerin und Fotografin Gina Lollobrigida mit ihren wunderbaren Bildern in einem russischen Palais stattfand, wollte ich mich ihr in Erinnerung bringen. Sie meinte aber sofort, sie hätte mich längst an meinem Lachen erkannt. Menschen, die so lachen könnten wie ich, würde sie aus Tausenden heraus erkennen!

Beim Nasenball 1970: Ich, Elzan, Rainer Basedow, Ole, Gisela Hahn, Ulrich Schamoni (v. l. hinten), Harald Dietl, Andrea Rau, Werner Schwier, Baronin Rixa (v. l. vorne); darunter die Einladung von 1972.

WICHTIG:

Ohne Nase kein Zutreten !

WIE GEHABT:

Da der „Simpl" nur 132 Sitzplätze hat,
gibt es keine Reservierungen.

KEIN WEINZWANG – KEIN BOHRZWANG
NUR LACH- UND NASENZWANG

Der Nase Form und Inhalt geben
steht unausgesprochen abseits über dem intimen

Nasen-Abend 1972

Einer langjährigen Tradition folgend
findet er auf vielfachen Wunsch nun bereits
zum dritten Mal statt,

**am 7. Februar 1972 ab 21.00 Uhr
bei Toni im „Alten Simpl" (Türkenstraße 57).**

Die Nase ist der zentrale Mittelpunkt des Abends.
Weitere Programmbelästigungen sind nicht
vorgesehen. Es wird empfohlen, sich in ganz
extremen Fällen an die eigene zu fassen.

Von allen eingeladenen Nasen würden wir uns
über Ihre am meisten freuen.

Werner Schwier

Mehrfach war ich zu Gast bei der »Vorstadthochzeit«. Linke Seite: Helmut Stegmann, Chefredakteur der TZ, ich, Gerd Käfer als »Amme«, der Filmproduzent Luggi Waldleitner und seine Frau Angela.

Rechts: Bei der Vorstadthochzeit 1978 waren Helmut Stegmann (2,02 m) und ich (1,60 m) das Brautpaar.

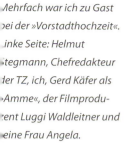

Die Spiele mit der Macht
Ausgerechnet Franz Josef Strauß lehrt mich den Umgang mit den Medien

Kein Politiker der Nachkriegszeit wurde so verehrt und war so verhasst wie er. Über keinen wurde so viel geschrieben. Keiner hat die Gemüter so erregt, die Debatten so angeheizt, niemand hat unsere Gesellschaft mehr polarisiert als er. ER war der Erzfeind der Linken: Franz Josef Strauß. Natürlich war er auch mein sogenannter Erzfeind. Damit wollte ich mich aber nicht begnügen. Wieso sollte jemand mein Erzfeind sein, über den ich immer nur von Dritten informiert wurde? Sei es in schriftlicher oder mündlicher Form. Ich kannte ihn, wie so viele andere auch, nicht persönlich und wollte das unbedingt ändern. Wie sollte ich es anstellen, mit Franz Josef Strauß in Verbindung zu kommen? Damals war er schon ein hohes Tier – ich glaube irgendein Minister oder etwas in dieser Preislage. Das ging nur über einen privaten Kanal und ich hatte eine Idee. Zu einem Freund, von dem ich wusste, dass er mit Franz Josef ganz dick war, sagte ich: »Mach für mich bitte ein Date mit dem Franz Josef.«

»Spinnst du? Für dich?«

»Richtig, für mich. Ich möchte ihn kennenlernen.«

»Was hast du denn jetzt am Hut? Willst du vielleicht gleich in die CSU eintreten?«

»Wirklich nicht! Ich möchte, dass du ihm sagst, dass er mein Erzfeind ist. Und dass ich der Meinung bin, dass man in einer Demokratie auch mit seinen Erzfeinden ein Glas Bier trinken können muss. So stelle ich mir ein freies Land vor. Ich kenne ihn nicht und möchte ihn kennen lernen. So einfach ist das!«

Die Hintergründe kenne ich natürlich nicht, aber mein Freund muss am nächsten Tag rotiert haben, denn schon nach 24 Stunden hatte ich einen Anruf aus der CSU-Landesleitung. Herr Strauß möchte mich gerne zum Essen einladen, wann ich denn Zeit hätte. Ich war über diese schnelle Reaktion so perplex, dass ich sagte, ich würde mich sehr freuen, möchte aber den Termin lieber ihm überlassen. Ich würde es schon einrichten können.

Schon eine Woche später stiefelte ich zum Wienerwald am Olympiaturm. Weit und breit kein Mensch, den ich kannte. Ich fragte einen Kellner, wo denn der Tisch von Herrn Strauß sei. Er las sein Reservierungsbuch durch und erteilte mir eine abschlägige Antwort: »Ein Strauß hat heut nix reserviert.« Nur meiner Beharrlichkeit ist es zu verdanken, dass ich doch noch an dem abgemachten Abendessen teilnehmen konnte. Zum einen konnte ich mir nicht vorstellen, dass man mich auf die Rolle schieben wollte, das wäre ja Wasser auf meine Mühle gewesen! Und zum anderen konnte ich nicht ahnen, dass dieses Abendessen ein geheimes Unternehmen war und unter einem Codewort lief.

Kurz und gut, ich landete in einem Nebenzimmer. Dort waren schon einige Herren anwesend, manche kannte ich vom Foto aus der Zeitung. Murmelnd und sehr reserviert stellte man sich vor. Ein paar Namen waren mir sogar ein Begriff, bis ich langsam feststellte, dass es sich um lauter Bosse aus Industrie und von Banken handelte. Ich war die einzige Frau, also ein Untermensch, denn geredet hat mit mir niemand. Die hochfinanzlichen Herrschaften konnten es nicht glauben, dass eine Frau zu ihren wichtigen Gesprächen mit eingeladen war.

Dann kam Strauß. Begrüßte mich als erste, hinreißend und so als ob wir uns schon hundert Jahre gut kennen würden. Bevor er die anderen begrüßte, stellte er mich vor. Jetzt zu beobachten, wie sich die Gesichter der anderen zwölf Herren fast zu Grimassen verzogen, hat mich sehr erheitert. Strauß hat das aber auch mit einer ungeheuren Wonne vorgetragen, dass es ihm eine große Ehre sei, die »SIMPL-Wirtin« heute Abend als seinen Gast begrüßen zu dürfen. Die »Zwölf Apostel«, wie ich sie in meinem Kopf nannte, machten Diener bis zur Erde, bedankten sich überschwänglich ob der Ehre und bei der Terminknappheit des großen Politikers an dieser auserwählten Runde teilnehmen zu dürfen. Diese Unterwürfigkeit kotzte mich an, aber wenn ich den Gesichtsausdruck meines späteren Ministerpräsidenten richtig interpretiert habe, amüsierte er sich über so viel Ergebenheit köstlich.

Diese Karikatur von Franz Josef Strauß schenkte der Zeichner Dieter Hanitzsch dem SIMPL. Sie zierte jahrelang das Lokal.

13 Männer um mich geschart – das hatte ich mir schon immer gewünscht! Natürlich saß ich zur Rechten von Strauß, der sich totlachen wollte, als ich meinen Tee bestellte. Er ermahnte die anderen, sich an mir doch ein Beispiel zu nehmen, Alkohol sei wirklich sehr gesundheitsschädlich! Und schon leerte er mit großem Genuss ein frisches Glas Bier. Ich musste annehmen, dass auch diese Ironie nicht verstanden wurde, denn alle Herren bestellten Wasser. Nur der Gastgeber orderte gleich ein zweites großes Bier, bei dem es auch nicht blieb. Später wurde Wein gereicht, einige meiner Apostel nahmen davon schon ein Gläschen und tranken ein Schlückchen mit gespieltem Widerwillen. Vielleicht war der Wein aber wirklich sauer? Zuerst hielt Strauß ein kleines Referat, wie wichtig doch Kneipen seien, vor allem aber meine, die politisch so aktiv sei, wenn auch nicht in seiner Richtung, aber auch dies gehöre zu einer Demokratie. Die Herren guckten ein bisschen dümmlich. Ich glaube, sie haben gar nicht verstanden, wovon der Strauß geredet hat und was er damit sagen wollte. Eigentlich sprach Strauß ohne Punkt und Komma, die Herren bezeugten ihre Zustimmung durch heftiges Kopfnicken. Niemand hatte Widerworte. Bei irgendei-

ner Geschichte, die ich wirklich auswendig kannte, korrigierte ich Strauß und machte ihn auf einen Fehler in seiner Erzählung aufmerksam. Ein Engel flog durch den Raum, so still war es auf einmal. Die Zwölf Apostel erstarrten mit offenem Mund zu Salzsäulen, hielten den Atem an, ob der schrecklichen Dinge, die jetzt sofort passieren mussten. Diese Person hat dem Strauß widersprochen! Noch dazu so was Unmoralisches wie eine Nachtlokalwirtin! Das war das Letzte!

Strauß reagierte, wie ich es mir vorgestellt hatte. Mit seinem ungeheuren Gedächtnis wollte er mich aufklären, wie denn das alles damals gewesen sei. Der Huber hätte in seinem Brief vom 23. November 1946 nicht an den Meier geschrieben, sondern an den Müller und der Inhalt des Briefes vom 27. Januar 1947 von dem Lehmann an den Schulze, das müsse man wissen, hätte eigentlich doch dem Huber gegolten. Strauß warf mit Namen und Daten um sich, wovon ich zumindest zwei Daten wusste, die nicht stimmten. Ich konnte es leider nicht beweisen, die ganze Akte lag auf meinem Schreibtisch zuhause, konnte also hier an Ort und Stelle auch nichts ausrichten. Meine Einwände wischte er mit anderen Daten vom Tisch. Ich sagte ihm noch, dass wir uns ein anderes Mal treffen müssten, denn zu diesem bestimmten Thema hätte ich viel zu sagen, bräuchte aber meine Unterlagen, mein Gedächtnis sei nicht so hoch trainiert wie seines, ich würde aber daran arbeiten. Wir lachten miteinander, die feinen Herren starrten schweigend in ihre Teller und hatten vor Peinlichkeit hochrote Gesichter. Um Mitternacht verließ ich die Runde, um auch der Wirtschaft und der Bank noch ein Gespräch zu ermöglichen. Das habe ich, zum Entsetzen der Anwesenden, auch laut gesagt. Strauß stand auf und brachte mich noch zur Türe.

Draußen rauchte ich erst mal in Ruhe eine Zigarette und dachte nach, bevor ich in meinen Laden fuhr. Das, was ich an diesem Abend erlebt hatte, konnte ich eigentlich niemandem erzählen, weil es keiner glauben würde. Unser »Erzfeind« war ein überaus wohlerzogener, und ich möchte fast sagen, charismatischer Mann. Er hat mich einfach mit seinem Charme und seinem Witz überrannt. Nun war ich auch keine sogenannte gefährliche Person für ihn, also hatte er ein leichtes Spiel und gegen sein phänomenales Gedächtnis anzugehen, empfand ich als sinnlos. Wenn es ein nächstes Mal geben sollte, müsste ich mich besser vorbereiten.

Es gab sehr schnell ein nächstes Mal. Die CSU lud ein paar Mal im Jahr das sogenannte Künstlervölkchen zu einem gemütlichen Beisammensein ein. Natürlich mit Franz Josef an der Spitze. Als er mich bei so einer Veranstaltung bat, doch an seiner Seite stehen zu bleiben und mit ihm die Honneurs zu machen, verstand ich ihn sofort. Wir amüsierten uns beide königlich über die erschrockenen und blöden Gesichter, als die Gäste feststellten, dass ich an Straußens Seite stand. Ich hatte ein schwarzes Abenddirndl mit einer knallroten Schürze an, und Strauß erzählte jedem, dass er jetzt auch ein rotes Schürzerl an seiner Seite hätte, nicht nur so langweilige schwarze. Ohne je richtig darüber geredet zu haben, wussten wir, was wir voneinander dachten. Ich wusste, dass er mich benützt, um seine Liberalität zu beweisen, auch mit Andersdenkenden zu sprechen und er wusste, dass es mir eine besondere Freude machte, in all die völlig verwirrten und verunsicherten Gesichter zu sehen. Auf einmal mussten Leute sich mit mir unterhalten, denen vorher die Zunge abgebrochen wäre, wenn sie mich auch nur hätten grüßen müssen.

Ein paar Wochen später großer Filmball im Deutschen Theater. Ein ARD-Team kam zu mir und fragte, ob sie mich zusammen mit Franz Josef Strauß für eine Liveschaltung zu den Tagesthemen vor die Kamera holen dürften. Ich sagte gerne zu, gab aber zu Bedenken, dass man Franz Josef Strauß vielleicht vorher fragen sollte, ob er sich mit mir überhaupt vor einer Kamera zeigen will. Das sei schon geklärt, er hätte sich mich gewünscht. Ich hätte stutzig werden sollen – wieso ausgerechnet ich? Es waren hunderte Filmstars da, sogar einige Weltstars, er verschmähte die schönsten und attraktivsten Damen. Wieso ich? Aber vor lauter Eitelkeit und dummer, vor Stolz geschwellter Brust habe ich das Denken vergessen. Ich hätte zumindest ahnen müssen, dass er etwas ganz bestimmtes vorhatte. Dann war es so weit. Wir trafen uns in einem kleinen Kämmerlein und als Erstes fragte ich ihn, worüber wir denn reden wollten. Fünf Minuten waren angesetzt, das klingt ganz wenig, ist aber eine Ewigkeit. Ich bat ihn, nicht über Politik zu reden, er wisse ja, ich sei ihm zwar nicht gewachsen, aber es gäbe trotzdem Streit. Aber nein, meinte er, er hätte nur eine Bitte, ich sollte das Gespräch beginnen und ihn fragen, warum er noch nie bei mir im SIMPL war. Das war mir angenehm, das konnte ich ehrlichen Herzens fragen, weil es der Wahrheit entsprach. Es ging los. Ich frech und provozierend: »Sagen Sie, Herr Strauß, warum waren Sie eigentlich noch nie im SIMPL?«

»Weil ich nicht hinein darf.«

»Wieso dürfen Sie nicht hinein?«

»Weil ich Hausverbot habe!«

Ich glaube, ich wurde weiß wie die Wand. Er hatte ganz schlicht vor einer laufenden Kamera bei einer Live-Übertragung gelogen.

»Aber Herr Strauß, warum lügen Sie denn? Das ist doch gar nicht wahr!«

»Aber natürlich ist das wahr.«

Und jetzt erzählte er eine Geschichte aus den Kriegsjahren, als er in München studierte. Mit noch drei Freunden ging er in den SIMPL, das Programm interessierte sie. Nachdem im SIMPL aber »Wein-Zwang« war, das heißt, es wurde kein Bier ausgeschenkt, besorgten sich die vier Freunde gegenüber in einer Wirtschaft einen Kasten Bier, schmuggelten ihn in das Lokal und stellten ihn, für den Kellner unsichtbar, unter den Tisch. Sie bestellten die billigste Flasche Wein, nur damit sie vier Gläser bekamen. Heimlich gossen sie das Bier in ihre Gläser. Nie hätte irgendjemand etwas bemerkt, wenn sie nicht beim Öffnen der Flaschen erwischt worden wären. Die Flaschen hatten damals noch Schnappverschlüsse mit einem Bügel, den man nach oben schnalzen lassen musste, und dieses Geräusch fiel auf. Sie waren enttarnt. Der damalige Wirt, Theo Prosel, warf die vier Studenten hochkantig aus seinem Lokal und erteilte ihnen Hausverbot auf Lebenszeit. So war die Geschichte.

»Herr Strauß, hiermit hebe ich das Hausverbot auf!«

»Liebe Toni Netzle, haben Sie denn das Haus gekauft?«

»Aber nein!«

»Dann können Sie rein juristisch das Verbot gar nicht aufheben – ich habe nicht Lokalverbot, sondern HAUSVERBOT! Ich darf das Haus nicht betreten. Sagen Sie mir, wenn Sie das Haus gekauft haben, dann komme ich sofort!«

Nachher habe ich ihm gesagt, dass ich diese Geschichte glauben kann oder auch nicht, aber er hätte sich fein herausgeredet, um ja nicht in die Kneipe, die als »rote Zelle« verschrien war, gehen zu müssen!

Alle fanden diese Geschichte sehr komisch, unser ARD-Auftritt war gut.

Leider gab es aber wohl keinen einzigen Journalisten, der sich dieses kleine Ereignis bis zum Schluss angesehen hatte. Zwei Tage später waren fast alle Zeitungen, linke wie rechte, groß mit der Meldung da: »SIMPL-Wirtin Toni Netzle erteilt Franz Josef Strauß Hausverbot«. Meine Dementis nützten gar nichts. Im Gegenteil. In meinem Laden wurde ich gefeiert. Das wollte ich wirklich nicht, mit so einer Lüge wollte ich nicht leben, mich aber andererseits auch nicht mit fremden Federn schmücken.

Links: Monika Strauß, verheiratet mit Michael Hohlmeier

Rechts: Katja Epstein mit Franz Georg Strauß und Barbara Dickmann

Ich rief den Strauß an, wie ich dieses Missverständnis aus der Welt schaffen könnte. Strauß versuchte mich zu beruhigen. Ich solle mich nicht aufregen, er wüsste, wie es war, ich wüsste es, vielleicht noch ein paar, die richtig zugehört hätten, ansonsten hätte ich jetzt einmal am eigenen Leib erlebt, dass man doch sagen kann, was man will, die Presse schreibt, wie es ihr in den Kram passt, und dieser Kram passt zufällig beiden Seiten. Im Übrigen, wenn er das richtig überdenke, sei das doch die größte PR, die er sich für mich vorstellen könnte. Ihm Hausverbot zu erteilen, das hätte doch was! Leider hatte er Recht. Diese Geschichte geistert immer noch durch viele Köpfe, noch heute bekomme ich Vorwürfe oder Lobreden wegen meines Verhaltens. Sie ist nicht aus der Welt zu schaffen.

Als er gerade bayerischer Ministerpräsident war, traute ich eines Nachts meinen Augen nicht. An der Garderobe stand Strauß zusammen mit seinem Anwalt Dr. Franz Dannecker. Ich stürmte nach vorne. Nur einen Gedanken im Kopf – endlich war meine Stunde da, jetzt konnte ich ihn auf den Arm nehmen. Laut, damit es auch im ganzen Lokal zu hören war, rief ich schon von weitem: »Herr Ministerpräsident, darf ich Sie darauf aufmerksam machen, dass Sie sich, wenn Sie nicht sofort das Haus verlassen, des Hausfriedensbruchs schuldig machen!«

Schon wieder wurden einige Leute in seiner und meiner Umgebung blass, ob meines respektlosen Verhaltens. Er sagte aber ganz ruhig, dass er mit seinem Anwalt gerade aus dessen Kanzlei käme und dass sie nach genauem Studium aller Fakten festgestellt hätten, dass das Hausverbot aus dem Jahr 1943 verjährt sei! Schon wieder 1:0 für ihn!

Bei Linsensuppe und Pils feierten wir seinen Wiedereinstieg in den SIMPL.

Schon viele Jahre vor diesem Ereignis ließ seine Frau Marianne anfragen, ob ich etwas Zeit für sie hätte. Ihr Anliegen war, zuerst mal mein Lokal in Augenschein zu nehmen und zu fragen, ob es möglich sei, dass ihre Kinder hier auch ein Bier trinken könnten. Die Schwierigkeit sei, dass die Kinder jetzt in einem Alter wären, wo sie nachts auch mal ausgehen möchten, aber eben mit dem

Links: Münchens einziger
CSU-OB Erich Kiesl
stößt mit mir sowie den
CSU-Politikern Peter
Gauweiler und Friedrich
Zimmermann an.

Rechts: Marianne Strauß

Problem belastet seien, wohin. Da sie wusste, dass wir am Wochenende bis vier Uhr morgens auf hatten, bat sie mich, ein heimliches Auge auf die Kinder zu werfen. Dann wäre sie damit einverstanden. Sie wüsste, dass die Kinder hier gut aufgehoben wären. Noch ein zweites Problem stand an, die Kinder seien extrem gefährdet, sie könne sie aber nicht zuhause unter einen Glassturz stellen, also kämen sie mit Bodyguards.

Alle drei Kinder waren nett und wohlerzogen, anfangs sehr schüchtern, das gab sich aber im Laufe der Jahre. Auch ihre Guards waren nett, vor allem aber sehr diskret und zurückhaltend. Sie saßen nie mit ihren Schützlingen an einem Tisch, aber sie hatten sie immer im Auge. Der Vater (oder war es die Mutter?) hatte gute Leute für die Kinder engagiert.

Monika, Franz Georg und Max – sie sind mir sehr ans Herz gewachsen. Ich habe sie mit großer Freude heranwachsen gesehen. Heute haben sie alle eine eigene Familie, schon selber Kinder, aber es gibt keine SIMPL-Wirtin mehr, die auf ihre heranwachsenden Zöglinge ein bisserl aufpasst!

Um noch ein wenig bei Franz Josef Strauß zu verweilen, möchte ich noch eine kleine Episode erzählen. Mit Horst Ehmke, Kanzleramtsminister bei Willy Brandt, verbindet mich eine langjährige Freundschaft.

Ein paar Tage vor einem Münchenbesuch rief mich Horst Ehmke an.

»Was machst du Freitagabend? Können wir uns sehen?«

»Gerne, aber ich bin eingeladen. Ich gehe zum Ärger aller Schwarzen auf den CSU-Ball.«

»Pass auf, ich bin zum Essen mit George Bush (damals Vizepräsident der Vereinigten Staaten), am Wochenende ist doch Wehrkundetagung und ich muss mich vorher noch mit ihm und seinen Leuten besprechen. Ich habe eine wunderbare Idee. Könntest du nicht die CSU bitten, für Bush und mich zwei einfache Saalkarten im Bayerischen Hof zu hinterlegen. Wir sind bestimmt nicht vor 23 Uhr da. Aber es wäre uns eine Freude, mit dir und Franz Josef später ein Bier zu trinken.«

Bar aller Bedenken, was ich mit meiner kleinen Anfrage auslösen würde, rief ich den Ballchef der CSU an, der ein guter Gast und Freund war. Ich gab einfach Ehmkes Bitte weiter. Schweigen am anderen Ende der Leitung.

»Hallo, bist du noch da? Hat es dir jetzt die Sprache verschlagen?«

»Ja. Ich weiß nicht wie ich mich verhalten soll.«

»Was heißt das im Klartext?«

»Wer der Ehmke ist, weiß ich ja. Aber wer ist der andere?«

»George Bush?«

»Aha, und wer soll das sein?«

»Am Wochenende ist doch Wehrkundetagung in München, das weißt du doch. Ist ja sehr peinlich, wenn ich dir sagen muss, dass der Bush der amerikanische Vizepräsident ist!«

Wieder Schweigen im Walde.

»Das geht gar nicht. Da bekommen wir größte Schwierigkeiten mit dem Protokoll.«

»Wieso mit dem Protokoll?«

»Ja stell dir mal vor, wie gehen die zwei, der Strauß und der Bush, durch die Türe? Wer geht als erster? Wer ist denn hochrangiger laut Protokoll, der Strauß oder der Bush?«

»Natürlich der Bush. Aber Strauß ist der Gastgeber, also wird er immer dem Bush den Vortritt lassen.«

»Nein, so geht das nicht. Das ist dem Strauß sein Ball, da hat niemand anderer, noch dazu sogar was Höheres als er, etwas verloren!«

»Also, das ist doch so, dass sich dieses Problem gar nicht stellen wird. Der Strauß eröffnet alleine seinen Ball. Das ist euer Protokoll. Erst wenn alles gelaufen ist, kommen die zwei doch! Später gibt es gar kein Protokoll mehr, ich kenne das, da gehen alle in den Bierkeller und genau da wollen die beiden doch hin. Unter das Volk – wie es so schön heißt.«

»Mit wie vielen Leuten käme denn der Bush?«

»Mit dem Ehmke, hab ich doch schon gesagt.«

»Nein, wie viele Bewacher hat er denn dabei?«

»Niemand. Er ist Amerikaner, die sehen das nicht so eng wie wir. Die brauchen diese Pompauftritte nicht. Hinterleg zwei Einlasskarten bitte auf den Namen vom Ehmke. Der bringt halt einfach den Bush mit.«

»Ich weiß nicht, ob ich das so machen kann. Der Ehmke ist ein Roter und der Bush ist Amerikaner, was wollen die auf unserem Ball?«

»Ein Bier mit euch trinken – nicht mehr. Jetzt stell dich nicht so an, es wertet euren Ball nur ungeheuer auf, wenn der amerikanische Vizepräsident auch daran teilnimmt. Ihr werdet eine riesige Publicity haben!«

Dies sah mein verängstigter Freund von der Protokollabteilung ein. Es folgten noch mehrere Telefonate, die sich ausschließlich um protokollarische Fragen drehten. Es brauchte hohe Überredungskunst, damit ein amerikanischer Vizepräsident auch mal ohne Protokoll ein Bier trinken kann. Die zwei Karten lagen zur Abholung bereit.

Der Ball rauschte so vor sich hin. Großes Spektakel wurde inszeniert. Ich amüsierte mich köstlich, weil man mich immer nur mit großen schwarzen Augen ansah. Außerdem saß ich, besser als manch verdientes Parteimitglied, zwei Tische neben Strauß.

Ab 22 Uhr hingen meine Augen am Eingang. Ehmke wusste, wo ich sitzen würde. Wir hatten ausgemacht, dass er zuerst mich an meinem Tisch abholen sollte. Leider kam er allein. Bush war

Franz Josef Strauß und Horst Ehmke auf dem CSU-Ball.

bereits im Landeanflug auf München in den Nahen Osten beordert worden. Der Libanonkrieg stand kurz vor dem Ausbruch.

Ehmke allein war für die Umsitzenden schon erschreckend genug. Er steuerte gezielt mit mir zum Tisch von Strauß, die beiden Männer begrüßten sich mit überschwänglicher Herzlichkeit, natürlich wissend, dass alle Kameras surrten. Marianne und die Kinder guckten schon etwas pikiert, ließen sich aber nichts anmerken. Da saßen wir eine Weile, die offenen Münder ringsherum gingen nur langsam zu.

Wieso der Strauß überhaupt nicht erstaunt war, machte mich stutzig. Ich fragte bei Ehmke nach. Es sei doch sonderbar, dass der Franz Josef schon von seinem Platz aufsprang, als er, Ehmke, noch ein gutes Stückchen weit weg war. Die Aufklärung war sehr einfach. Die beiden Herren hatten sich schon am Nachmittag in der Staatskanzlei getroffen. Aber außer einem engen Mitarbeiter von Strauß hat davon niemand etwas gewusst. Ehmke wurde durch die Tiefgarage zu Strauß ins Büro geschleust und auf gleichem Weg hat er das Haus auch wieder verlassen. Ehmke hat natürlich Strauß erzählt, dass er am Abend zu seinem Ball kommen würde. Beide waren traurig, dass der Bush unsere Stadt nur überflogen hat und hofften sehr, dass er wenigstens zur Abschlussveranstaltung der Wehrkundetagung kommen würde.

Auch so wird Politik gemacht. Davon konnte ich auch in meiner Kneipe ein Lied singen. Wie viele Politiker und Journalisten sich in meinem kleinen Büro zu einem tête-à-tête getroffen haben, weiß ich gar nicht mehr. Es war ein beliebter Treffpunkt für Leute, die sich sonst kaum grüßten, weil sie aus verschiedenen Lagern kamen, Klage gegeneinander eingereicht hatten, oder offiziell total zerstritten waren.

Nach unserem Besuch am Tisch der Familie Strauß gingen Ehmke und ich flanieren. Die feindseligen Blicke hätten uns eigentlich töten sollen. Man empfand es als eine Unverfrorenheit, dass ein roter Spitzenpolitiker ihren so lustigen Ball versaut.

Der erste hohe CSU-Mann, der Ehmke schon mit großen Schritten entgegeneilte, war Gerold Tandler, damals, glaube ich, irgendwas ministerliches. Er freute sich wirklich über Ehmkes Besuch. Die zwei Politiker, die sich bis dahin noch nie getroffen hatten, redeten lange miteinander. Der Zweite war Johnny Klein, aber er und Ehmke kannten sich natürlich schon länger aus Bonn und schätzten sich sehr. Beide waren große Kunstkenner und, soweit das im Rahmen ihrer Finanzen möglich war, auch Sammler. Zwei CSU-Funktionäre, die wohl auch so offen dachten wie ihr Chef. Die anderen zogen sich in ihr kleinkariertes Schneckenhaus zurück. Das änderte sich später im Bierkeller, da hatten einige schon ein wenig im Karton und damit auch die Traute mit Horst Ehmke zu sprechen. Sollten sie am nächsten Tag gerügt werden – von wem auch immer –, könnten sie sich ja auf einen Schwips hinausreden!

Der plötzliche Tod von Strauß hat mich sehr getroffen. Nicht lange davor kam seine Frau Marianne bei einem Autounfall ums Leben. Die Kinder waren, glaube ich, noch zu jung, um aus dieser behüteten Familie jetzt allein in der Welt zu stehen. Sie hätten ihre Eltern noch sehr gebraucht!

Karikatur: Klama

Finanzminister Helmut Schmidt (SPD)

Außenminister Walter Sch…

Münchens Ex-OB Hans-Jochen Vogel (SPD)

Bundesminister für besondere Aufgaben Horst Ehmke (SPD)

Gerhard Schröder (der CDU-Politiker, nicht der spätere SPD-Kanzler)

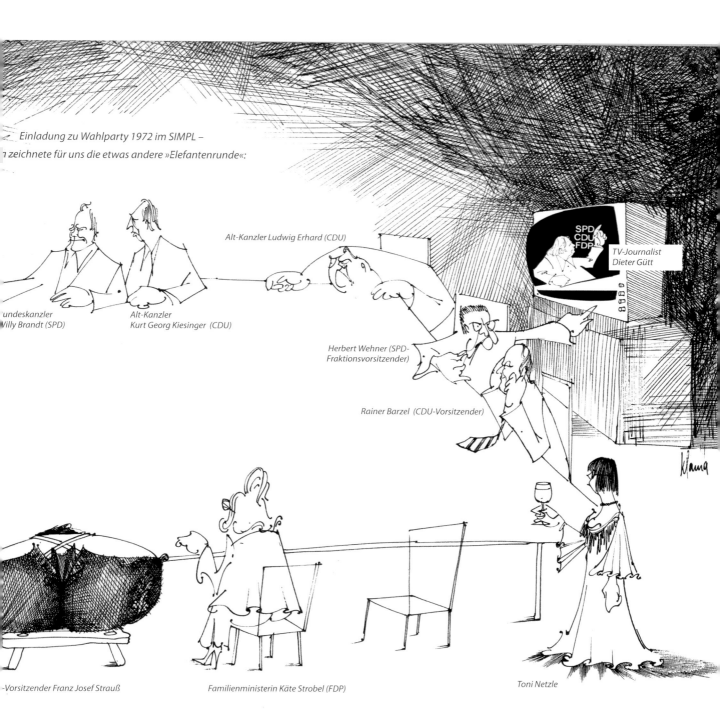

Zwei Penner erobern den SIMPL
Robert de Niro und Harvey Keitel standen kurz vor dem Rauswurf

Die Kneipe war übervoll. Wenn jemand von der Bezirksinspektion gekommen wäre, sie hätten mir die Bude zugesperrt. Nachdem diese Fülle kein Einzelfall war, nehme ich an, dass man sowieso ständig beide Augen zudrückte.

Ich stand eingekeilt an meinem Lieblingsplatz. Kurz vor dem kleinen, engen Durchgang zu Küche und Ausschank, um meinen Mitarbeiterinnen wenigstens ein kleines Stückchen Weg ins Lokal freizuhalten. Das einzige, was ich für sie noch tun konnte, war laut zu rufen: »Machen Sie doch bitte den Durchgang frei!« Eigentlich war es schon mehr ein Brüllen. Dann mussten sie sich alleine durch die Menschenmenge ihren Weg mit den vollen Tabletts bahnen.

Außer unseren normalen Gästen hatten wir noch kurzfristig zwei Filmpremieren zu bewirten. Alle mussten so eng sitzen, dass es kaum mehr machbar war.

Mein Lieblingsplatz glich dem eines Aussichtturms. Ich konnte fast das ganze Lokal überblicken und wenn nötig, mit lauter Stimme für Ordnung sorgen, soweit diese überhaupt aufrecht zu halten war. In meinem Blickfeld lag auch die Eingangstüre. Voll Entsetzen sah ich zwei Penner hereinkommen. Ob sie auch mit den obligaten Plastiktaschen bewaffnet waren, konnte ich nicht erkennen. Stutzig machte mich nur, dass ich eigentlich ein sehr gutes Verhältnis mit den Leuten hatte, die auf unserer Straße lebten. Ich kannte sie alle. Aber diese beiden hatte ich noch nie gesehen. Also musste ich zu ihnen vordringen, um ihnen unsere Spielregeln zu vermitteln: Kein Betreten des Lokals während der Betriebszeit. Fast alle hielten sich auch an unsere Abmachung.

Mein Versuch bis zur Haustüre vorzudringen scheiterte kläglich. Am ersten Stammtisch, an dem die Bosse von United Artist aus Frankfurt saßen, erreichte ich die Penner. Merkwürdigerweise unterhielten sie sich angeregt mit den Gästen. Mein erster Gedanke war natürlich: Die hauen meine Gäste um Geld an. Peinlich hoch zehn! Das gab es bei uns wirklich nicht. Dabei fiel mir auf, dass die Unterhaltung nur in Englisch geführt wurde. Also Penner, die auch noch perfekt englisch sprechen, fand ich schon sehr ungewöhnlich. Leider bin ich in dieser Sprache nie besonders gut gewesen, aber ich hatte schon den Eindruck, dass der ganze Tisch die beiden kannte. Bis auf einmal Werner Rochau, der Pressechef der UA, meinen Kopf zu sich zog und mir ins Ohr flüsterte: »Ich bitte dich, Toni, kümmere dich um die Zwei, wir haben hier wirklich keinen Platz mehr, und außerdem brauchen wir einen ›Erholungsabend‹. Wir sind seit zehn Tagen unentwegt mit ihnen zusammen.«

Robert de Niro 1980 in dem Film »Wie ein wilder Stier«

Völlig fassungslos fragte ich, wer denn die beiden seien? Robert de Niro und Harvey Keitel war die lapidare und über mein Nichtwissen erstaunte Antwort.

Es wurde mir schlecht, ich wollte in der Erde versinken, wollte weglaufen, viel anderes dummes Zeug machen, am liebsten sterben. Sofort.

Werner Rochau stellte mich entzückend vor, die Herren – jetzt waren die sogenannten Penner auf einmal Herren! – umarmten mich, meinten sie seien so froh, mich endlich gefunden zu haben. Sie hätten im Hotel eine Nachricht vorgefunden, sie sollten zu »Toni« in die Kneipe kommen. Ein reizender Taxifahrer hätte sofort gewusst wohin, und nun seien sie da.

Was in meinem Kopf vorging, kann ich mit Worten fast nicht beschreiben. Ein ganzer Film lief vor mir ab. Wieso habe ich Robert de Niro nicht erkannt? Ich kenne ihn immer noch nicht. Er sieht ganz anders aus, als ich ihn von der Leinwand her im Gedächtnis habe. Was ist passiert? Dieser Mensch ist immer schon mein Lieblingsschauspieler. Ein Traum meines Lebens, ihm einmal begegnen zu dürfen. Was ich dann alles von mir geben wollte, hatte ich schon im Kopf. Ich zitterte vor Aufregung. Aber dann musste ich mein Traumhirn ausschalten und zur Realität übergehen. Meine zwei vermeintlichen Penner ließen mich auch noch wissen, dass sie Hunger hätten wie Wölfe und der Taxifahrer hätte ihnen gesagt, hier gäbe es die besten Wiener Schnitzel der Welt. »Zweimal, doppelt Bratkartoffeln!«

Die Bestellung war bald weitergegeben, aber um die Küche ging es nicht. Wo sollten sie ihre Schnitzel mit zwei Teller Bratkartoffeln extra essen? Dafür war selbst mein Minibüro zu klein.

Da entdeckte ich bei der anderen Premierenfeier, die sich um den Regisseur Werner Schröther scharte, Isolde Barth. Eine entzückende junge Schauspielerin, die ich schon lange aus der Fassbinder-Clique kannte. Ich bat sie, ob sie einen Moment für mich Zeit hätte, ich sei in großer Not. An dem Tisch, an dem sie saß, der eigentlich für zehn Gäste sehr bequem war, saßen 17 Personen eng aneinander gedrückt. Sie bedeutete mir mit Handzeichen, dass es ihr unmöglich sei, überhaupt aufstehen zu können, geschweige denn, den Tisch zu verlassen. Ich konnte ihr ja nicht zuschreien:

»Komm bitte raus, Robert de Niro und Harvey Keitel stehen hier eingekeilt blöd rum!« Ich machte ihr mit Handzeichen klar, dass sie über den Tisch steigen solle, es sei wichtig. Gott sei Dank, sie kam. Ich stellte sie den beiden vor und Isolde vermittelte in ihrer wunderbaren natürlichen Art, dass es für sie eine Selbstverständlichkeit sei, Platz zu schaffen. Außerdem sprach sie fließend englisch, was mich von meinem Gestottere erlöste. »Isolde, wie und vor allen Dingen wo willst du Platz finden?« fragte ich verzweifelt.

»Lass nur, das mache ich schon.« Sie ging an ihren Tisch zurück und redete mit Werner Schroether. Der Erfolg war eine Lachsalve, dass das Lokal erzitterte. Niemand glaubte ihr, dass die beiden amerikanische Weltstars seien. Noch dazu, kam laut, hätte der Keitel doch gerade den Oscar bekommen, der hätte sicher etwas Besseres zu tun, als hier in der verrauchten Kneipe rumzuhängen! Bemerkungen, wie »Das hättest du wohl gerne, den de Niro hier abschleppen!« und anderes mehr, musste sie sich anhören. Unbeirrt bat sie, dass man doch Platz machen sollte, wenn sich Hollywoodstars in diese Stadt verirren. Bis Werner Schroether als erstem ein Licht aufging, auch er sprang über den Tisch, scheuchte einige seiner Mitarbeiter vom Tisch, begrüßte die Amerikaner überschwänglich und bat sie herzlich, Platz zu nehmen.

Ich war gerettet. Schnell klaute ich von einem Tablett zwei Pils, stellte sie zu den Stars, die Schnitzel waren auch fertig, es war alles wieder im Lot. Robert de Niro und Harvey Keitel gut untergebracht. Alle waren zufrieden. Soweit man das in einer übervollen Kneipe sein konnte!

Nach dem Essen zupfte mich de Niro am Ärmel und bat, ob er mich alleine sprechen könnte. In meinem kleinen Büro legte er mir einen Zettel auf den Tisch, auf dem mindestens zehn Vornamen von Männern standen, und fragte mich, ob er hier telefonieren dürfe, und ob ich einen davon kennen würde. Nachdem ich das verneint hatte – was sagten mir schon »Paulchen« und seine Telefonnummer –, ließ ich ihn alleine.

Entsetzt und mit gesenktem Kopf verließ ich mein Büro. Was für Gedanken mich auf einmal überfielen, darf ich gar nicht laut sagen. Dass der Traum meines Lebens unbedingt mit einem jungen Mann telefonieren musste, brachte mich auf die abwegigsten Ideen. Ich besprach mit einem Freund die Sachlage. Er überzeugte mich, einfach zu akzeptieren, was immer dahinter stünde. Weltoffen sein! Großzügig! Nicht kleinkariert denken! Gut. Nein, für mich war das nicht gut. Meine Phantasie ging mit mir durch.

Einige Wochen zuvor hatte jemand aus unserem Büro, dessen Tür immer weit offen stand, die Handkasse ausgeraubt. Ein Fall für die Polizei und eine eigene Geschichte. Damals machten wir aber aus, dass die Türe immer geschlossen bleiben muss, und dass sich nie ein Fremder allein im Büro aufhalten darf.

Mittlerweile hatte ich am Stammtisch einen Platz ergattert, das Gespräch drehte sich natürlich um die Filmstars, jeder wollte mit ihnen reden, die Journalisten wollten Interviews. Das habe ich, das Hausrecht besitzend und meine Gäste schützend, untersagt, was mit dem Hinweis »auch ein Weltstar darf mal in einer Kneipe privat sein« voll akzeptiert wurde.

Das großes Palaver am Tisch wurde von meiner Tochter Birgit, die hinter der großen Bar arbeitete, unterbrochen, indem sie mir ihre und meine Handtasche mit den Worten auf den Schoß knallte: »In unserem Büro sitzt ein Penner und will telefonieren!«

Ich antwortete ganz ruhig und mit der Überheblichkeit der Wissenden: »Birgit, das ist Robert de Niro!«

»Hach«, schrie sie durch das ganze Lokal, »meine Mutter kennt die Penner schon mit Namen!«

»Unsere Handtaschen darfst du wieder zurückstellen – der hat mehr Geld als wir!« Alle lachten, es war Zeit meine Tochter aufzuklären. Meine Entschuldigung wurde angenommen.

Die Telefonate schienen ergebnislos verlaufen zu sein. Robert de Niro kam ganz traurig aus dem Büro. Mein Freund Michael Tietz hatte eine gute Idee. Wir gaben ihm die Adresse von dem Lokal »Deutsche Eiche«, Fassbinders Zuhause, und setzten ihn in ein Taxi.

Plötzlich überfiel mich die Angst – wenn ihn dort auch niemand erkennt und er wie ein Trottel dumm rumsteht – sehr peinlich. Michael sprang in das nächste Taxi und fuhr ihm nach.

In der Tat war es genauso, wie ich es befürchtet hatte. De Niro stand mutterseelenallein am Tresen, trank ein Bier und niemand erkannte ihn. Unten am Tisch saß die »vereinte Familie« mit Rainer Werner Fassbinder in der Mitte. Michael ging zu ihm und sagte ihm: »Rainer, an der Bar steht Robert de Niro, kümmere dich doch um ihn und schicke ihn wieder in den SIMPL zurück, dort wartet der Harvey Keitel auf ihn.« Das Gelächter, das über Michael hereinbrach, war infernalisch. Mit Hohn und Spott wurde er übergossen. Aber auch diesmal gab es Schutzengel in Gestalt von Barbara Valentin und Elisabeth Volkmann. Die erkannten de Niro, holte ihn an den Tisch und Michael konnte in Ruhe wieder zu uns zurück.

Was immer dort geschah – ich habe es nie erfahren, nach knapp einer Stunde tauchte de Niro wieder bei uns auf, und setzte mit bester Laune den Abend fort. Mittlerweile hatte sich auch der Laden geleert, wir waren nur mehr eine Handvoll, sperrten die Haustüre ab, und redeten, und redeten. Vor allem natürlich in meinem grauenvollen Englisch!

Robert de Niro ist ein wunderbarer Schauspieler und ein herrlicher Mensch. Sein Kollege Harvey Keitel, der für uns nicht so ein Begriff wie de Niro war, ebenso.

Am nächsten Tag waren die beiden schon früh am Abend da, bestellten wieder Wiener Schnitzel und doppelt Bratkartoffeln. Sie verließen uns diesmal relativ früh – sie würden schon um sechs Uhr morgens zur Weiterfahrt abgeholt, ein bisschen Schlaf müsste sein.

Nachtrag 1: Warum de Niro von niemandem erkannt wurde, hatte seine Grund: Er war auf Promotionstournee für seinen Boxerfilm »Wie ein wilder Stier«, für den er 27 Kilo zugenommen hatte. In einer Klinik brachte man ihn ganz langsam wieder auf sein Normalgewicht. Jetzt war er dünn wie ein Strich.

Nachtrag 2: Einen Tag später kam ein Hotelboy und gab für mich einen Brief ab, auf Hotelpapier, handgeschrieben: »Liebe Toni, vielen Dank für deine ungeheure Gastfreundschaft, wir haben den Aufenthalt in deinem Lokal sehr genossen. Mit lieben Grüßen – Robert de Niro und Harvey Keitel.«

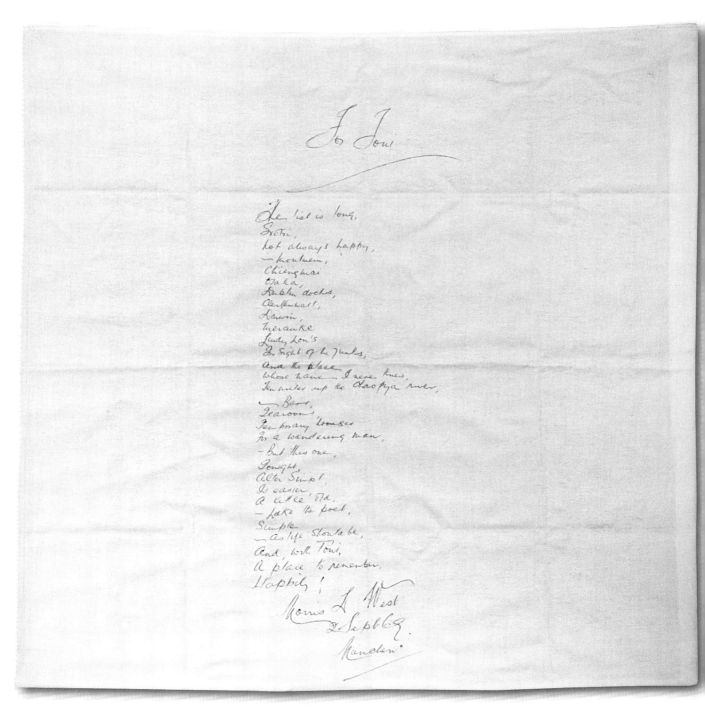

»For Toni« – ein Gedicht, das der australische Literat Morris L. West (»In den Schuhen des Fischers«) 1969 für mich auf eine Stoffserviette schrieb.

Ein Stammtisch ist ein Stammtisch ist überall
Und da gelten eiserne Regeln, jeder darf sitzen, wo er möchte

Ein Stammtisch ist in einem bestimmten Lokal ein bestimmter Winkel, an dem zur bestimmten Stunde bestimmte Gäste auf ihren bestimmten Platz sich niederlassen, um bei der Vertilgung einer bestimmten Menge eines bestimmten Getränks aus bestimmten Gläsern über bestimmte Themen zu sprechen und dann zur bestimmten Stunde aufzubrechen, weil man zur bestimmten Zeit zuhause bestimmt erwartet wird.« So wird in den »Fliegenden Blättern«, einer satirischen Zeitschrift des vorletzten Jahrhunderts, beschrieben, was ein Stammtisch ist. Mag sein, dass vieles davon noch heute Gültigkeit besitzt. Nur für unseren Stammtisch traf überhaupt nichts davon zu. Also müsste man annehmen, dass der Stammtisch im SIMPL gar kein Stammtisch war.

Das stimmt und stimmt wieder nicht. Als ich 1968 dem literarischen Kabarett und der Kleinkunst den Stuhl vor die Türe gestellt hatte, ließ ich einen großen Tisch anfertigen, an dem bis zu 15 Personen sitzen konnten, der aber nicht monströs aussah, wenn auch einmal wesentlich weniger daran saßen. Diesen Tisch erkor ich als Stammtisch. Dort sollten sich Freunde aus allen Lagern, ohne Ansehen der Person, des Berufs und der Couleur zusammenfinden, um die Dinge des Alltags bis hin zur großen Weltrevolution zu besprechen. Ein Tisch für reale Träumer und irreale Realisten.

Hatte ich mir so gedacht. Funktionierte aber überhaupt nicht, weil ich den Gedanken »ohne Ansehen der Person« auf Anhieb vergessen konnte. Sätze wie: »Was, der Dings darf da auch sitzen? Nein, wirklich nicht! Mit dem sitze ich nicht an einem Tisch! Der ist ja so blöd, dass ich das nicht aushalten kann. Aber bitte, wenn der für euch wichtiger ist als ich – bitteschön! Wenn zufälligerweise jemand das Bedürfnis hat mich zu sehen – ich verziehe mich in die kleine Bar.« Das hieß im Klartext, dass er nicht alleine sein wollte. Oder: »Um Gottes Willen, da sitzt ja schon die sowieso, nein, da kann ich mich nicht dazu setzen, mit der habe ich gerade Schluss gemacht. Muss erst mal Gras darüber wachsen.«

Diese Sätze könnte ich beliebig fortsetzen. Ich musste einsehen, dass das so nicht funktionierte und hatte eine blendende Idee: Ich erklärte die drei kleinen Tische, die im Durchgang standen, zum Stammtisch. Drei Tische – drei Möglichkeiten! Man konnte gucken, wer wo sitzt und zu wem man sich setzen wollte. Freie Menschen – freie Platzwahl. Eine wunderbare und fast schon

Von links: Die Toni mit SPD-Politiker Egon Bahr, Ski-Legende Toni Seiler, Schauspielerin Michi Tanka (Ehefrau von Viktor d...

weise Lösung. Außerdem ließ ich unterschwellig verlauten, dass jeder Tisch, an dem ich sitze, auch ein Stammtisch ist. Das war schon fast das Ei des Columbus. Man möchte es aber nicht glauben, dass an den ersten drei kleinen Stammtischen manchmal fast Krieg ausbrach, wer an welchem Tisch sitzen darf. Und das unter erwachsenen Menschen!

»Bloß den Fesseln des Ruhms entkommen« – das ist die Devise vieler Prominenter aus Show, Wirtschaft und Politik. So fragte mich wenige Wochen nach Eröffnung meines SIMPL, der damals noch »Bunter Hund« hieß, der Weltstar Curd Jürgens, während er mich in seinen starken Armen hielt: »Ist das hier ein Prominenten-Lokal?«

»Klar«, antwortete ich, »jetzt schon – du bist doch da!«

»Das meine ich nicht. Ich will wissen, ob ich bei dir Champagner trinken muss und Kaviar bestellen, um meinem Image gerecht zu werden?«

Ich löste mich aus seinen Armen und lachte: »Erstens haben wir gar keinen Kaviar«, beruhigte ich ihn, »und außerdem bist du hier zuhause. Betrachte meine Kneipe als dein Wohnzimmer!«

Curd strahlte: »Dann möchte ich sofort ein großes Bier und ein Schmalzbrot bestellen!«

Ein Abend mit Willy Brandt, Horst Ehmke, Hans-Jürgen Wischnewski und dem Kabarettisten und Schauspieler Horst Jüssen. In München standen die Bürgermeisterwahlen an. Max von Heckl (SPD) gegen Erich Kiesl (CSU). Die Bonner Riege war zur Unterstützung ihres Kandidaten in München. Über den Heckl war ich stinksauer, weil er einen Tag nach seiner Ernennung zum OB-Kandidaten in einem Interview sagte, dass eine seiner ersten Taten als OB die Schließung alle Nachtlokale spätestens um Mitternacht sein würde, der Bürger hätte ein Recht auf seine Nachtruhe! Damit hatte er natürlich Schlagzeilen geerntet und mit Sicherheit eine große Klientel verloren. Sogar viele, die nie in eine Kneipe gingen, die aber der Meinung waren, dass man dem Bürger nicht per Dekret vorschreiben sollte, wann er sich die Bettdecke über den Kopf ziehen müsste!

...owa), Heli Finkenzeller, ...sterreichs Bundeskanzler ...runo Kreisky und mit ...em Journalisten Helmut ...arkwort.

Diese Geschichte war nicht bis Bonn gedrungen. Sehr spät kam dann Max von Heckl doch noch zu unserer Runde. Er sagte kaum »Guten Abend«, setzte sich neben mich und redete über seinen Wahlkampf. Das Benehmen von Heckl ärgerte mich. Ich sagte laut zu Horst Jüssen, ob er mir denn nicht diesen Herrn vorstellen könnte, da er selber wohl nicht in der Lage dazu sei.

Willy Brandt meinte entsetzt: »Was, ihr kennt euch nicht?«

Ich nickte und der Heckl sagte: »Nein, Willy, ich kenne die Frau nicht!«

Da ging aber die Post ab, dass es fast peinlich wurde. Heckl sagte, dass er noch nie in diesem Lokal gewesen sei, dass er eigentlich überhaupt nicht in Kneipen ginge, das sei nicht sein Niveau. Das hätte er besser nicht vor meinen leidenschaftlichen Bonner Kneipengängern gesagt. Außerdem hielt ihm Willy vor, dass allein an diesem Abend Erich Kiesl, sein Gegenkandidat, schon dreimal an diesem Tisch gewesen sei, dass dieses Lokal doch ein Kommunikationsfaktor sei, wieso er Nachtschwärmer ausschließe?

»Ich arbeite am Tag und schlafe in der Nacht. So wie es sich für einen anständigen Bürger gehört!«, war Heckls Antwort und Willys Kurzkommentar: »Die Wahl kannst du vergessen!« Für die SPD leider – Willy hat mit seiner Prognose recht behalten.

Am Stammtisch saßen zwei Top-Journalisten, einer mit der eigenen Frau, der andere mit einem Mädchen, das er erst kurze Zeit kannte.

Dieser erste der kleinen Stammtische stand architektonisch an einem neuralgischen Punkt. Um den Tisch herum war kaum ein Meter Platz. Es war schon unter normalen Umständen schwierig, sich daran vorbeizuschlängeln. Alle, die kamen und gingen, oder zur kleinen Bar und den Toiletten wollten, mussten an diesem Tisch vorbei.

Die Journalisten tranken Cognac wie Bier. Schon war die dritte Flasche Rémy Martin am Tisch. Jeder hatte zwar auch ein Wasserglas vor sich stehen, aber davon wurde nicht allzu viel Gebrauch gemacht. Sie wurden immer lustiger und immer betrunkener. Irgendwann muss der nette junge

Hans-Dietrich Genscher und Horst Ehmke

Journalist mit seiner neuen Flamme das Gefühl gehabt haben, Zuhause zu sein. Er ließ sich mit ihr auf den Boden fallen und fing an, sehr eindeutige Vorbereitungen zu treffen. Die andern sahen amüsiert zu, rückten sogar noch auf die Außenplätze, um einen besseren Überblick zu haben bei den Dingen, die sie jetzt vielleicht erwarteten. Anfänglich dachte ich, die zwei am Boden seien wegen großer Trunkenheit von der Sitzbank gefallen. Ich fragte, ob sie sich wehgetan hätten und wollte ihnen wieder auf die Beine helfen. Meine Hilfe wurde aber vehement abgelehnt. So schnell konnte ich gar nicht gucken, da waren sie schon voll bei der Sache. Sollte ich jetzt wie eine Furie dazwischen gehen, schreien, brüllen, etwas von Anstand, Sitte und Moral von mir geben, sie mit Gewalt auseinanderreißen – wie sollte ich mich denn verhalten? Alle lachten, nur ich fand überhaupt nichts komisch.

Was mich aber dann doch sehr erheiterte, waren meine Gäste, die nicht so betrunken waren wie das am Boden agierende Pärchen. Sie nahmen überhaupt keine Notiz, stiegen einfach über sie hinweg, man musste sich vorsichtig bewegen, die einzelnen Schritte sehr hoch und weit setzen, dass man nicht auf irgendeinen Körperteil stieg. Die Bewegungen der Gäste hatten etwas Tänzerisches an sich. Es fielen Sätze wie diese: »So ist es gut – vorsichtig – und jetzt noch einen großen Schritt …« Sie hielten sich die Hand hin, wie wenn man ein Kind über eine Straße bringt, die voller Pfützen ist. Dann war der Spuk vorbei, die beiden Akteure setzten sich, so als ob nichts gewesen sei, wieder auf ihre Plätze, schütteten ein großes Glas Cognac in sich hinein, lachten, verlangten mit der Rechnung ein Taxi und verschwanden.

Nachtrag: Neun Monate später bekam ich aus der Schweiz eine Geburtsanzeige. Das Mädchen heißt Juliana Simplina mit Vornamen. Ein deutsches Standesamt hätte so einen Namen mit Sicherheit abgelehnt. Was wohl aus ihr geworden ist?

Ein ganz normaler später SIMPL-Abend. Wie immer war es unendlich voll, ich hatte keinen richtigen Überblick. Eine Bedienung flüsterte mir ins Ohr, der Genscher sei da. »Quatsch!«, war meine Antwort. Da kam schon die Nächste: »Der Hans Dietrich Genscher ist da!«

»Hättest du gerne, wie?«

»Nein, wirklich, er sitzt in der letzten Nische mit einer Dame.«

Ich sah zwar einen Herrn, aber nur seinen Rücken, er hatte sich einer Dame zugewandt. »Nein, nein. Das ist nicht der Genscher, so große Ohren haben viele. Ihr habt ihn verwechselt.« Auch andere Gäste kamen immer mit dem gleichen Text: »Der Genscher sitzt da oben!« Ich konnte es nicht glauben. Er war erst seit ein paar Monaten Außenminister und außerdem war weit und breit keine Polizei. Ich ging extra noch auf die Straße, um zu sehen, ob irgendwelche dicken Autos draußen stünden – nicht eines war da. Nein, das konnte er nicht sein.

Trotzdem pirschte ich mich langsam zu der letzten Nische hin. Noch immer saß das Paar so da, wie ich es von hinten gesehen hatte. Sie steckten ihre Köpfe dicht zusammen, redeten sehr intensiv. Der Lärmpegel war hoch. Ich setzte mich einfach dazu. Beide sahen mich und fingen ungeheuer zu lachen an. »Sehen Sie, Toni, jetzt haben wir Sie auch überlistet!«, sagte der Genscher. Großes Begrüßungshallo, auch seine Begleiterin kannte ich gut. Er erzählte, dass er vor einer halben Stunde von einem sterbenslangweiligen Essen im Bayerischen Hof mit seiner Parteikollegin ausgebüxt und hierher gefahren sei. »Wo ist Ihre Wachmannschaft?«, war meine größte Sorge.

»Die haben es nicht bemerkt. Ich bin zu Cornelia in ihren kleinen Wagen gesprungen – und weg waren wir.« Er amüsierte sich wie ein kleines Kind, das den Eltern ein Schnippchen geschlagen hat. Dann erzählte und erzählte er von seinen neuen Aufgaben, dass er unbedingt sein

Englisch aufpolieren müsste, und was sonst noch so alles anfällt bei so einem Posten, der für ihn brandneu war.

Ich bekam Magenschmerzen bei der Vorstellung, dass der Bundesaußenminister, ohne dass irgendein Mensch etwas davon wusste, im SIMPL sitzt und sich wie Bolle amüsiert! Immer wieder unterbrach ich ihn in seinen lustigen Geschichten, ob er nicht meine, dass ich einfach mal im Bayerischen Hof anrufen sollte und zu mindest sagen, dass er nicht entführt worden sei. Das verbat er mir aber mit wüsten Drohungen, mit Freundschaftsentzug usw. Mir wurde immer übler. Die Verantwortung konnte ich einfach nicht mehr übernehmen. Auf meinen kleinen, schmalen

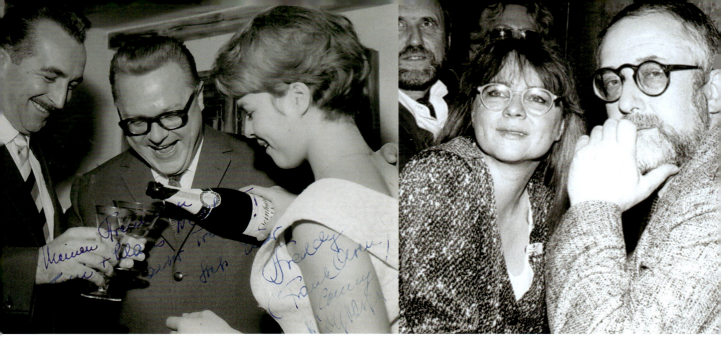

Ja, ja, die Conny und der SIMPL: Ob als junger Filmstar oder als gereifte Charaktermimin – Cornelia Froboes blieb meinem Lokal über all die Jahre treu. Links schenkt sie Fred Oldörp von den »Travellers« Sekt ein, oben ist sie mit ihrem Ehemann Hellmuth Mathiasek.

Schultern lag die ganze Last des bundesdeutschen Außenministeriums! Dann malte ich mir noch aus, wie seine Begleitmannschaft jetzt rotierte. Nun kam Genscher noch mit der Schnapsidee, dass er mit uns zwei Damen unbedingt das Tanzbein schwingen wollte. Nachts um eins will der Bundesaußenminister mit zwei Mädchen wie Paul und Lieschen Meier auf die Piste! So stellte er sich das vor! Für mich war jetzt Schluss mit lustig, ich entschuldigte mich, dass mein Typ verlangt würde, ging zum Telefon und rief im Bayerischen Hof an. Ich ließ mich mit dem Boss der Bodyguard verbinden. Natürlich war da schon Alarmstufe EINS! Ich erklärte ihm die Situation sehr eindringlich, vor allem aber, dass der Genscher nie erfahren dürfe, dass ich mich gemeldet hätte. Er versprach mir, mit einem Münchner Kollegen zum SIMPL zu kommen, er bliebe im Auto draußen sitzen, der Kollege käme herein und würde die Lage vor Ort abchecken. Ihn würde Genscher nicht kennen. So geschah es dann auch. Der Laden war immer noch voll. Die wenigsten Gäste hatten mitbekommen, wer unser prominenter Gast war. Die Lage war ruhig. Das Begleitkommando blieb im Wagen vor der Türe.

Genscher wollte jetzt Ernst machen mit der Tanzerei. Ich versuchte ihn immer wieder abzulenken, bat ihn doch diese oder jene Geschichte nochmal zu erzählen. Er gab keine Ruhe. Da schlug ich den Nachtclub im Bayerischen Hof vor. Nein, um Gotteswillen, da seien ja seine Leute. Genau da wolle er nicht hin. Es müsse doch in dieser Stadt ein Lokal mit Livemusik geben! Ich rief in dem einzigen Nachtlokal an, das ich kannte und das auch eine Kapelle hatte, im Babalu. Dessen Besitzer Abrasha Arluc war ein Freund von mir. Da hinzugehen wäre eventuell eine Möglichkeit gewesen. Wir wären dort gut beschützt, unser Freund Abrasha war, glaube ich, ein hoher Offizier der Israelischen Armee gewesen. Leider war er nicht in seinem Lokal. Mittlerweile wurde es später und später, auch Genschers Begleiterin mimte Müdigkeit, und ich schlug vor, dass wir jetzt doch zurück ins Hotel fahren sollten, bevor alle Sirenen angingen, weil der Außenminister abgängig sei! Das fand er komisch und gut, wir zwängten uns in den Mini und fuhren zum Hotel. Ganz unauffällig hinter uns eine riesige gepanzerte Limousine. An der Bar nahmen wir noch einen

Links: Horst Ehmke am Flipper, links neben ihm steht die Designerin Anne Heitmann, die Dame mit dem Streifenpulli ist seine Ehefrau Maria.

Rechts: Marianne Hoppe

Drink. Genscher war tatsächlich der Meinung, dass niemand seinen Ausflug bemerkt hätte. Die entzückende Cornelia fuhr mich mit dem Mini zurück in den SIMPL.

Ich habe, als wir uns nach einiger Zeit wieder trafen, nicht gefragt, wie sein Ausflug in den SIMPL aufgenommen wurde, weil ich mir vorstellen konnte, dass man ihm ganz schön die Leviten gelesen hat.

Wieso hat die Abendzeitung einen Tisch bestellt? Das war die große Frage, weil die Damen und Herren der AZ immer einen Platz bekamen, notfalls standen sie auch in dritter Reihe an der Bar. Um in die große Bar zu kommen, musste jeder Gast einen langen engen Gang entlang gehen, vorbei an den kleinen Stammtischen. Dies glich manchmal eher dem Abschreiten einer Ehrengarde als dem normalen Eintritt in eine Gaststube, weil man nicht nebeneinander, sondern nur im Gänsemarsch hintereinander gehen konnte. Und so zogen sie auch ein. Allen voran Udo Flade, Chefredakteur der AZ, dahinter ganz offensichtlich ein Mann der Sicherheit, dann die Präsidentin des Deutschen Bundestages, Annemarie Renger. Dahinter der zweite Mann der Sicherheit, das Schlusslicht bildete der Mann der Obersicherheit, Dr. Manfred Schreiber, Polizeipräsident der Stadt München. Frau Renger nahm in der Mitte hinten in der Nische Platz, links und rechts behütet von Chefredakteur und Polizeipräsidenten, die zwei Plätze außen nahmen die Bonner Securityleute ein. Diese beiden jungen Herren erregten allgemeines Aufsehen. Sie sahen aus wie zwei Stars aus einem Hollywood-Film. Groß, blendende Figuren, Anzüge wie aus einem Modejournal und ungeheuer wohlerzogen. Sprach ja alles für unsere Bundestagspräsidentin! Sie bewies Geschmack!

Udo Flade und Manfred Schreiber kannte ich schon sehr lange, sie baten mich an den Tisch. Wir unterhielten uns angeregt, da hörte ich auf einmal eine Stimme vom Nebentisch: »Gnä' Frau, ich weiß, wer Sie sind, obwohl ich ein Wiener bin!«

Die zwei schönen Securitybeamten starrten auf den Sprecher, die anderen auch. Ich stellte ihn einfach vor: Helmut Qualtinger, Österreichs bester Kabarettist und einer der blendendsten Schauspieler. Schon rutschte er immer näher, er wolle unbedingt Frau Renger kennenlernen. Die Security riegelte ab, sie wussten nicht, wer das war, auch der Name sagte ihnen nichts. Dass es sich aber um einen nicht mehr ganz nüchternen Österreicher handelte, hatten sie schon bemerkt. Mit vielen schönen Worten legte der Qualtinger Frau Renger seine Verehrung zu Füßen, drängelte sich so an den Tisch, dass es gar keine andere Möglichkeit gab, als ihn zum Sitzen aufzufordern. Laut und deutlich schob er Udo Flade, den Chefredakteur der AZ, zur Seite, weil er neben dieser tollen Dame sitzen wollte. Zuerst sagte er, dass die Österreicher einen ganz »schiachen« alten Mann als Präsidenten ihres Nationalrats hätten, ob sie denn nicht zu einem Tausch bereit sei, die Deutschen hätten sie doch gar nicht verdient. Die Komplimente nahmen kein Ende und waren sehr witzig.

Helmut Qualtinger zog nun seine ganze Palette auf, er rezitierte alles, was gut und berühmt war, erzählte Molnar-Anekdoten bis wir fast vor Lachen unter den Tisch fielen, um übergangslos in seinen berühmten »Herrn Karl« zu wechseln, jenem Mann, der unter Hitler nichts gesehen und nichts gehört haben wollte, aber in alles verwickelt war und nach dem Krieg über keinerlei Erinnerungsvermögen verfügte. Eben der typische, ganz schlimme Mitläufer. Annemarie Renger war begeistert – eine Privatvorstellung von Helmut Qualtinger im SIMPL. An so etwas hatte sie ganz sicher nicht im Traum gedacht. Inzwischen war es aber schon keine Vorstellung mehr nur für die Gäste am Tisch, das ganze Lokal war mucksmäuschenstill und genoss diesen Abend. Ob der Qualtinger seine Stimme donnern ließ, oder ob er flüsterte, alle Gäste sahen und hörten ihm mit höchster Aufmerksamkeit zu und applaudierten, als ob tausend Personen anwesend gewesen wären.

Meine Vermutung, dass Annemarie Renger glauben könnte, so wäre es im SIMPL alle Tage, beziehungsweise natürlich alle Nächte, traf zu, denn als sie ging, fragte sie, wen ich denn für den nächsten Tag vorgesehen hätte, wenn es sich irgend wie einrichten ließe, käme sie nochmal. Leider musste ich ihr sagen, dass es das Schöne am SIMPL sei, dass keiner wisse, was in der nächsten Nacht passiert. Dass ich mich aber freuen

Helmut Qualtinger unterhielt mit einem Stegreifprogramm Bundestagspräsidentin Annemarie Renger und Münchens Polizeipräsidenten Manfred Schreiber (v. l.).

Links: Karl Spiehs und
Luggi Waldleitner

Rechts: Klaus Maria
Brandauer

würde, sie noch einmal zu sehen. Und leise füge ich hinzu, dass diese Art von Sternstunden doch eher selten seien.

Mit sehnsüchtigen und tränengefüllten Augen sahen meine Damen den beiden Bodyguards nach. Die hätten sie gerne in München behalten!

Irgendwann brachte Horst Ehmke eine junge, sehr schöne, gescheite und rassig aussehende junge Dame in den SIMPL mit und flüsterte mir zu, das sei seine große Liebe und die würde er auch in absehbarer Zeit heiraten. Ich sollte aber noch nichts an die große Glocke hängen. Maria gefiel mir ungeheuer gut. Plötzlich rannte ein Fotograf auf unseren Tisch zu und machte von Horst und Maria Aufnahmen. Ich sprang auf, nahm dem Typen die Kamera aus der Hand und wollte sie öffnen. Von Fotoapparaten verstehe ich überhaupt nichts, also bat ich ihn mir zu sagen, wie das Ding aufginge, ich würde sofort den Film herausnehmen, er hätte mich nicht um Erlaubnis gefragt, dies sei mein Haus! Er weigerte sich, mir das zu sagen, dann warnte ich ihn noch, dass ich ihm nicht die Kamera kaputt machen möchte. Er wollte mir die Kamera wieder abnehmen, es gab eine Rangelei, während der die Kamera zu Boden flog. Dummerweise trat ich auf sie, als der Junge mich schlagen wollte und ich ausweichen musste. Jetzt war sie offen, ich zog den Film heraus, bat ihn die Trümmer aufzuheben und sofort das Lokal zu verlassen. Er drohte mich zu verklagen. Das wäre mir sehr angenehm, gab ich ihm zur Antwort, denn dann könnte ich seine Paparazzopraktiken auch öffentlich darlegen, als Warnung für alle Fotografen, die in einem Haus unerlaubt Fotos machen würden. Er hat mich natürlich nie verklagt, weil er sicher weiter bei seiner Zeitung beschäftigt sein wollte.

Auch Gourmets sind einem deftigen Eintopf nicht abgeneigt, jedenfalls habe ich diese Erfahrung gemacht. Sterne-Köche gehen gerne, glaube ich, aushäusig essen. Untereinander besuchen sie sich sowieso. Man muss ja wissen, was die Konkurrenz so alles auf den Tisch bringt. Nach allen diesen

Links: Bergfex Luis Trenker

Rechts: Vera Tschechowa und Vadim Glowna waren damals noch ein Ehepaar.

wunderbaren Essen habe ich unsere Sterneköche oft bei uns erlebt. Otto Koch, Dieter Biesler, Eckardt Witzigmann oder Heinz Winkler glaubten ihren Kochkollegen, die ihre Gäste waren, etwas ganz besonderes bieten zu können: dicke Linsen mit Würstchen und ein frisch gezapftes Pils im SIMPL. Es war eine Freude ihnen beim Essen zuzuschauen, bis in den Tellern nicht mehr die kleinste Linse zu finden war. Es hat mir wohlgetan, dass selbst die genialsten Köche noch gerne aus »Mutterns« Küche essen. Sie haben den Boden nie verloren. Vielleicht war das mit ein Grund ihres Erfolges?

Luggi Waldleitner war einer der bedeutendsten Filmproduzenten in Deutschland. Aber auch in der Filmpolitik hat er sich über alle Parteien hinweg einen großen Namen gemacht. Und nicht zu vergessen: Der Luggi hat unglaublich viel für den SIMPL getan. Allein schon, dass er sich mit großer Beharrlichkeit von der hintersten Nische nach vorne an den ersten der kleinen Stammtische vorgearbeitet hatte, zeigte seine Zielstrebigkeit. Luggi und seine wunderbare Frau Angela, eine überzeugte Tirolerin, brachten von Anbeginn an alle ihre Freunde, die in der ganzen Welt zuhause waren, in den SIMPL. Er hat auch eine neue Mahlzeit kreiert: das After-Midnight-Meal. Wenn er einen Tisch für nach Mitternacht bestellte, wussten wir schon, was auf uns zukam. Meistens brachte er mehrere Gäste mit, die sich dann an den kleinen Tisch, an dem normalerweise nur fünf Personen Platz hatten, hinquetschen »durften«. An ordentliches Eindecken war unter diesen Umständen gar nicht zu denken, also meinte Luggi, der in seiner Jugend auch mal Skilehrer war, auf einer Berghütte essen alle aus einem Topf, warum nicht hier auch. Jeder bekam eine Stoffserviette umgebunden, weil die viel größer waren als Papierservietten, und eine Gabel in die Hand gedrückt. Für den Salat hatten wir extra hohe kleine Schüsselchen, von denen aber jeder Gast ein eigenes bekam. In der Mitte des Tisches stand die dampfende Schüssel mit Schinkennudeln und auf ging es in die Schlacht. Nach anfänglichem Zögern machte auch der oder die Schüchternste mit. Diese Art eine Mahlzeit einzunehmen hat Furore gemacht und sich schnell verbreitet. Leider ging das nicht mit allen Gerichten, die bei uns auf der Speisekarte standen, aber mit vielen.

Weil ich mir zu meinem 40. Geburtstag keine Blumen, sondern nur große Geschenke wünschte, schenkten mir die aufstrebende Designerin Rita Wohlfart und ihr damaliger Lebensgefährte Gerd Dettling einen wunderbaren Stoff für einen Mantel samt Entwurfskizze.

PS.
INDEM DASS BLUMEN SO SCHNELL VERGAMMELN, WILL ICH AUCH KEINE HABEN, SONDERN NUR GROSSE GESCHENKE VON BLEIBENDEM WERT WIE Z.B. EINEN ZEPPELIN, DIE ALTE PINAKOTHEK ODER GUATEMALA.

Die Einladung zu meinem 40. Geburtstag

Immer wieder versuchte ich mich auch an den kleinen Stammtisch zu setzen. Mein großer Schwarm Rudi Carrell war mit Freunden da. Ich hatte schon ein schlechtes Gewissen, weil ich mich so wenig um ihn kümmerte, aber es war leider viel zu tun. Außer im Vorbeirennen Halbsätze wie »Gehts euch gut? Alles okay?« hinzuwerfen und keine Antwort abzuwarten, war mit mir nicht viel anzufangen. Dann sah ich ihn aufstehen – meinen Rudi! – und mit hängendem Kopf zum Ausgang gehen.

Blitzartig war ich an seiner Seite. »Was ist los, Rudi?«

»Komm bitte mit mir raus …« Zutiefst deprimiert meinte er, jetzt müsse er sich umbringen, er sei nun endgültig out – so wolle er nicht weiterleben! Große Pause. Ich wusste gar nicht, was ich sagen sollte, und hörte von mir selber ein völlig verblödetes »Warum?« und aus Rudi sprudelte es nur so: »Über vier Stunden sitze ich jetzt in deiner Kneipe – vier lange Stunden – und kein einziger Mensch wollte ein Autogramm von mir!«

Ich war einfach perplex. Darauf war ich nicht gefasst. Um etwas Zeit zu gewinnen, zog ich ihn mit mir, setzte ihn und dann auch mich auf eine hohe Stufe zu einem Laden im Nebenhaus. Der große Carrell, der sicher nicht nur für mich über allen Dingen stand, der wie kein anderer mit völlig wildfremden Menschen so liebevoll umgehen konnte – dieser größte aller Entertainer saß wie ein Häufchen Elend neben mir, weil kein Mensch ein Autogramm von ihm haben wollte! Ich versuchte ihm zu erklären, dass er auf dem beliebtesten Platz für sogenannte Promis gesessen hat. Dieser Platz ist für Gäste schlecht einsehbar, außerdem geht der Lichtkegel genau daran vorbei. Wer also immer da sitzt, hat seine Ruhe. Ich hatte ihn extra dahingesetzt, damit er nicht belästigt wurde. Ich konnte nicht ahnen, dass ich ihm damit fast seinen Lebensnerv abgeschnitten hatte! Und dann kam für ihn der schrecklichste Satz von mir: »… und außerdem ist es im SIMPL generell verboten, Autogramme zu holen!«

Ein kleiner Aufschrei wäre jetzt übertrieben, aber Rudi bat mich mit einem großen Seufzer dieses Verbot aufzuheben. Sonst könnte er nicht mehr in meine Kneipe kommen! Ob ich ihm das versprechen würde? Heiliges Indianerehrenwort meinerseits. Dann könne er jetzt auch ruhig schlafen gehen. Ab diesem Zeitpunkt gab es die »Lex Rudi« im SIMPL. Rudi wurde für alle sichtbar gesetzt und durfte Autogramme über Autogramme geben. Jetzt war er glücklich.

Es funktionierte eigentlich von Anfang an sehr gut, dass unsere Gäste, die in der Öffentlichkeit standen, weder von Journalisten, die wir ja reichlich aufzuweisen hatten, noch von Autogrammjägern überfallen werden durften. Das hatte sich wunderbar eingespielt. Nur bei einem einzigen Gast, mit dessen Besuch ich in unserer völlig nikotingeschwängerten Kneipe nie im Leben gerechnet hatte, brach der ganze Betrieb zusammen. Schon an der Garderobe gab es ein lautes »Hallo« von anderen Gästen, die sich den drei Personen gleich anschlossen. Kaum im großen Gastraum angekommen, noch auf der Suche nach einem freien Platz, ging das Geschrei los. Irgendetwas musste mir entgangen sein. So bekreischt wurden eigentlich nur Popstars! Wieso kenne ich den oder die nicht? Der eine junge Mann wirkte schüchtern und lächelte nett, aber unbeholfen und konnte sich trotz seiner stämmigen Figur kaum der Menschen erwehren, die ihn ununterbrochen anfassen wollten. Wie immer in solchen Situationen schaffte ich erst mal Platz, dann setzte ich diese drei Leute an einen Tisch und versuchte Normalität in das Ganze zu bringen, brachte die Karte und wollte die Bestellung aufnehmen. So schnell konnte ich gar nicht gucken, war ich schon von dem Tisch abgedrängt. Jetzt erfuhr ich auch den Namen dieses so begehrten Gastes: Gerd Müller, sein Manager mit Tochter. Ich muss ein fürchterlich dummes Gesicht gemacht haben, als ich mir erlaubte zu fragen, wer denn das sei? Ein Chor infernalischen Gelächters breitete sich ob meiner unglaublichen Unwissenheit über mir aus.

»Der beste Fußballer der Welt – den kennst du nicht?«

»Der hat uns zur Weltmeisterschaft geschossen!«

Ich triumphierend: «Nein, das war Paul Breitner!« Den kannte ich vom Kinderfasching. Zuerst habe ich mich in mein kleines Büro gesetzt, als ich aber merkte, dass sich im Münchener Nachtleben herumgesprochen hat, dass der »Bomber« vom FC Bayern im SIMPL sitzt und wie auf Sternfahrten die Gäste aus den anderen Lokalen zu uns kamen, um »dickes Müller« anzufassen – da habe ich resigniert. Über meinen Laden hatte ich alle Kontrolle verloren, das Chaos herrschte. An einen normalen Betrieb war nicht mehr zu denken, die Menschenmassen schoben sich auf der einen Seite hoch und auf der anderen wieder raus aus der Türe. Es dauerte einige Zeit, bis alles wieder ruhig war und wir unsere Gäste wieder mit dem gewohnten hervorragenden Service verwöhnen konnten.

Rudi Carrell schrieb mir seine Telefonnummer auf die Rückseite einer Autogrammkarte.

Links: Franz »Zwetschi« Marischka mit mir in dem Film »Car-Napping« von Wigbert Wicker.

Mitte: Elisabeth Volkmann und Lilo Beckmann

Rechts: Ralph Siegel mit Katja Epstein

Nach langer Filmpause wünschte sich Eva Renzi endlich mal wieder eine schöne Rolle. Der Filmregisseur Peter Welz wollte einen Film über die Rallye Paris–Dakar drehen. »Nimm doch die Renzi«, war mein Vorschlag.

»Hab ich auch schon daran gedacht«, meinte er, »… aber diese Skandalnudel? Die ist mir zu gefährlich.« Tatsächlich konnte ich ihn mit Engelszungen von der Wandlung der Eva Renzi zu einem normalen Menschenkind überzeugen. Am Abend vor dem entscheidenden Gespräch saß Eva im SIMPL am Stammtisch. Dazu kam etwas später der Regisseur Franz »Zwetschi« Marischka, ein Freund ihres Mannes Paul Hubschmid. Eva griff ihn, ohne auf die anderen Gäste Rücksicht zu nehmen, sofort wegen seiner verstorbenen Freundin, der Filmschauspielerin Renate Ewert an. Er und auch ihr Mann Paul Hubschmid, der vor Zwetschi mit Renate ein Verhältnis hatte, hätten Schuld an ihrem Tod. Ein Wort gab das andere, beide wurden immer lauter, bald hörten die umliegenden Tische auch zu.

»Ihr beide habt ihr durch eure Geschenke den Status einer Nutte gegeben! Ein Cabriolet von Paul, und du hast ihr sogar einen Ozelotmantel gekauft. Pfui!«, rief Eva aufbrausend und Zwetschi returnierte: »Du musst reden, du bist doch selber einer Nutte! Du weißt nicht einmal, wer der Vater deines Kindes ist!«

Wow – eine Sekunde Stille, wieder flog ein Engel durch die Kneipe –, dann holte Eva aus und schlug dem etwas kleineren Zwetschi mit der flachen Hand auf seine Glatze. Seine Brille flog auf den Tisch. Ist aber nix passiert. Wieder Stille. Zwetschi, ganz britischer Staatsangehöriger, also ein Gentleman vom Scheitel bis zur Sohle, benahm sich wie ein Sir. Zuerst zog er einen kleinen Kamm aus einer Tasche und legte die letzten 14 Haare zurecht. Dann putzte er in aller Ruhe seine Brille, setzte sie auf und entschuldigte sich bei Eva, stehend und nach vorne eine leichte Verbeugung andeutend: »Es tut mir leid, dass ich dich durch mein Gequatsche in diese Situation gebracht habe!«

Leider weiß ich nicht, von wem Eva, die gerade atemmäßig Anlauf für eine größere Beschimpfung nahm, einen unglaublichen Tritt gegen ihr Schienbein bekommen hat, der sie wieder auf

Der schwedische Filmstar Liv Ullmann erschien in Nationaltracht im SIMPL.

die Erde zurückbrachte. Auch sie entschuldigte sich bei Zwetschi. Die Welt war wieder in Ordnung. Als sie ging, klopfte sie noch dem Regisseur Peter Schamoni, der ein paar Tische weiter saß und das Drama, das keines war, nur von weitem miterlebte, freundschaftlich auf die Schulter. Trotzdem erzählte Schamoni diese Geschichte noch in der Nacht einem Klatschkolumnisten der Bild-Zeitung, die am nächsten Morgen mit der Schlagzeile erschien: »Eva Renzi ohrfeigt Sexfilmer!« Natürlich wurde die ganze Story zu einer Räuberpistole aufgeblasen. Ein großer Krach meinerseits mit diesem Kolumnisten schloss sich an, weil ich der Meinung war und immer noch bin, dass man bei mir hätte nachfragen müssen, bevor man in ein Leben so gravierend eingreift, wie das der Journalist getan hat. Immerhin hatte Eva diese wunderbare Rolle durch ihn verloren. Sie hatte leider der »Skandalnudel« wieder zur Ehre gereicht!

Für Aufregung sorgte auch Liv Ullmann, wenn auch auf sehr angenehme Art und Weise. Bei einer Preisverleihung in München, die anschließend im SIMPL gebührend begossen wurde, hatte sie eine Tracht ihrer schwedischen Heimat an. Das Mieder war sehr weit ausgeschnitten, auch schloss Liv die obersten Knöpfe nicht. Die Gefahr, dass ihr wunderbarer Busen sich selbstständig machen wollte, war groß. Ich nahm sie zur Seite und meinte sie solle die Knöpfe schließen, um ein kleines Unglück zu verhindern. Liv musste über mich so lachen, dass beinahe die restlichen Knöpfe weggesprungen wären.

»Weißt du, ich habe heute Morgen in aller Eile die Tracht meiner Tochter eingepackt. Natürlich ist mir die viel zu klein – aber was soll ich machen, ich musste heute Abend auf Bitten der Gastgeber in dieser Verkleidung erscheinen. Jetzt kann ich es auch nicht mehr ändern!« Ein riesiges Tuch von Hermès, ein rettendes Geschenk einer anwesenden Dame, half dieser unglaublich sympathischen schwedischen Schauspielerin aus einer unangenehmen Situation.

Der Gastgeber dieser für etwa 300 Personen ausgerichteten Party sagte zu mir, ihm sei so schlecht. Sein Gesicht war aschfahl: »… ich glaube, ich werde ohnmächtig.« Sprachs – und fiel der Länge nach hin. Gott sei Dank nicht draußen im Gewühle, sondern bei mir in der Küche. Bernd Eichinger, der große Produzent, Helfer aller Filmemacher, ein wirklicher Freund, wollte in sein dreißigstes Lebensjahr mit seinen Freunden hineinfeiern. Ein Notruf an seine Sabine, Mutter seiner Tochter Nina. Sabine musste unter den Gästen gesucht werden. Wir beide beschlossen, dass kein Mensch etwas erfahren dürfte. Unser größtes Problem war aber die Uhr. In kürzester Zeit war es Mitternacht und da sollte das große Theater losgehen. Reden, Sketche, Interviews, Ehrengäste – alles war organisiert bis ins kleinste Detail. Inzwischen holten Sabine und ich Bernd wieder unter die Lebenden, er war aber, trotz meines ihm eingeflößten rettenden Cocktails aus Mokka und Wodka, nicht in der Lage aufzustehen. Wir zogen ihn hoch, sodass er wenigstens sitzen konnte, angelehnt an die große Spüle in der Küche. Inzwischen unterrichtete Sabine ihre Mitorganisatoren, dass sie für ein paar Minuten das Geburtstagskind zur Seite genommen hätte. Sie sollten um »Null Uhr« schon mal »Happy Birthday« singen und dann das Programm wie vorgesehen weiterlaufen lassen. Es war nicht daran zu denken, dass Bernd an seinem eigenen Fest weiter teilhaben konnte. Sabine holte heimlich ihr Auto in den Hof. Was für ein Glück, die Küche hatte einen eigenen Hofzugang. Es erwies sich als äußerst schwierig für uns zwei halbe Portionen, dieses Riesentrumm Mannsbild ins Auto zu schleppen. Schleifen wäre das bessere Wort gewesen! Trotz aller Tragik mussten Sabine und ich fürchterlich lachen. Wir waren sicher, dass jemand sich wie in einem schlechten Film vorgekommen wäre, wenn er uns zugeguckt hätte. Sabine fuhr Bernd nachhause. Vom SIMPL aus hatte sie schon den Notarzt

Maximilian Schell, Dagmar Hirtz und Maria Schell (v. l.)

bestellt. Sie wusste Bernd in guten Händen und kam zu mir zurück. Verstohlen mischten wir uns unter das Partyvolk, das schon fast am Höhepunkt angekommen war. Immer wieder die Rufe nach Bernd, die ich aber ableiten konnte, er nähme gerade in der kleinen Bar Glückwünsche entgegen. Sabine verhielt sich genauso. Alle die ihrem Bernd gratulieren wollten, hatten ihn einfach in diesem unglaublichen Gewühle, das sich mittlerweile bis auf die Straße ausdehnte, nicht gefunden. Gegen Morgen machte Sabine sehr liebevoll dem Fest ein Ende, indem sie allen erzählte, nun sei Bernd »schon« nachhause. Es gab wirklich keinen, der das nicht geglaubt hätte.

Die Tatsache, dass er sich ab jenem 11. April 1979 nicht mehr wie ein Twen benehmen durfte, traf Bernd Eichinger wie ein Schock. Wohin mit seinem Markenzeichen, den Turnschuhen, die er selbst zum Smoking trug? Ein Berg von Problemen tat sich vor ihm auf. Er hat sie gemeistert – bis heute.

Mich hat etwas ganz anderes fasziniert: Ein Gastgeber, der, außer in den ersten zwei Stunden, von seinen Freunden nicht mehr gesehen wurde, und vielleicht auch gar nicht toll vermisst wurde – was sind das für Freunde? Oder waren Sabine und ich so gute Schauspielerinnen, dass niemand auf dumme Gedanken kam? Wenn ja – her mit dem Oscar!

Das Fehlen Leonard Bersteins wurde da schon eher registriert. Ihm zu Ehren hatte der Raiffeisenverband die Feier nach einer Preisverleihung in den SIMPL verlegt. Bernstein nahm ein Taxi

Verpasste seine eigene Geburtstagsparty: Filmproduzent Bernd Eichinger, hier mit Hannelore Elsner.

»... um noch kurz im Hotel vorbeizufahren« – und kam nie bei uns an. Der rote Teppich wurde ohne ihn wieder eingerollt. Dafür war er aber am nächsten Abend da, um sich zu entschuldigen. Er hatte sich nur fünf Minuten auf das Bett legen wollen, weil er ganz einfach kaputt war – und war natürlich prompt eingeschlafen. Morgens um sieben wachte er auf. Da war es selbst für den SIMPL, wie er meinte, »entweder schon zu spät oder noch zu früh«.

»Du hast mir das Leben gerettet«, sagte Helga Anders bei einem Glas Mineralwasser zu mir am Stammtisch. Schon früher war sie viel bei mir, hat sich Rat geholt und ausgeweint. Aber mit dem Ausbleiben toller Rollen und familiären Schwierigkeiten suchte sie immer öfter Trost beim Alkohol, baute immer mehr ab. Ich konnte das nicht mehr mit anschauen, es brach mir das Herz. Ich verhielt mich schweren Herzens genau so, wie es unser damaliger Alkohol-Guru Professor Feuerlein vom Max Planck-Institut mir empfohlen hatte: »Wenn Sie Helga Anders wirklich gerne haben, müssen Sie sich von ihr trennen. Werfen Sie sie aus dem Lokal. Erteilen Sie ihr Lokalverbot. Kümmern Sie sich nicht mehr um sie. Irgendwann, hoffentlich bald, wird Helga Anders zu mir in die Klinik kommen.«

»Bei mir wirst du dich nicht mehr betrinken«, sagte ich und warf sie raus. Damals!

Jetzt jedoch schien es ihr besser zu gehen. Sie wirkte ruhig und ausgeglichen.

Viele Monate verbrachte sie in der Klinik. »Du ahnst gar nicht, wie sehr du mir geholfen hast, als du mir die Türe gewiesen hast«, sagte sie. »Als auch du mich nicht mehr mochtest, bin ich aufgewacht und zur Vernunft gekommen.«

Für eine Weile ging alles gut. Im nächsten Frühjahr, ich glaube, es war 1984, brachte sie mir ein in Seidenpapier eingewickeltes Buch mit. Ihr Buch, handgeschrieben und von ihr selbst illustriert. Ein Märchen von Helga Anders über Helga Anders. »Ich werde versuchen, einen Verlag zu finden«, versprach ich ihr. Später schüttete ihr irgendein unverantwortlicher Mensch heimlich Alkohol in ihren Saft und fand das auch noch »wahnsinnig« lustig. Helga – Idol einer ganzen Generation – schaffte es nicht mehr. Sie hatte auch keine Kraft mehr. In den letzten Monaten ihres Lebens wusste sie nicht mehr, wovon sie die Miete bezahlen sollte. Sie hatte alles, was sie besaß verschenkt. Ihr Buch wollte leider niemand haben. Es ist immer noch bei mir. Manchmal blättere ich darin.

Die Haustüre flog auf und eine Horde junger Leute auf Rollschuhen fuhr durch das ganze Lokal über meinen neuen Holzboden. Den von mir als Anführer ausgemachten langen Lulatsch zog ich zu mir, der wollte mir auch etwas sagen, das ich aber nicht verstand, weil er so nuschelte. Mit meiner sehr lauten Stimme warf ich alle aus dem Lokal. Wir hatten wieder Ruhe.

Ein junges Mädchen, das neben mir stand, blickte mich mit tränenerfüllten Augen an: »Weißt du, wen du da gerade rausgeworfen hast?«

Ich bockig: »Nein.«

»Udo Lindenberg.«

Links: Die Schauspielerin Helga Anders und das Kissen, das Helga für mich bestickte.

Rechts: Zu Gast in der NDR-Talkshow mit Franz Alt (M.) und Giovanni di Lorenzo (l.).

»**Wenn du nächste Woche** in München bist, musst du unbedingt in den ALTEN SIMPL gehen«, hörte ich in der Hamburger NDR-Kantine am Nebentisch einen netten jungen Mann zu seinem Gegenüber sagen. »Schleich dich an den kleinen Tischen aber vorsichtig vorbei, da sitzt oder steht immer die Wirtin mit ihren Argusaugen, weil sie glaubt, alle Mädchen in ihrem Laden vor uns bösen Männern beschützen zu müssen. Geh auf der linken Seite ganz nach hinten. Dort hast du freie Bahn und – die schönsten Mädchen! Ebenso Vorsicht vor den Bedienungen, die petzen! Wenn du mit deinem Aufriss das Lokal verlassen willst, gehe alleine an der Wirtin vorbei, lass dein Mädchen entweder voraus gehen, oder nach dir. Geht nie zusammen! Die Wirtin wird dich sonst in ein Gespräch verwickeln, bis sie weiß, was du mit der jungen Dame vorhast!« Meine so groß aufgestellten Ohren verkleinerten sich im Bruchteil einer Sekunde zu winzigen Öhrchen. Diese Geschichte hat mich wie ein Hammer getroffen. Bin ich wirklich so zickig? Hat dieser junge Mann vielleicht sogar Recht? Vom ersten Tag meines Wirtedaseins an habe ich dafür gekämpft, dass Mädchen und Frauen auch alleine nach Mitternacht ein Bier trinken können, ohne als Nutten bezeichnet zu werden. Bin ich in all den Jahren zu weit gegangen mit meinen Beschützermaßnahmen?

Sehr lange ging ich mit mir zurate und – habe nichts geändert.

Immer ist mir das aber nicht gelungen, das mit meiner Beschützerei! Manche Paare haben sich trotzdem im SIMPL kennen und lieben gelernt. Dr. Michael Otto, inzwischen haben schon seine Kinder das Ruder beim »Otto-Versand« in der Hand, hat mit seiner hinreißenden Christl sogar den Polterabend im SIMPL gefeiert. Michael Otto hat in München studiert und im Unterschied zu vielen anderen sogar viele Jahre die Uni von innen gesehen und nicht nur die Semester im SIMPL abgesessen! Heute freue ich mich immer, wenn ich ein Foto von Christl und Michael in einer Zeitung sehe. Zuletzt am 100. Geburtstag seines Vaters, mit dem ich damals am Polterabend im SIMPL noch das Tanzbein geschwungen habe!

Links: Wahlparty für Helmut Schmidt im Jahr 1976 mit Christian Wolff, Reiner Schöne, Günther Ungeheuer, Marina Wolff und einem Kohlkopf, der über mir schwebt.

Rechts: Im SIMPL funkte es zwischen Erika Berger und Richard Mahkorn.

Die Frau Mutter fragte mich vorsichtig, ob ich nicht mal ein zufälliges »Nebeneinandersitzen« mit dem Filmstar Christian Wolff arrangieren könnte? Ihre Tochter sei seine größte Verehrerin. Das hat mich fast umgehauen, weil ich die Tochter Marina Handloser sehr mochte und als unglaublich taffe und faire Journalistin kannte. Und vor allem in keinster Weise verklemmt, gehemmt oder scheu. Wie sich aber später herausstellte, war Christian Wolff seit ihren Kindertagen ihr großer Schwarm. Sie hatte ein ganzes Archiv über ihn zuhause, sammelte alles, dessen sie habhaft werden konnte. Ihm das zu gestehen war ihr, »der-doch-so-taffen-Journalistin«, unmöglich. Die kluge Mutter wollte ein bisschen Schicksal spielen. Zu recht! Sehr lange hat es nicht gedauert bis die Hochzeitsglocken läuteten! Noch heute treffen wir uns bei manchen Veranstaltungen, nehmen uns in die Arme und erinnern uns an die denkwürdigen ersten Tage ihrer Begegnung. Und natürlich ist Sohn Patrick in die Fußstapfen seines Vaters getreten. Seine Begabung hatte ich schon vor vielen Jahren bemerkt, als er für einige Zeit mein kreativer »Assi« bei den Kinderfesten sein durfte!

»Meinst du, die passt zu mir? Meinst du … meinst du … ich soll sie heiraten?« Richard Mahkorn, wohlbestallter Journalist und damals leitender Redakteur bei der Illustrierten »Quick«, saß neben mir am Stammtisch und versuchte seine Gedanken zu ordnen. Ich riet ihm zu. Den Gegenstand seiner Begierde mochte ich sehr, sehr gern. Manchmal war sie ein bisserl frech, manchmal auch ein bisserl offen, manchmal, aber sicher nur für mich, auch ein bisserl unter der Gürtellinie, das aber mit einem Charme, dem man sich einfach nicht entziehen konnte. Auch sie war Journalistin. Noch dazu bildschön, mit endlos langen Beinen, also einer Traumfigur. Sie – ja, das war s i e: Erika Berger, die viel später eine riesige Karriere als Deutschlands erste Sex-Tante im Fernsehen machte. Mit Sendungen, dass man sich die bereits roten Ohren zuhalten musste. Sie sprach über alles »Unaussprechliche« mit einer Natürlichkeit, dass man glauben konnte, sie erkläre ein etwas ausgefallenes Kochrezept. Die beiden wurden wirklich ein Traumpaar. Richard hat uns vor nicht

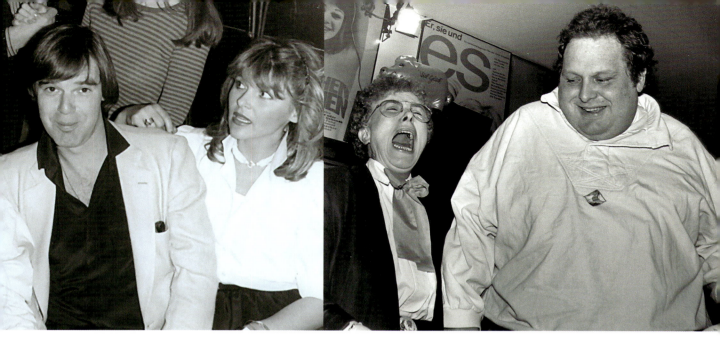

Links: Sängerin Lena Valaitis und Schauspieler Horst Jüssen nutzten den SIMPL als heimlichen Treff.

Rechts: Immer für einen Spaß zu haben – Kabarett-Schwergewicht Ottfried Fischer.

allzu langer Zeit leider für immer verlassen und ich glaube, dass es für Erika sehr schwer ist ohne ihr Alter Ego weiterzuleben.

Nicht Schauplatz der ersten Begegnung, aber ein wunderbarer Unterschlupf war der SIMPL viele Monate für die damals ganz junge und noch geheime Liebe zwischen Lena Valaitis und Horst Jüssen. Für Horst war der SIMPL fast sein Zuhause, er war auch unser wunderbarer Biograf, weil er zu allen wichtigen Gelegenheiten die besten und witzigsten Festreden hielt. Damals sagte er wegen Lena: »Im SIMPL sind jeden Tag so viele Journalisten, dass sich keiner darüber schreiben getraut. Die große Frage war doch, warum hat das noch kein Kollege geschrieben? Also stimmt die Geschichte vielleicht gar nicht?« Der gar nicht konspirative Treffpunkt, der aber natürlich ganz besonders konspirativ war, war gut gewählt. Die beiden liebten sich schon weit über ein Jahr, bevor Horst bei Lena um ihre Hand anhielt und sie auch bekam.

An Liebe aber dachte in dem Augenblick niemand, als ich mit dem Songwriter Fred Jay, seiner Frau Muschka und den wunderschönen, farbigen italienischen Zwillingen am Stammtisch saß. Antonella und Nadja, die sich als die »Mokkas« schon einen gewissen Namen in der Showbranche gemacht hatten, verkündeten, dass sie keinen Tag weiter auf ihrer Tournee durch Deutschlands Discotheken arbeiten würden, weil der Veranstalter sie nach jeder Vorstellung als Animiermädchen sehen möchte. »Da muss sofort ein Anwalt her!«, beschlossen wir drei Erwachsenen und wussten auch schon einen. Es war aber schon nach Mitternacht und ein ordentlicher Anwalt muss zu Bett, weil er seinen ersten Termin schon in aller Frühe bei Gericht hat! Wir brauchten keinen Notarzt – wir brauchten einen Notanwalt. Ich rief trotzdem an. Axel Meyer-Wölden war in einer halben Stunde bei uns. Am nächsten Tag mussten die Mädchen schon nicht mehr auftreten, nach ein paar Tagen waren die Verträge zum Vorteil der Zwillinge gelöst und über das Jahr gab es eine spektakuläre Hochzeit: Antonella, der »stille« Zwilling, wurde Frau Axel Meyer-

Links: Bei einem Benefiz-Schafkopfturnier mit dem damaligen OB Georg Kronawitter hatten wir eine Menge Spaß.

Rechts: Medienmanager und Willy-Brandt-Berater Josef von Ferenczy mit seiner Katharina

Wölden«. Ein paar weitere Jahre später wurde eine heute durch alle Gazetten geisternde junge Dame geboren: Sandy Meyer-Wölden.

»Du spinnst ja«, sagte Klausjürgen Wussow. Wir saßen am Stammtisch, und man schrieb den 15. Oktober 1985, eine Woche vor der Fernseh-Premiere der »Schwarzwaldklinik«. Ich hatte meinem Stammgast und Freund schon aus »Kurier der Kaiserin«-Zeiten gerade viel Presse und überhaupt viel Ärger prognostiziert. Auch wenn eine Journalistin einer großen Zeitung gerade einen Termin mit der Frage »Wer ist Herr Wussow?« abgelehnt hatte – die Regenbogenblätter beschäftigten sich schon jetzt sehr intensiv mit der »Romanze in Mull«. »Was soll schon passieren?«, meinte der Schauspieler. »Ich spiele eine Rolle wie so viele andere auch.« Er hatte sich aber mit dieser Arztrolle einen alten Traum erfüllt.

»Was passieren wird?«, fragte ich zurück. »Die Leute werden dich auf der Straße erkennen, sie werden dich ansprechen, sie werden dich um ärztliche Hilfe bitten. Diese Rolle wird dein ganzes Leben verändern.«

»Du übertreibst – wie immer! Ich bin Schauspieler, das ist mein Beruf. Ich würde auch einen Massenmörder spielen, ohne anschließend Massen zu morden!«

Einige Monate später, nach Brinkmannboom und Verleumdungskampagnen, saß er wieder an unserem Tisch. Völlig geknickt fragte er den ihm gegenübersitzenden Chefredakteur der Zeitschrift »Lui«, Heinz van Nouhuys. »Was habt ihr nur mit mir gemacht? Ich kann keine Sekunde mehr allein sein. Dauernd sind irgendwelche Journalisten hinter mir her!«

»Das Spiel ist doch so alt wie das ganze Showbusiness«, sagte Nouhuys. »Das Fernsehen versucht, euch Schauspieler zu Göttern zu machen – und die Presse bemüht sich um das Gegenteil.«

Damit wollte Wussow sich nicht abfinden. »Ich brauche meinen privaten Lebensraum. Ich traue mich ja nirgends mehr hingehen. Man zählt die Gläser Rotwein, die ich trinke, wieviel Zigaretten ich rauche, mit welchen Leuten ich rede und mit welcher Dame ich vielleicht mal

Links: Hollywoodproduzent Arthur Cohn

Rechts: Helmut Fischer, Claudia Butenuth und »Lady Bump« Penny McLean

in das gleiche Taxi einsteige!« Über die folgenden Jahre könnte ich auch gleich ein ganzes Buch schreiben – darüber ist aber, seit er auch noch meine Ziehtochter Yvonne Viehöfer zu seiner dritten Ehefrau machte, wirklich alles bekannt. Und dafür hat dieser wunderbare Schauspieler leider selbst gesorgt. Der unglaubliche Erfolg dieser Fernsehserie hat Klausjürgen Wussow total verändert. Er war dem Ansturm nicht gewachsen. Leider endete sein und Yvonnes Leben als große Tragödie.

Über eine Woche saß er jeden Tag an einem unserer Stammtische. Wenn ich jetzt seinen Namen schreibe werden viele sagen: »Ja, und? Wer soll das sein?«, denn als Dan Blocker kennt ihn kein Mensch – aber als »der dicke Hoss« aus der amerikanischen Serie »Bonanza« kannte ihn jeder. Er hat mich über amerikanische Verdienstmöglichkeiten für Schauspieler aufgeklärt. Auf meine Frage, wieso die Darsteller dieser Serie so viel verdient hätten und wieso die Gagen in USA für Fernsehserien überhaupt so hoch seien, meinte er nur, woher ich denn meine Kenntnisse bezöge?

»Alles aus der einschlägigen Presse«, war meine Antwort. Wenn er richtig zwischen Tischkante und Bank gepasst hätte, wäre er wahrscheinlich auf die Erde gefallen vor lauter Lachen. So hat ihn sein Leibesumfang gerade gehalten.

»Also«, meinte er, »es fing alles damit an, dass wir vier Hauptdarsteller, der Vater und die drei Söhne, alle die gleiche Gage bekamen. Das waren 4.000 Dollar pro Folge. Ist ja nicht zum verrückt werden. Das große Geld kam erst viel später. Nachdem die Serie so ein unglaublicher Erfolg wurde, zahlte sich unser toller Vertrag aus. Wir bekamen nämlich bei der 1. Wiederholung 100 Prozent unserer Gage, bei der 2. die Hälfte, bei der 3. ein Viertel und bei der 4. Wiederholung wieder die volle Gage! Was glaubst du, wie oft diese Serie wiederholt wurde? Nein, ich weiß es auch nicht. Auf jeden Fall war es gigantisch. Und als Zuckerl obendrauf bekamen wir bei jeder Folge, die ins Ausland verkauft wurde, nochmal unsere volle Gage! So viel ich weiß, waren es ungefähr 150 Länder! Ob alle 430 Folgen auch ins Ausland verkauft wurden, weiß ich nicht. Aber,

Links: Beim tz-Stammtisch mit BR-Chefreporter Michael Stiegler, First Lady Mildred Scheel und OB Erich Kiesl gings mitunter recht lustig zu.

Rechts: Die berühmteste Paparazza Fürstin Marianne »Manni« zu Sayn-Wittgenstein-Sayn (hier mit Mildred Scheel) liebte den SIMPL.

glaube mir, es hat gereicht. Wir hatten wirklich finanziell ausgesorgt. Ihr müsst unbedingt diese tollen Verträge der amerikanischen Schauspielergewerkschaft auch bei euch einführen!«

Jetzt habe ich laut gelacht: »So etwas ist bei uns in Deutschland leider nicht möglich. Wir haben keine solche Gewerkschaft. Unsere Schauspieler sind alle uneins. Wirklich schade!« Ich glaube kaum, dass ein deutscher Schauspieler so über seine Gage reden würde!

»Frau Netzle, Telefon für Sie. Im Büro.« Da wusste ich schon, wer dran war. Im Laden war Hochbetrieb, aber das störte Mildred Scheel nie. Oft rief sie spät in der Nacht an, meistens war es ein »Gute Nacht«-Gespräch. Sie wollte vor dem Einschlafen noch ein bisschen über andere Dinge als über den schrecklichen Krebs plaudern. Es war ihr dann auch egal, ob ich irgendwo dringend gebraucht wurde. Für Freunde gibt es nun mal keine Termine. Als wir uns vor vielen Jahren kennenlernten, arbeitete sie als Röntgenärztin in einem Krankenhaus. Sie wurde Stammgast im SIMPL und blieb es auch noch, als sie zur First Lady avancierte und nach Bonn umzog.

Ihre Offenheit und Gradlinigkeit waren sprichwörtlich. Für sie gab es keine Umwege. »Bei der Sendung morgen«, meinte Blacky Fuchsberger einmal zu ihr, »sollten wir uns lieber Siezen. Das wird vom Sender so gewünscht.« Blacky hatte außerdem mit der Duzerei so seine, manchmal nicht guten, Erfahrungen.

Das war aber mit Mildred nicht zu machen: »Du spinnst wohl«, widersprach sie Blacky, »ich lüge doch nicht – nicht mal dir zuliebe.« Und blieb beim »du«, auch als das rote Licht der Kamera anging.

Die zwei Töchter eines großen Schweizer Zeitungsverlegers stiefelten fast im Gleichschritt den langen Gang nach vorne zur großen Bar. Ich freute mich sehr sie zu sehen. Sie waren eine lange Zeit, zumindest für uns, von der Bildfläche verschwunden. Hinter ihnen kam noch ein Mann, dem ich aber keine Beachtung schenkte, als ich die beiden Mädchen schwungvoll begrüßte und mit

Zum 45. Geburtstag verliehen die Freunde den Nobel-Preis an ihre Lieblingswirtin …

Deutschlands First Lady Mildred Scheel war oft Gast bei mir. Auf der rechten Seite sitzt sie an meiner Theke neben Bernhard Wicki und Agnes Fink. Halb verdeckt dahinter steht Ossi Drechsler, der legendäre Boss der Plattenfirma Polydor in Hamburg.

Links: Ein Prosit mit Helmut Dietl und Arthur Brauss.

Rechts: Vater Blacky und Sohn Tommy Fuchsberger

ihnen herumalberte. Da meinte die eine: »Ich glaube, zu kennst meinen Mann noch nicht, wir waren lange in Spanien, aber jetzt sind wir wieder im Lande …« Noch lange redete und redete sie so weiter, ich konnte aber nicht mehr zuhören, weil ich den Mann, beziehungsweise »ihren« Mann erkannt hatte. Erst am Tag zuvor war ich zum dritten Mal im Kino, um mir seinen Film erneut anzusehen.

Es war Antonio Gades, Spaniens berühmtester Flamencotänzer und Choreograf, der in dem Carlos Saura-Film »Carmen« die Hauptrolle spielte und tanzte und auch für die Choreografie zeichnete.

Wir redeten dann alle durcheinander, weil ich mich vor Freude fast nicht einkriegte, diesen Mann in meinen Armen zu halten. Normalerweise bin ich nicht wirklich ein Groupie oder ein Fan, aber dieser Tänzer hatte meine Seele verzaubert. Die Mädchen erzählten, er erzählte – und beinahe hätten wir uns verquatscht, weil sie nachhause mussten, als er mir anbot, mir ein paar Flamenco-Schritte beizubringen.

»Ist überhaupt nicht schwer und macht fürchterlich Eindruck!«, und schon nahm er mich bei der Hand, bestellte an der Bar einen Flamenco. Hatten wir nicht. Aber er zog eine CD aus der Tasche und schon gings los.

Wir tanzten, nein, das ist falsch, er tanze und ließ mich mitfliegen, über Tische, Stühle, Gänge, Bar- und Garderobentresen. Es gab nichts, das ihn hätte abhalten können, seine Figuren zu setzen, oder zum Rhythmus zu stampfen und ich machte alles mit. Mit keinem Gedanken dachte ich daran, mich lächerlich zu machen, weil er mir immer das Gefühl gab, eine Tänzerin zu sein. Als er mich am Ende der CD ganz vorsichtig absetzte, war ich außer Atem, aber nicht erschöpft und glücklich wie ein kleines Mädchen. Wer kann schon von sich sagen, dass er mit Antonio Gades durch die Nacht … – das vielleicht – aber nicht, in der Nacht über das Mobiliar einer Kneipe getanzt hätte?

Ein tolles Ständchen brachten mir zum 60. Geburtstag: oben v. l. Elisabeth Volkmann, Andrea Rau, Erika Bruhn (vom Gesangsduo Gitti & Erika), Lena Valaitis und Katja Epstein.

Rechts: Kurt Weinzierl als »Aushilfskellner« mit Loni von Friedl

Unten links: Der Intendant der Bayerischen Staatsoper Professor Wolfgang Sawallisch mit seiner Frau Mechthild
Unten rechts: Eberhard Schoener. Meine Kinderfrau Anni Zirner, die 1930 ein blutjunges Mädchen war, betreute nun seine Kinder.

Oans, zwoa … Tierfilmer Heinz Sielmann feierte mit mir und Toni Seiler (hinten v. l.) sowie Marina und Christian Wolff (vorne) auf der Wiesn 1983.

»**Herr Brauner, versichern Sie** eigentlich Ihre Schauspieler?«

»Nein. Ich bete für sie.« Diese Anekdote um den Geiz des legendären Berliner Filmproduzenten Artur Brauner hat beinahe schon Geschichte gemacht. Man erzählt auch, dass Brauner vor vielen Jahren, als er für einen Drehtag eine Kuh mietete, den Bauern abends mit den Worten aufhielt: »Ich habe für einen ganzen Tag bezahlt – also will ich auch den Gewinn für einen Tag!« Sprachs, setzte sich mit einem mitgebrachten Eimer unter die Kuh und fing an sie zu melken.

Ich wollte es genau wissen und fragte Artur, der seine Familie, allen voran seine Ehefrau Maria, abgöttisch liebte: »Bleibt Ihnen überhaupt noch Zeit für Frau und Kinder bei all dem Geldverdienen? Haben denn Ihre Kinder etwas von Ihnen?«

»Jetzt nicht«, lachte er. »Aber nach meinem Tode«, fügte er listig hinzu.

Großzügig und ein toller Gastgeber war der Produzent Karl Spiehs schon immer. Viele Jahre veranstaltete er jeden Faschingsdienstag den »Lisa-Fasching«. Zwischen 15 und 21 Uhr war der SIMPL Treffpunkt der Prominenz aus der Filmbranche. Karli ließ sich in diesen Stunden nicht lumpen – doch ab 21 Uhr, wenn der Laden wieder für alle geöffnet war, mussten auch die »Lisa-Gäste« selber bezahlen. Sagte er. Mancher hat sich dann kurz vor 21 Uhr noch vier Pils und drei Wein bestellt, damit er ja nicht in die Verlegenheit kommen musste, selbst auch nur ein Getränk zu bezahlen. Stunden saß er dann vor seinem schalen Wein und dem abgestandenen Pils. Doch das passierte nur dem, der Karl Spiehs nicht richtig kannte, denn meistens verkündete der Unermüdliche um Mitternacht, dass natürlich seine »Lisa-Gäste« immer noch seine Gäste seien!

Als Christian Wolff noch nicht in den Armen von Marina gelandet war, brachte er eines Nachts hohen Besuch mit. Alle meine Gäste erstarrten fast, als sie ihn kommen sahen. Christian, natürlich auch ein Top-Star, den waren sie gewohnt, der war für sie immer da, aber der andere? Den kannten alle aus einer der beliebtesten Fernsehserien Amerikas »Die Straßen von San Francisco«: Michael Douglas!

Wir konnten uns gar nicht einkriegen, wie nett und natürlich der war. Immer wieder versuchte er, mit uns ein bisschen deutsch zu sprechen, funktionierte nicht so richtig, aber allein der Versuch war doch schon liebenswert, weil er seine Mutter, die eine Deutsche war, in ihrem Heimatland gut vertreten wollte.

In der ersten Nische saß ein amerikanisches Elternpaar mit zwei fast erwachsenen Kindern. Wenn ich spürte, dass Gäste nicht so richtig zu uns reinpassten, kümmerte ich mich besonders um sie. Immer das gleiche Ritual. Ich ging an den Tisch, stellte mich vor und setzte mich dazu. Wir haben ein bisschen geplaudert. Sie erzählten von ihrer Farm in Kentucky und von ihren schier endlosen Weizenfeldern. Ob mir denn die Firma Lanz ein Begriff sei, durch einen Zufall konnte ich dies bejahen. Der Vater musste an sich halten, als er mir erzählte, dass er dort einen Besuch gemacht hätte und sich nur darüber wundern konnte, wie winzig die deutschen landwirtschaftlichen Maschinen seien. Sein Mähdrescher, der von der gleichen Firma sei, hätte das Format

> Alter Simpl, 57 Türkenstrasse (tel. 28-72-42), was once a literary cafe, taking its name from a satirical revue in 1903. There is no one around anymore who remembers that revue, but Alter Simpl remained on the scene and was made famous by its mistress, Kathi Kobus. She went on to become a legend, but even she is no longer with it. Today, Toni Netzle, runs the show, which is staged daily, except Sunday, from 8 p.m. to 3 a.m. Once Lale Andersen, who made "Lili Marlene" famous in World War II, frequented the cafe whenever she was in Munich. Whiskey ranges in price from 7 DM to 10 DM ($2.98 to $4.25), though gin is only 6 DM ($2.55). You can dine here as well, perhaps selecting a bowl of soup at 3.50 DM ($1.49) followed by a main meat dish at 11 DM ($4.68).

Amerikanische Reiseführer, wie hier der »Dollarwise Guide to Germany« von 1978, propagierten den SIMPL als Lale Andersens Stammlokal – selbst als diese längst tot war.

eines vierstöckigen Mietshauses und dürfe überhaupt nur mit einem Spezialführerschein gefahren werden. Hier käme ihm alles wie bei Liliput vor.

Um jetzt nicht noch tiefer in die amerikanische Landwirtschaft einzutauchen, lenkte ich das Gespräch auf den SIMPL und fragte geradeheraus, wie denn eine amerikanische Farmersfamilie aus Kentucky zu uns gefunden habe? Auf Empfehlung eines Reiseführers seien sie hier. Der Vater las aus »The Farmers Guide« aus Kentucky vor. Alle technischen Daten und alle Preisangaben entsprachen dem neuesten Stand. Es musste also erst vor kurzem jemand uns besucht haben. Aber zum Schluss kam der Hammer: »... und jeden Tag, außer Sonntag, von 22 Uhr bis Mitternacht, tritt Lale Andersen auf und bringt ihr Lied von der ›Lili Marleen‹ zum Vortrag.« Diese Tatsache hätte ihn elektrisiert, meinte der Farmer. Er wollte unbedingt, dass seine Familie das Lied hören kann, das er ganz eng mit seinen letzten Kriegstagen in Europa verbindet. Vor allem aber

UFA-Star Kristina Söderbaum und Helmut Fischer mit mir vor dem Lokal.

wollte er auch seiner Familie zeigen, wo er damals überall mit seiner Truppe stationiert war und, dass Lale Andersen fast der Hauptgrund war, dass er Frau und Kinder ins Flugzeug gepackt hätte, um ihnen die Person zu zeigen, deren Lied er im letzten Kriegsjahr immer mal wieder an der Westfront gehört hatte. Jetzt sei es gleich soweit und sie würde auftreten.

Wie ein begossener Pudel fühlte ich mich. Wie sollte ich ihm beibringen, dass das alles ein großer Irrtum sei? »Jetzt muss ich sie leider furchtbar enttäuschen«, fing ich vorsichtig an, »Lale Andersen lebt nicht mehr. Ich habe keine Ahnung, wie diese Falschmeldung in diesen Guide kommt. Es tut mir unendlich leid.« Es tat mir in der Seele weh zu sehen, wie dieser Mann sich vor seiner Familie schämte, dass er sich nicht besser erkundigt hatte. Es war wohl kein schöner Abschluss einer sonst so erfolgreichen Reise durch Europa. Zum Abschied meinte er noch, ich soll doch nicht traurig sein – Kentucky sei halt sehr weit weg!

Wer war Herr Schmidt? Keiner kannte ihn, er musste aber ein Schweizer sein, das hörte man. Und er muss ein sehr mutiger Mann gewesen sein. Im Sommer 1968 begann er in München mit den Proben zu einem Musical, was heißt einem Musical, ich glaube es war überhaupt das erste Mal, dass in München diese Form einer Bühnendarbietung aufgeführt wurde. Das Stück hieß »Hair« und kein Mensch konnte sich was darunter vorstellen.

»Aha, also eine Friseurgeschichte!« So und noch blöder kursierten die Geschichten über »Hair«. Außer dem ominösen Herrn Schmidt gab es auch noch dessen Ehefrau Edith, die, auch in der Schweiz, als Kostümbildnerin bekannt war. Sagte man. Aber eigentlich sei sie aus Wien. Auch nicht interessant. Niemand konnte ahnen, dass aus dieser Dame viele Jahre später Münchens Nachtclubkönigin werden sollte! Edith war später viel und gerne im SIMPL zu Gast. Unsere von uns neidlos anerkannte »Königin der Nacht« kam gerne mit einem Tross von Verehrern, aber immer öfter hatte sie einen ganz besonderen an ihrer Seite: den jungen Fußballstar Günter Netzer.

Aber zurück zu den Anfängen 1968. Sehr viel Geld musste auch nicht vorhanden gewesen sein. Diesem Umstand verdankte ich wohl, dass fast das ganze »Hair«-Ensemble ein Zuhause im SIMPL gefunden hatte. Wer auch immer, ich habe es nie erfahren, hatte diese kleine Truppe zu mir geschickt: »Die Toni wird euch schon helfen und mit den Preisen entgegenkommen, dass ihr wenigstens was ordentliches zu essen bekommt. Die hat ein großes Herz!« So, oder so ähnlich muss der Text gewesen sein. Donna Summer wurde viele Jahre später ein Weltstar, Su Kramer

Links: Mario Adorf

Rechts: Autorin Luise Rinser und Komponist Carl Orff im Gespräch mit Alice (oder war es Ellen?) Kessler und mir.

sang und spielte die weibliche Hauptrolle, Stella Mooni heiratete später Carl Schell, den Bruder von Maximilian, Maria und Immy. Die männlichen Hauptrollen spielten Reiner Schöne, der kurz zuvor aus der DDR abgehauen war, Ron Williams, der mit der amerikanischen Army nach Deutschland gekommen war, und Bernd Redecker, über den ich wenig wusste, den ich auch aus den Augen verloren habe. Alle anderen, die die kleineren Rollen spielten, waren aber genauso blendende Schauspieler, Tänzer und Sänger.

Gut drei Wochen vor der Premiere trudelten sie alle vorsichtig bei mir ein und erregten natürlich schon durch die verschiedenen Hautfarben und ihrer Lustigkeit wegen Aufsehen. Endlich kam mein heißgeliebter großer Tisch, der nach dem Umbau eigentlich mein Stammtisch sein sollte, zu Ehren. Die Premiere von »Hair« war, wie zu erwarten, ein unglaublicher Erfolg, der natürlich unsere ganzen Spießer an die Oberfläche spülte. Das Thema war heiß, es ging um Wehrdienstverweigerung. Der Einberufungsbefehl wurde verbrannt und dazu sang man noch – und alles mit langhaarigen jungen Leuten! Welch ein Graus! Der Skandal konnte nicht ausbleiben. Öffentlich forderte man die Schließung des Theaters! Erschwerend kam noch eine Szene dazu, in der alle Darsteller völlig nackt waren. »Unser schönes Bayern und unsere wunderbare Stadt wird in den Dreck gezogen!« Wenn ich mich richtig erinnere, mussten sie tatsächlich ein paar Tage zusperren. Dafür ging es dann umso besser weiter, die Eklats sorgten für eine tolle Werbung. Ein Jahr lief »Hair« bestimmt mit größtem Erfolg. Und alle Beteiligten blieben mir lieb und treu.

Nachtrag 1: Reiner Schöne brachte zu meinem 40. Geburtstag ein tolles Geschenk mit. Er schleppte mit einem riesigen Ballen Erde, in dem die ganzen Wurzeln verpackt waren, eine junge Birke in den SIMPL, die schon mindestens vier Meter höher war als unser Laden. Er stellte sie in der Mitte ab und da blieb sie auch vorläufig stehen. In dieser Nacht hatten wir unsere »Dorflinde«, die zwar eine Birke war, an der man sich gut verabreden konnte. Der Vorschlag, die Birke vor das fast neue Clubhaus des ASV (Akademischer Sportverein) einzupflanzen, kam von

Links: Musicalstar Reiner Schöne und Dichterenkelin Anja Hauptmann

Rechts: Musikproduzent Monty Lüftner

unserem Freund Dr. Wolfgang Weeg, der dort nicht nur Tennis, sondern auch Feldhockey und später auch Golf spielte. Die Birke wurde von einem Gärtner fachgerecht eingesetzt und gedieh prächtig. Immer wieder ging ich nach ihr gucken und sie bestätigte mir bei unseren längeren Gesprächen, dass es ihr gut ginge. Nur leider wurde sie wahnsinnig groß. Und wie der Sturm so spielt – 40 Jahre später, als meine Birke schon eine alte Dame war, knackste er sie an. Sie musste gefällt werden. Schade!

Nachtrag 2: Mit Ron Williams kreuzten sich immer wieder unsere Wege. Er kam uns auch immer wieder besuchen und blieb unserer Kneipe und mir sehr verbunden.

Nachtrag 3: Vor Jahren, als Donna in München Aufnahmen machte, wollte ich sie besuchen und sie einfach mal wieder in den Arm nehmen. Leider wurde ich von ihrer großen Bodyguard-Truppe daran gehindert. Donna sei für niemanden mehr zu sprechen, auch für alte Freunde nicht. Sie hätte jetzt ein anderes Leben. Für mich klang das nicht gut, ich war sehr traurig.

Was zeichnet einen Hamburger Anwalt alter Schule aus? Er ist verschwiegen, dezent, zurückhaltend, wohlerzogen, gebildet, für Kunst und Politik im Rahmen interessiert, immer in feinstes Tuch gekleidet, seine Kanzleiräume sind solides Understatement. Als echter Hanseat nimmt er auch keine Orden und Ehrenzeichen an, er ist in Grenzen humorvoll und ein absolut zuverlässiger Freund. Dies und noch vieles mehr traf auf Alfred Schacht zu. Er war einer der besten Anwälte Hamburgs und einer der damals noch ganz wenigen Copyright-Spezialisten der Bundesrepublik. Durch dieses Können ließ es sich nicht vermeiden, dass er gute Kontakte zur Pop-Musik hatte, die damals noch Schlagerbranche hieß. Er kannte die großen Verleger, Autoren und Komponisten in aller Welt, da konnte es nicht ausbleiben, dass er auch selbst einen kleinen, aber feinen Musikverlag besaß. Im Keller seines Hauses gab es ein Musikstudio, in dem sich Rockgruppen und Sänger ausprobieren durften. Als ich ihn in den 1970er Jahren einmal besuchte, kamen aus

Links: Gaby Dohm

Rechts: Filmfestdirektor Eberhard Hauff und Franz-Xaver Ohnesorg, der als Intendant die Kölner und später die Berliner Philharmoniker betreute.

seinem Haus fünf junge Männer im Punk-Outfit. Ich war entsetzt und meine erste Frage war, wer denn diese jungen Männer seien, die doch in seiner Umgebung wirklich nichts verloren hätten. Aber er erklärte mir, dass diese Gruppe ganz hinreißend sei, im Gegensatz zu anderen Musikern, die ihn, wenn er in sein eigenes Studio käme, nicht einmal mit einem Blick grüßen würden. Diese Fünf aber würden immer sofort aufspringen und im Chor einen freundlichen Gruß darbieten. Sie seien alle Söhne aus reichen Hamburger Familien, sehr angenehm, sehr wohlerzogen und sehr erfolgreich. Aber einen richtigen Band-Namen hätten sie noch nicht. Außerdem müssten sie erst noch alle die Genehmigung ihrer Familien einholen.

Alfred Schacht hielt Kontakt mit vielen, auch den jungen, die noch keine Karriere gemacht hatten. In Schweden gab es einen kleinen aufstrebenden Agenten, wie alle auf der ewigen Suche nach den Stars von Morgen. Diesem Stig Andersen erfüllte er ab zu kleine Wünsche, besorgte ihm Dinge, die es in Schweden nicht gab und brachte sie bei seinem nächsten Besuch in Stockholm mit, erledigte für ihn Freundschaftsdienste, ohne eine dicke Rechnung zu schreiben. Alfred Schacht mochte diesen netten, fleißigen, jungen Schweden. Eines Tages kam eine Anfrage aus Stockholm, ob er nicht in seinen Verlag die deutschsprachigen Rechte der Songs einer fabelhaften schwedischen Gruppe haben möchte. Man müsse allerdings etwas für die zwei Damen und zwei Herrn tun, sie bräuchten viel PR, aber sie seien auf dem Weg nach oben, da sei er sich ganz sicher. Jede Mark die man investieren würde, bekäme man mit hohen Zinsen ganz sicher zurück. Außerdem würden sie beim nächsten Grand Prix d'Eurovision ihr Land vertreten. Ihr Song war »Waterloo«, sie gewannen den Contest und eroberten die Welt – es handelte sich um ABBA. Und mein Freund Alfred meinte nur trocken: »Kleine Geschenke erhalten eben die Freundschaft!« Aber als guter Hamburger spricht man nicht über Geld!

Es war in den ersten Tagen meines Abenteuers SIMPL. Alfred rief mich aus Hamburg an und erzählte mir, dass er für ein Mündel eines Mandanten, dessen Namen er natürlich nicht preisgeben

Links: Rose Renée Roth

Rechts: Elke Sommer und Otto Sander

könnte, eine Familie in München suchen würde, in der das Mündel die nächsten zwei Jahre leben könnte. Ich hörte die Nachtigall schon trapsen. Er hätte an mich gedacht, weil wir doch auch genug Platz hätten und die Schauspielschule, in die sie aufgenommen sei, läge nur ein paar Schritte weit weg. Es treffe sich alles so günstig. Sie würde von seiner Kanzlei mit genügend Taschengeld versorgt, Kost und Logis würden an mich überwiesen, die Schule auch aus Hamburg bezahlt. Sie sei wahnsinnig jung, gerade mal 18, und bräuchte unbedingt das Umfeld einer Familie.

Klar, dass ich mich überreden ließ. Als dieses so hochgepriesene und vor allem aber so beschützenswerte junge Mädchen bei uns ankam, traf mich kurz der Schlag. Feuerrote, wunderschöne Haare bis zum Popo, ein Gesicht wie aus einem Modellkatalog und eine Figur, die sich ohne die Hände zu Hilfe zu nehmen nicht beschreiben lässt. Sie hieß Dora Carras und zog bei uns ins Gästezimmer.

Es dauerte länger, bis ich mitbekommen hatte, welchen Beruf die junge Dame wirklich studierte. Erlernen brauchte sie ihn wohl nicht mehr. Ich hatte einen Stall von Kindern, allerdings nur zwei eigene, aber immer irgendwelche Kinder von Freunden, die mal kurz- oder längerfristig bei mir geparkt wurden. Die Herrenbesuche nahmen überhand und ich schmiss Dora raus. Nicht ohne meinen Freund, den soignierten Hamburger Anwalt zu informieren, was er mir für ein Kuckucksei da ins Nest gelegt hätte. Er nahm es gelassen und bat mich, ihr doch in einer Pension ein Zimmer zu mieten. Ich verweigerte auch dies.

Ein paar Monate später besuchte mich Alfred Schacht im SIMPL und brachte zwei Begleiterinnen mit. Eine davon war mir bestens bekannt, es war die rote Dora. Die andere Barbara Valentin. Die beiden hatten jetzt zusammen ein Appartement, das aber zur Gänze aus Hamburg bezahlt wurde. Der Abend war vergnüglich, wir haben viel gelacht. Beide Damen erzählten lange Geschichten von irgendwelchen obskuren Schauspielschulen, die Alfred und ich sowieso nicht glaubten. Und sie erzählten Geschichten von ihren Liebhabern. Eine davon, die von einem jun-

links: Christine Schuberth

Rechts: Michaela May und Jutta Speidel

gen Japaner, möchte ich erzählen, weil ich sie sehr komisch finde. Ich habe sie nicht vergessen, obwohl ich mir nicht sicher bin, ob sie überhaupt wahr ist.

Der junge Japaner, aus einer Filmdynastie stammend, reich und charmant, begehrte immer nur beide Damen zusammen. Immer nach dem gleichen Ritual. Eine musste in der Küche am Herd stehen und Reibekuchen (Kartoffelpuffer) backen, die andere im Bett liegen. Wenn ein Reibekuchen fertig war, musste er in hohem Bogen, was eine große Kunstfertigkeit der jeweiligen Köchin abverlangte, zwischen die Beine des auf dem Bett liegenden anderen Mädchens direkt auf den Mittelpunkt, geworfen werden. Nur dann war es dem japanischen jungen Mann möglich seinem Vergnügen nachzugehen. Natürlich musste diese Prozedur des Öfteren wiederholt werden – er gab ein Zeichen, wenn er einen frischen Reibekuchen benötigte.

Mein Hamburger Freund lächelte bei dieser Erzählung etwas gequält. Was sollte er schon machen, er war für das Wohl und Wehe des Mandantenmündels verantwortlich, also musste er auch Bettgeschichten über sich ergehen lassen. Er tat es mit Würde und wies mich zurecht, weil ich mich ausschütten wollte vor Lachen. Barbara hat als Schauspielerin Karriere gemacht und uns für immer verlassen. Dora hat einen französischen Diplomaten geheiratet, zwei Kindern das Leben geschenkt und ist leider bei einem Badeunfall im Atlantik viel zu früh ums Leben gekommen.

Auch meinen Freund Alfred gibt es nicht mehr. Ich vermisse ihn sehr.

Einmal bin ich nicht in meinem Laden. Eigentlich müsste jetzt kommen: »… und schon tanzen die Mäuse!« Nein, die haben nicht getanzt, aber ein Weltstar war Gast im SIMPL und niemand hat mich benachrichtigt!

Franz und Helmut Deubl, zwei Brüder, für die der SIMPL auch ein kleines Ersatzzuhause war, wollten nie an einem Tisch sitzen, schon gar nicht an einem Stammtisch, sie hatten ihre eigene Erfindung: Stammhocker an der großen Bar. Und als der Franz eines Abends seinen Kopf nach

Links: Horst Buchholz und Heidelinde Weis

Rechts: Heiner Lauterbach

rechts drehte, um zu sehen, wer eigentlich neben ihm hier schwieg, erschrak er mächtig. Ein leises »Rock …?« Ein kleiner Ruck ging durch seinen Nachbarn. »Rock Hudson?«

Er war es wirklich und bat Franz sehr eindringlich nichts zu sagen, denn sonst sei seine herrliche Ruhe gleich dahin. Franz schwieg beharrlich und die anderen Gäste erkannten ihn nicht, das heißt, auch wenn sie eine gewisse Ähnlichkeit feststellten – niemand hätte Rock Hudson im SIMPL vermutet. Er drehte damals für ein paar Tage in der Bavaria, bat um die Adresse eines Lokals, das keinen Rummel um seine Person machen würde und man nannte ihm den SIMPL. »Geh zur Toni, die ist das gewöhnt.«

Franz Deubl schwieg auch noch länger, bis unser amerikanischer Gast wieder außer Landes war. Für ihn war es eine unvergessliche Nacht und ich war traurig. Wie gerne wäre ich Rock Hudsons Doris Day gewesen! Böse Zungen haben später behauptet, Rock Hudson hätte großes Glück gehabt, statt meiner den Franz Deubl getroffen zu haben!

Udo Jürgens, immer ein gerngesehener Gast im SIMPL, schrieb mir eine liebe Widmung.

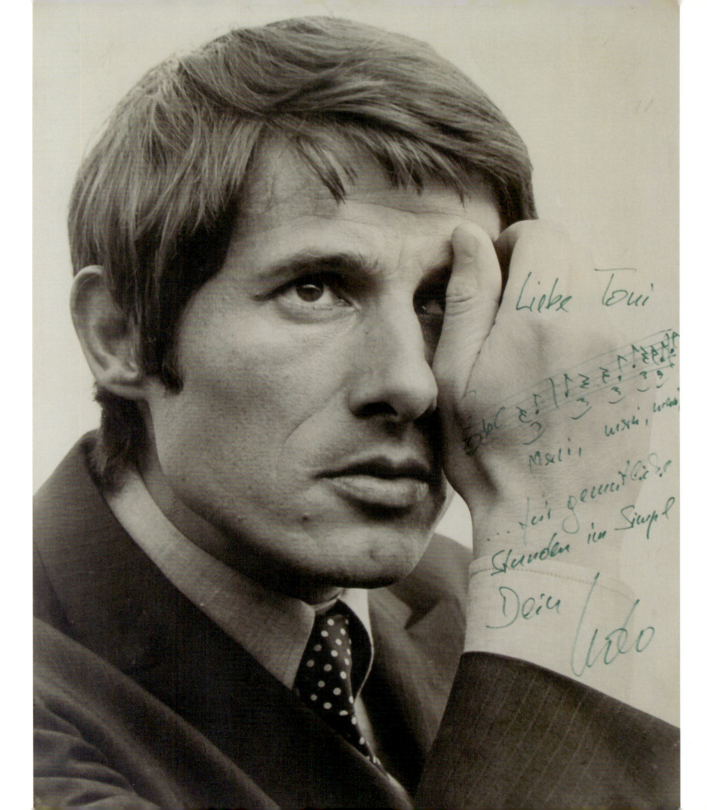

Zum Schluss ein jahrelanger SIMPL-Witz

»Hast du gehört, die Toni will eine Party geben für alle die, die sie rausgeworfen hat und die Lokalverbot haben oder hatten.«
»Das finde ich toll! Das zeigt Größe. Will sie das im SIMPL machen?«
»Aber nein! Das geht doch gar nicht. Sie hat schon das Olympiastadion gemietet!«

Ich bin die Größte!

"Simpl": Die beliebteste Schwabinger "Zapfstelle"

Wirtin Toni Netzle feiert ihr 10jähriges Jubiläum

Von BERND HILDEBRANDT

München Wer anderen eine Goldgrube gräbt, fällt selbst hinein. Karriere-Wirtin Toni Netzle funktionierte 1968 ihren "Alten Simpl", acht Jahre lang Absteige für Kleinkünstler aller Art, zur Nur-Kneipe um — und in Kürze explodierte Tonis Mehrzweck-Bude zur beliebtesten "Zapfstelle" Schwabings. Am Montag lud Glückskind Netzle zum "Zehnjährigen" — und alle, alle kamen.

Münchens Nachtschwärmer-Prominenz rüstete sich zum Großkampftag. Bereits um neun, als Gelegenheits-Schauspielerin Toni Netzle (erster Film: "Zeit für Träumer", letzter Film: "Der Löwe im Himmelbett") das Rennen um Barhocker, Stehplätze und gefüllte Gläser freigab, nahm das berüchtigte Simpl-Chaos lebensgefährliche Ausmaße an.

Leinwand-Mimen, Jungfilmer, Starlets, Komponisten und normal Sterbliche für "ihre" Toni verbissen auf die Zehen. Und sie klatschten brav, als Münchens Edel-Kabarettist **Dieter Hildebrandt, Jürgen Scheller, Achim Strietzel** und **Horst Jüssen** (Der "Simpl" gilt als deren zweiter Wohnsitz) ihre Mitternachts-Show hinter der Theke abzogen.

Erfolgswirtin. Sperrigstes Präsent: Eine täuschend ähnliche Netzle-Nachbildung als lebensgroße Schaufenster-Puppe, Mitbringsel von **Anji Hauptmann,** der Enkelin des schlesischen Dichter-Stolzes. Und in die Küche flüchtete sich während dieser Simpl-Fiesta, die bis in die frühen Morgenstunden dauerte, nach und nach jeder, der im Gewühl Platzangst bekam.

In Tonis "Menschenfalle" kämpften: **Günther Ungeheuer, Helmut Lange, Hannsi Linder, Rainer Schöne, Rainer Basedow, Christine Schubert, Stephan Behrens, Dieter Gütt, Karsten Peters, Ilse Alexander, Fritz Wepper, James Graser**

… und dass ich die Größte bin … nun ja, der Meinung war zumindest die Presse zum 10. Geburtstag des ALTEN SIMPL.

Wunderbar, wie schön der Abend war
Abschied

Als am **15. Juli 1992** unser herrliches Gute-Nacht-Lied erklang – böse Zungen behaupteten über Jahre, dass es ein brutaler Rausschmeißer gewesen wäre –, »Wunderbar wie schön der Abend war, ich danke dir dafür …«, gesungen von Caterina Valente, standen mir die Tränen in den Augen. In einem Bruchteil von Sekunden zogen 32 Jahre SIMPL an mir vorüber. Nie mehr werde ich dieses Lied hören, nie mehr werde ich die grauenvolle Putzbeleuchtung mit fünf 150-Watt-Birnen erleben, die das wirkliche Ende der SIMPL-Nacht anzeigten. Und nie mehr werde ich den Aufschrei aller Gäste hören, die ihre Gesichter mit den Händen zu verhüllen versuchten, ob der Helle und der Grelle und erschreckt das Weite suchten.

Seit einigen Jahren verspürte ich eine Entwicklung in mir, die mir gar nicht gefiel. Nie und nimmer kannte ich das Wort NEID. Ich wusste gar nicht, wie das geschrieben wird. Aber auf einmal kam in mir etwas hoch, von dem ich geglaubt hatte, dass ich diese Art Gedanken hinter mir gelassen hätte. Ich wollte wieder Theater spielen! Normalerweise habe ich mich mitgefreut, wenn erzählt wurde, dass dieses und jenes gedreht würde, oder in einem Theater zur Aufführung kommen sollte, mit diesen oder jenen Schauspielern. Auf einmal bemerkte ich mein Magengrummeln, meine Traurigkeit, weil ich nicht dabei sein durfte, mich überfiel ganz schlicht der Neid. Das musste ich ändern, eine Entscheidung stand an. SIMPL oder Theater spielen. Für letzteres habe ich mich entschieden. Es dauerte lange, bis ich wusste, in welche Hände ich meine wunderbare Kneipe geben konnte. Es musste schon jemand sein, der mit den Geistern von Kathi Kobus und Joachim Ringelnatz, die im-

Eigentlich war Rudi und mir zum Heulen …

mer noch oben an der Decke des Lokals schwebten, etwas anfangen konnte. Robby Flörke und Hannes Vester waren die Richtigen.

Ab diesem Zeitpunkt hatte ich einen Berater an meiner Seite, der mich durch alle Wirren, Haken, Schwierigkeiten, Finanzlöcher mit großer Hilfe und Überzeugungskraft geführt hat. Ohne den Großgastronomen und SIMPL-Freund Roland Kuffler hätte ich den Wechsel nicht über die Bühne gebracht. Er hat mich mit viel Zeitaufwand, weil ich von dieser Materie überhaupt nichts verstand, über alle Hürden und Klippen, fast möchte ich sagen, geschaukelt! Das war ein Freundschaftsdienst, wie ich ihn noch nicht erlebt hatte. Er hat wirklich alles dran gesetzt, dass der SIMPL in die richtigen Hände kommt. Mit großer Dankbarkeit denke ich an diese Zeit.

Alle meine Freunde, die über viele Jahre dem SIMPL große Geschenke zukommen ließen, haben sich um dieses wunderbare Lokal verdient gemacht. Sie haben alle dazu beigetragen, dass ein bisschen Kultur und Menschlichkeit selbst in einer Kneipe möglich war, die entgegen allen bürgerlichen Vorstellungen auch noch bis tief in die Morgenstunden geöffnet war. Auch dafür möchte ich ihnen danken. Viele von ihnen haben ihr Zuhause verloren. Ich auch. Aber ich bin glücklich, diese lange Zeit mitgestaltet und miterlebt haben zu dürfen.

Back to the roots: Nun spiele ich wieder. Links mit Helmut Fischer in dem Fernsehfilm »Der Unschuldsengel« (Buch und Regie: Oliver Storz).

Rechts oben mit Helmut und Ilse Neubauer in der Serie »Die Hausmeisterin« von Cornelia Willinger und der Regisseurin Gabriela Zerhau. Rechts unten: Regiebesprechung beim »Bullen von Tölz« mit Ruth Drexel und Regisseur Wigbert Wicker.

DANKE

Mein größter Dank gilt Sabine und Dieter Rojahn, die mich lange und intensiv überredet haben, meine vielen Jahre im SIMPL zu Papier zu bringen. Sie überzeugten mich, eine Arbeit zu beginnen, der ich die ersten Jahre nach meinem Ausscheiden aus dem SIMPL emotional gar nicht gewachsen war. Sie standen mir nicht nur mit Rat zur Seite, sie ermöglichten mir auch mit einer großen »Tat«, in Ruhe zu schreiben. Ohne diese beiden wunderbaren Freunde gäbe es das Buch nicht.

Meinem Agenten Dr. Günther Fetzer, der mich ehrlich beraten, mit großer Geduld einen Verleger gesucht hat, möchte ich auch von Herzen danken. Er hat mich immer wieder aufgerichtet, wenn ein Verlag wieder einmal den wunderbaren Satz geschrieben hat, dass dieses Buch »… hochinteressant, sehr unterhaltend und gut geschrieben sei, aber leider nicht in unser Verlagsprogramm passt!«

Und dann gab es einen Verleger, in dessen Verlagsprogramm mein Buch passte. Ein großer Dank gilt auch ihm, Martin Arz, der unglaublich schöne Bücher herausbringt und meines mit der gleichen Liebe hergestellt hat wie alle seine anderen Bücher. Auch ihm ein großes DANKE.